맛있고
재밌고
편리한 것들의
기원과 원리 100

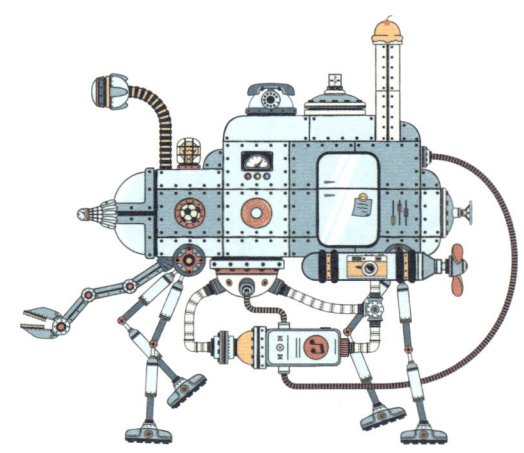

누가 발명했는지, 왜 발명했는지 생각해본 적이 있나요?
발명과 과학 기술은 어떻게 미래 사회를 앞당길까요?

맛있고 재밌고 편리한 것들의 기원과 원리 100

어린이 미래 교양 시리즈 15

임유신 ✱ 글

이케이북

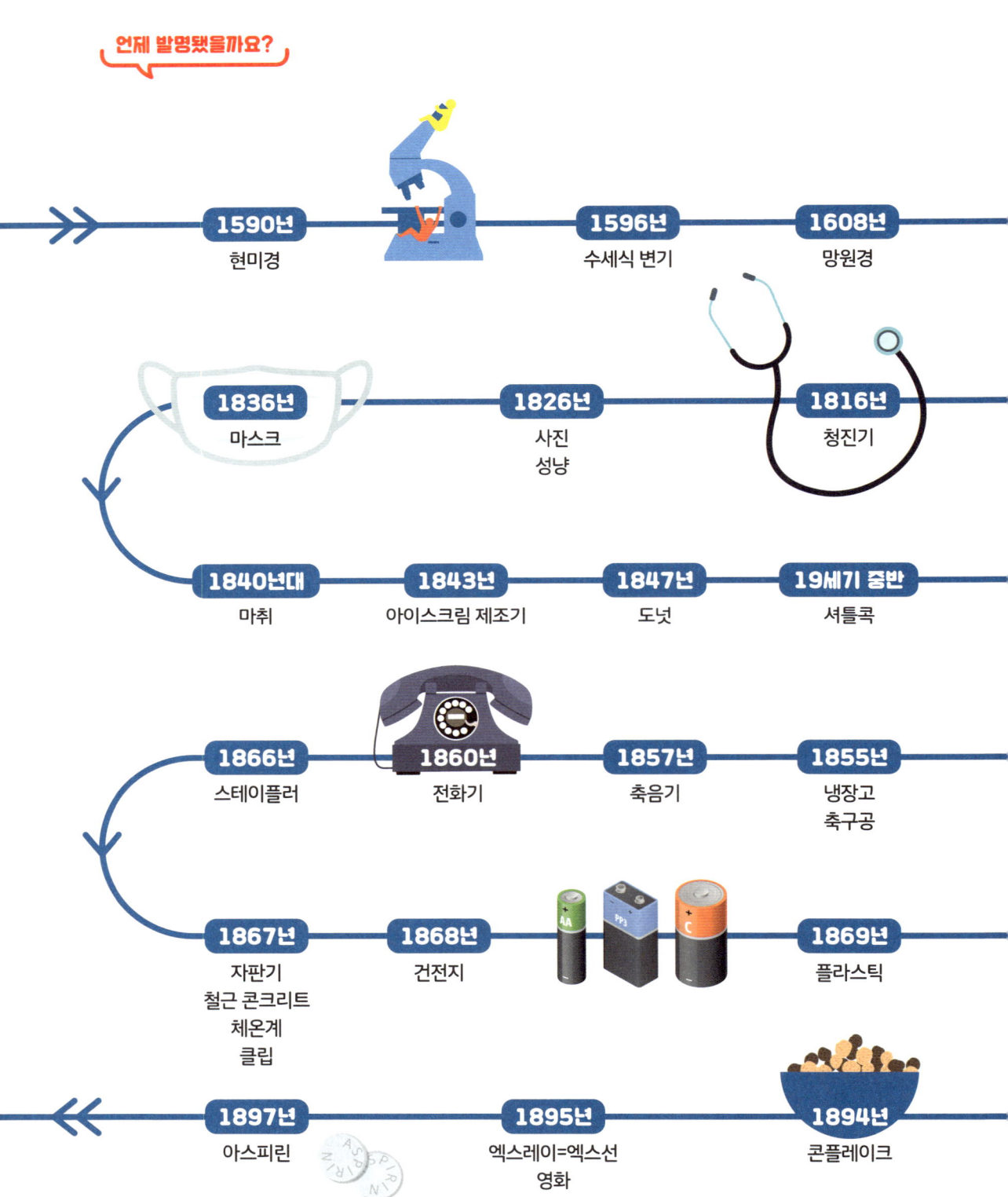

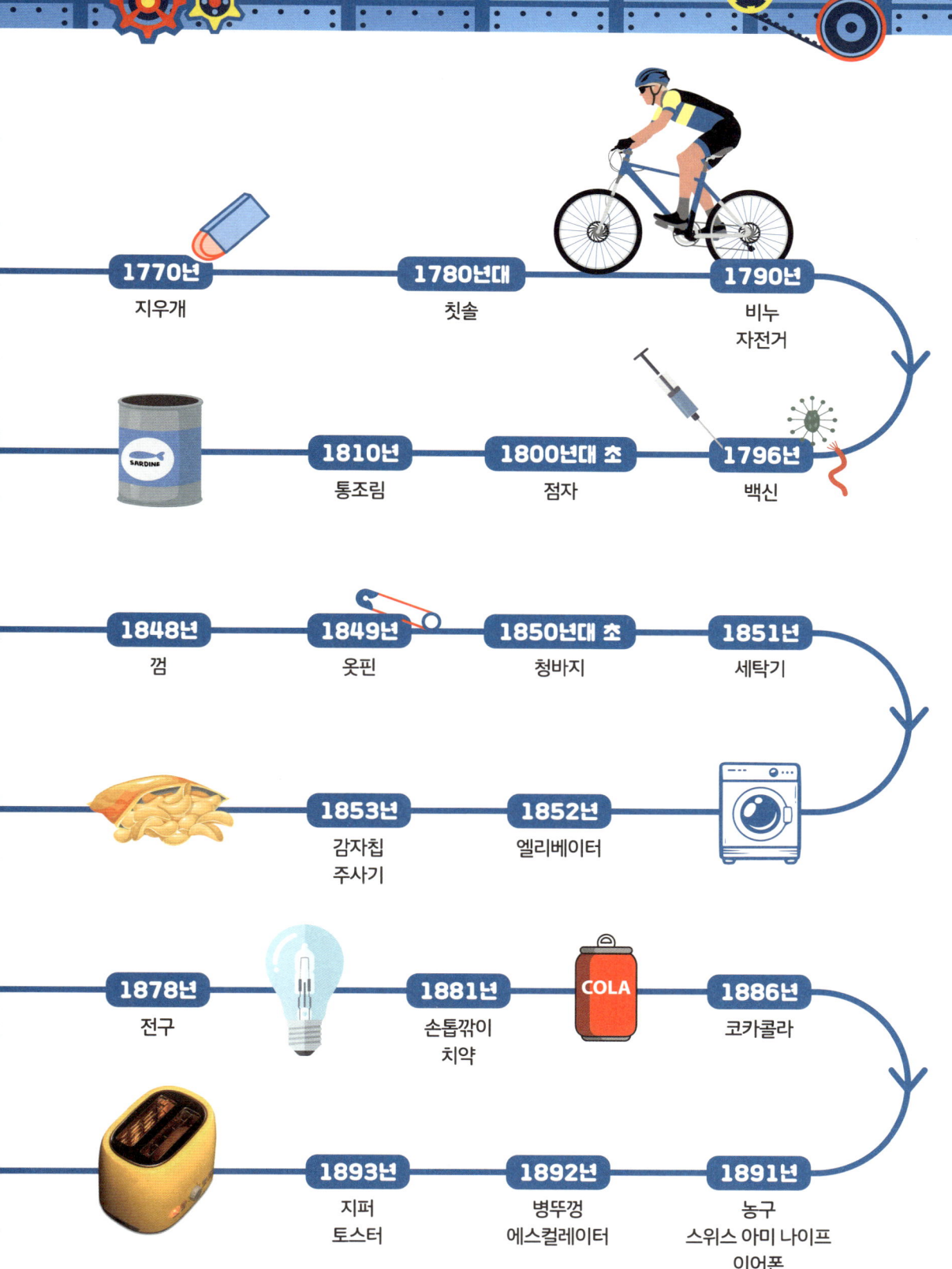

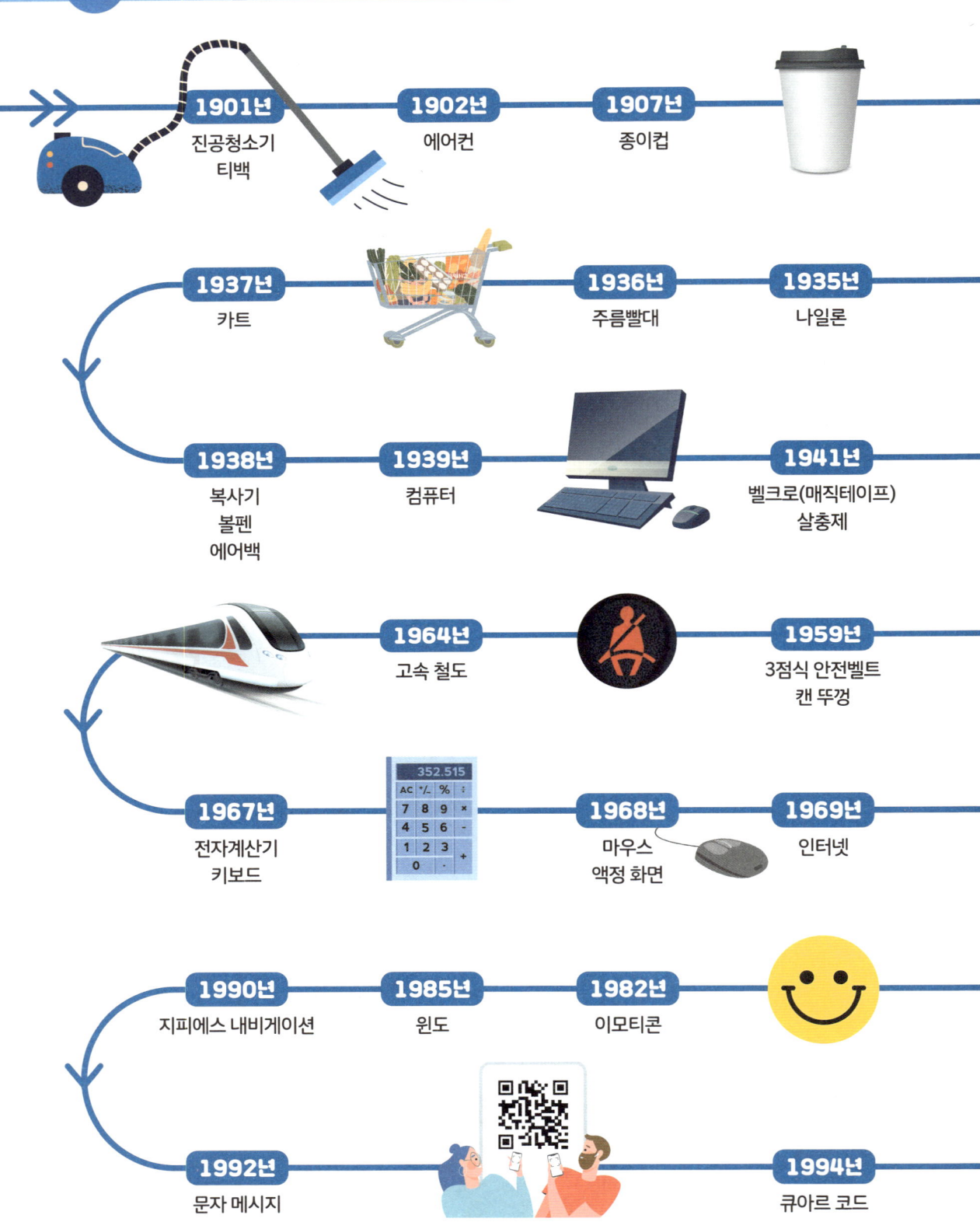

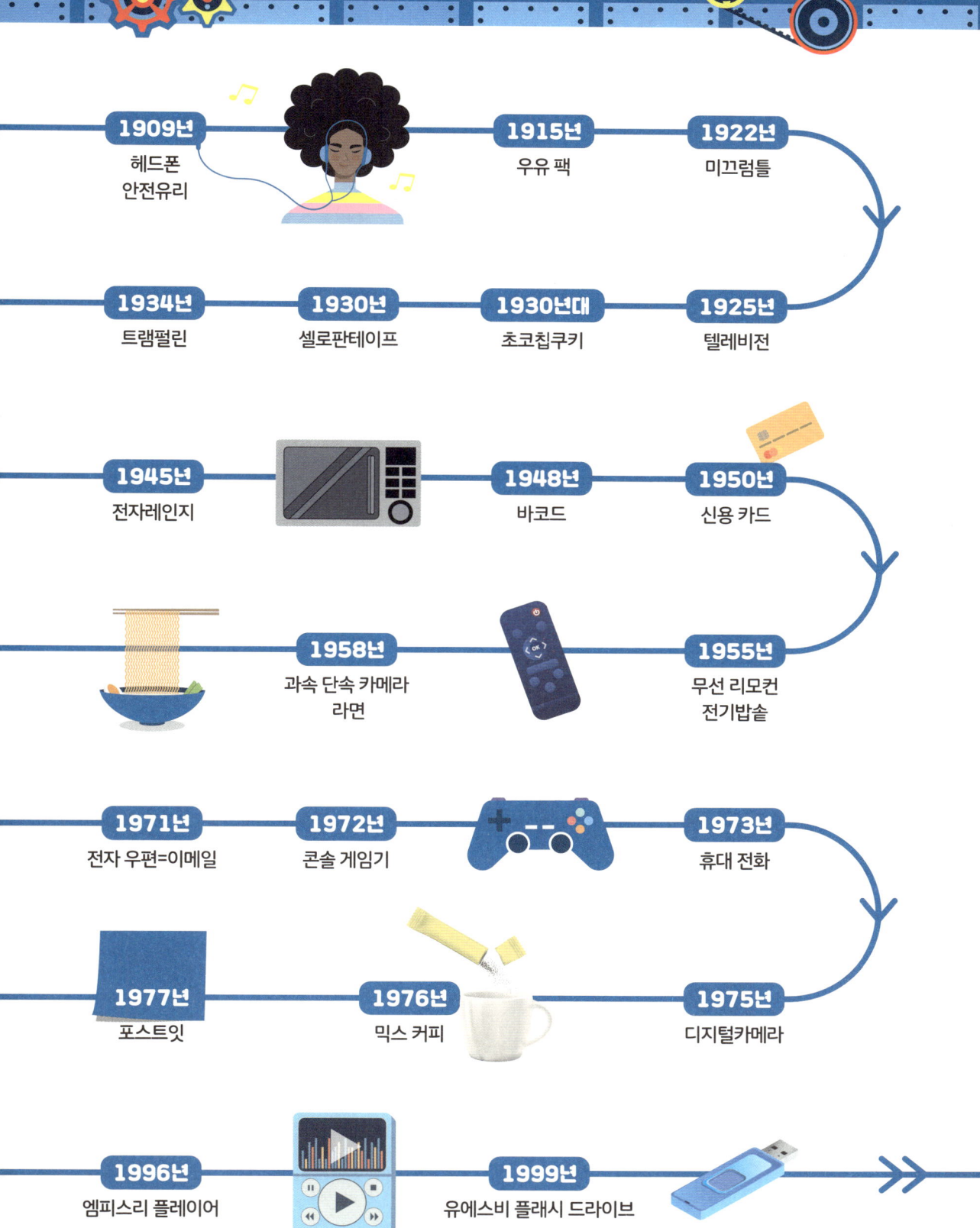

작은 것들이 바꾼 큰 세상

✿ 발명은 세상에 없던 것을 만드는 활동이에요

발명은 무엇인가 어렵고 힘든 작업처럼 느껴지고, 천재의 영역처럼 보이지만 발명의 길은 누구에게나 열려 있어요. 많은 위대한 발명이 생활 속 작은 생각에서 시작됐어요. 분야도 다양하고 세상에 미치는 영향도 제각각이지만 발명에는 공통점이 있어요. 가만히 들여다보면 발명은 세상에 없던 것들이에요. 좀 더 편리하게 생활하거나 즐거운 삶을 누리기 위해, 안전하고 건강하게 지내기 위해, 현재보다 나은 세상을 만들기 위해서 발명을 해요. 작은 일이어도 현실을 더 좋고 더 나아지게 바꾸려는 의지가 곧 발명이에요.

✿ 우리는 발명 속에서 살고 있어요

우유를 마시려고 하는데 용기를 열려면 도구가 필요하거나 복잡한 단계를 거쳐야 한다면 아주 불편할 거예요. 우유 팩은 아무런 도구 없이 손으로 간단하게 열 수 있어요. 건전지가 없다면 전자기기를 들고 다니는 일은 생각할 수도 없어요. 전등이 없다면 해가 진 후에는 활동하기가 쉽지 않을 거예요. 단추만 잔뜩 달린 옷은 입을 때 불편하지만, 지퍼 달린 옷은 한 번에 빠르고 쉽게 입을 수 있어요. 세탁기가 없다면 아직도 몇 시간에 걸쳐 손으로 빨래하고 있을 거예요. 엘리베이터가 없다면 높은 층에 땀을 뻘뻘 흘리면서 걸어 올라가야 해요. 우리 주변을 둘러보면 온통 발명품 천지예요. 발명 덕분에 편리하게 생활해요.

✿ 발명의 역사는 곧 인류의 역사예요

발명의 역사는 인류의 역사와 같아요. 인류는 끊임없이 무엇을 만들어왔어요. 시간이 흘러 인구가 많아지고 문명이 생기고 사회가 발달하면서 발명도 늘어났어요. 과학과 기술이 발달하면서 발명의 수준도 높아졌어요. 복잡한 사회가 편리하게 돌아가려면 더 많은 발명이 필요해요. 이 책 《맛있고 재밌고 편리한 것들의 기원과 원리 100》에서는 근대와 현대에 걸쳐 우리 생활을 바꿔놓은 발명을 소개해

요. 생활 속에서 쉽게 볼 수 있지만 얼마나 위대한 업적이었는지 잘 몰랐던 발명을 모았어요.

1부에서는 음식과 관련한 발명을 다뤄요. 인간은 생명 유지를 위해 평생 먹어야 해요. 음식과 음식을 만드는 도구와 용기 등을 알아봐요.

2부에서는 작지만 쓸모 있는 발명을 소개해요. 발명은 필요에 따라 이뤄져요. 작은 발명도 담긴 의미는 커요. 별것 아니라고 생각했지만 없으면 불편한 발명을 볼 수 있어요.

3부는 우리 생활과 밀접한 관련 있는 발명품을 모았어요. 생활에 일대 변화를 일으킨 중요한 발명이에요. 수많은 사람이 바라던 바를 해결한 업적을 돌아봐요.

4부는 건강한 생활을 위한 발명이에요. 건강은 노력해야 지킬 수 있어요. 아프지 않고 깨끗한 생활을 하는 데 발명이 큰 역할을 해요.

5부에서는 놀고 즐기는 생활을 바꿔놓은 발명을 소개해요. 운동, 문화생활, 여가, 취미 등 발명은 분야를 가리지 않아요.

6부는 디지털 발명의 세계를 다뤄요. 요즘은 컴퓨터와 인터넷 없이는 살 수 없는 세상이에요. 새로운 세상을 열어가는 발명의 모습을 확인해요.

발명왕이라고 불리는 에디슨은 "필요는 발명의 어머니"라고 했어요. '이렇게 하면 더 좋지 않을까?', '이렇게 바꾸면 더 편할 텐데', '이것 하나면 더 있으면 쉽게 할 텐데' … 이렇게 생각해본 적이 있을 거예요. 필요한 것을 만들고 바꾸고 싶다고 생각하는 것이 발명의 첫걸음이에요. 더 나아가 생각을 실천하면 발명이 완성된답니다. 근대와 현대 시대의 주요 발명을 보며 발명가의 꿈을 키워보세요.

2022년 1월

임유신

차례

언제 발명됐을까요? · 4
들어가는 말 · 8

1부 더 맛있게

통조림 · 14   아이스크림 제조기 · 16   도넛 · 18   껌 · 20   감자칩 · 22   냉장고 · 24
코카콜라 · 26   토스터 · 28   콘플레이크 · 30   티백 · 32   종이컵 · 34   우유 팩 · 36
초코칩쿠키 · 38   주름빨대 · 40   전자레인지 · 42   전기밥솥 · 44   라면 · 46
캔 뚜껑 & 병뚜껑 · 48   믹스 커피 · 50
못다 한 아이디어 ❶ 맛있는 발명과 발견 · 52

2부 더 섬세하게 더 쓸모 있게

지우개 · 56   성냥 · 58   옷핀 · 60   청바지 · 62   클립 & 스테이플러 · 64   건전지 · 66
플라스틱 · 68   전구 · 70   스위스 아미 나이프 · 72   지퍼 · 74   셀로판테이프 · 76
나일론 · 78   볼펜 · 80   벨크로(매직테이프) · 82   무선 리모컨 · 84   포스트잇 · 86
못다 한 아이디어 ❷ 작은 발명품의 큰 가치 · 88

3부 더 편리하게 더 쉽게

점자 · 92   세탁기 · 94   엘리베이터 · 96   전화기 · 98   자판기 · 100   철근 콘크리트 · 102
에스컬레이터 · 104   진공청소기 · 106   안전유리 · 108   카트 · 110   복사기 · 112
신용 카드 · 114   에어백 · 116   과속 단속 카메라 · 118   3점식 안전벨트 · 120   고속 철도 · 122
지피에스 내비게이션 · 124
못다 한 아이디어 ❸ 새로운 발명품이 미래 사회를 앞당겨요 · 126

4부 더 건강하게

수세식 변기 · 130   칫솔 & 치약 · 132   비누 · 134   백신 · 136   청진기 · 138   마스크 · 140
마취 · 142   주사기 · 144   체온계 · 146   손톱깎이 · 148   엑스레이=엑스선 · 150
아스피린 · 152   에어컨 · 154   살충제 · 156
못다 한 아이디어 ④   대유행의 역사 · 158

5부 다 함께 즐겁게

망원경 & 현미경 · 162   자전거 · 164   사진 · 166   셔틀콕 · 168   축구공 · 170   축음기 · 172
농구 · 174   영화 · 176   헤드폰 & 이어폰 · 178   미끄럼틀 · 180   텔레비전 · 182
트램펄린 · 184   콘솔 게임기 · 186   엠피스리 플레이어 · 188
못다 한 아이디어 ⑤   발명품이 기록한 세계 최고 · 190

6부 서로 더 가까이 더 멀리까지

컴퓨터 · 194   바코드 & 큐아르 코드 · 196   전자계산기 · 198   키보드 · 200   마우스 · 202
액정 화면 · 204   인터넷 · 206   전자 우편=이메일 · 208   휴대 전화 · 210   디지털카메라 · 212
이모티콘 · 214   윈도 · 216   문자 메시지 · 218   유에스비 플래시 드라이브 · 220
못다 한 아이디어 ⑥   디지털의 출발은 아날로그 · 222

더 맛있게

우리가 쉽게 음식을 사 먹거나 직접 요리해 먹을 수 있는 것도 발명 덕분이에요. 캔에 들어 있는 청량음료나 우유가 담긴 종이 팩을 여는 방법은 아주 간단해요. 아이스크림이나 도넛이나 감자칩도 누군가 발명했기에 우리가 먹을 수 있어요. 토스터나 전기밥솥이 있어서 빵이나 밥을 편하게 해 먹어요. 녹차 티백이나 믹스 커피를 이용하면 뜨거운 물만 부어서 간편하게 즐길 수 있어요. 이 밖에도 우리 식생활을 둘러보면 발명의 세계에 산다고 해도 될 정도로 발명품이 가득해요.

발명은 발전의 결과예요. 우리가 주로 먹는 쌀밥은 예전에는 아궁이에 불을 피우고 커다란 무쇠 솥에다 해 먹었어요. 솥의 크기는 작아졌고, 장작 대신 석유나 연료를 사용하는 불 피우는 도구가 나오면서 밥 짓기가 조금 더 수월해졌어요. 요즘에는 전기밥솥을 사용해서 밥 짓기가 아주 간편해요. 즉석밥은 씻고 물에 담글 필요도 없이 전자레인지에 데우기만 하면 돼요. 이처럼 우리의 식생활을 편하게 하는 발명이 끊임없이 나오고 있어요.

1810년, 영국
피터 듀란드(Peter Durand, 1766~1822)

통조림 can

군대 전투 식량이
일반 음식으로

⚙ 통조림은 프랑스 나폴레옹 시대에 시작됐어요

통조림은 유통 기한이 길어서 비상식량으로도 일반 음식으로도 널리 활용할 수 있어요. 야외 활동을 할 때도 간편하게 음식을 먹을 수 있어요. 우리나라에서는 특히 참치와 햄 통조림이 인기가 많아요.

통조림의 시작은 18~19세기 프랑스의 황제 나폴레옹 시대로 거슬러 올라가요. 전쟁을 자주 치르면서 식량 보급에 어려움을 겪었어요. 또 다른 문제는 번거로운 식사 준비였어요. 당시에 군인은 전쟁할 때 냄비를 가지고 다니면서 주둔한 곳에서 땔감을 구해 배급받은 식자재를 이용해 음식을 만들어 먹었어요. 한시가 급한 데다 할 일도 많고 체력이 떨어졌지만, 식사를 해결하는 데 시간과 노력이 많이 들었어요.

먹는 문제만 간편하게 해결한다면 전쟁을 효율적으로 치를 수 있어요. 해결책을 찾기 위해 나폴레옹(Napoléon I, 1769~1821)은 1만 2000프랑 상금을 걸고 방법을 공모했어요. 영양, 맛, 휴대성 세 가지를 만족하고 방부제를 넣지 않아야 한다는 조건을 내걸었어요. 요즘 군인이 전쟁 때 먹는 전투 식량을 찾은 거예요.

⚙ 양철 통조림으로 특허를 받은 사람은 영국인이에요

통조림보다 병조림을 먼저 발명했어요. 제과점을 운영하던 프랑스인 니콜라 아페르(1750~1841)가 1804년 병조림을 발명해 상금을 탔답니다. 아페르는 병 속에 식자재를 넣고 가열한 뒤 코르크 마개를 덮어 밀봉해 병조림을 완성했어요. 가열하는 동안 음식물 속 균이 죽고,

밀봉하면 세균이 침투하지 못해 음식이 썩지 않는 원리를 이용한 거예요. 병조림은 3주 이상 오래 보관할 수 있지만 유리여서 깨지기 쉽고 무거웠어요.

병조림의 단점을 해결한 사람은 영국인 피터 듀란드예요. 1810년 양철로 만든 통조림 특허를 받았어요. 양철 통조림은 가격이 비싸고 따기 힘들어서 널리 보급되지는 못했어요. 1858년 깡통 따개가 나오면서 통조림이 널리 퍼지기 시작했어요. 통조림은 미국 남북 전쟁(1861~1865)이나 제1·2차 세계대전(1914~1918, 1939~1945), 베트남 전쟁(1960~1975) 등 전쟁을 거치면서 발달했어요.

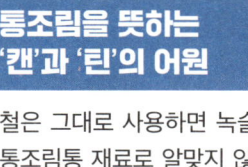

통조림을 뜻하는 '캔'과 '틴'의 어원

철은 그대로 사용하면 녹슬어서 통조림통 재료로 알맞지 않아요. 철판에 주석을 덮은 양철은 녹이 슬지 않아요. 양철 통조림을 'tin canister'라고 하는데, 여기서 미국에서 통조림을 뜻하는 '캔'이라는 말이 나왔어요. 영국에서는 통조림을 '틴'이라고 불러요.

북극에서 90여 년 후에 그대로 발견된 통조림

통조림이 발명되면서 탐험 환경도 달라졌어요. 1800년대 초중반 북극 탐사대가 여정을 떠날 때는 캔을 꼭 챙겼어요. 실제로 1819년 한 탐사대가 가져간 콩수프와 소고기를 담은 통조림이 수십 년이 지난 1911년 발견됐는데, 내용물은 변하지 않고 그대로였다고 해요. 통조림의 음식 보관 기능이 얼마나 우수한지 알려주는 이야기예요.

통조림과 무차별 광고, 스팸

스팸은 미국 고기 가공 회사 호멜에서 햄을 만들고 남은 돼지고기 어깨살을 갈고 양념을 추가해 만들었어요. 1937년 선보였고, 제2차 세계대전 당시 전투 식량과 우방국 지원 물자로 엄청난 양이 소비됐어요. SPAM이라는 이름은 '양념한 햄(spiced ham)', '돼지 어깨살로 만든 햄(Shoulder of Pork And Ham)'을 줄인 말이에요. 호멜은 스팸 광고를 엄청나게 많이 했어요. 요즘에 무차별 광고를 통조림 광고에 빗대서 스팸이라고 해요.

통조림의 유통 기한이 긴 이유

통조림은 개봉하거나 손상되지 않는다면 보통 6~7년 정도 보관할 수 있어요. 오래 보관해도 되기 때문에 방부제 처리했다고 생각하는 사람이 많아요. 특별한 가공을 하지 않는 이상 일반 통조림은 음식을 조리 상태 그대로 넣어요. 잘 씻고 가열해서 세균을 죽이고, 미생물이 번식하는 원인이 되는 공기와 수분을 차단하기 위해 밀봉해요.

1843년, 미국
낸시 존슨(Nancy Johnson, 1794~1890)

아이스크림 제조기
ice-cream freezer

우유와 공기의
감미로운 조화

🛠 아이스크림의 기원

옛날에는 겨울이 아니면 얼음을 구하기 힘들었어요. 높은 산에 남아 있는 눈을 퍼오거나 겨울에 생긴 얼음을 보관해 더운 날 먹었어요. 아이스크림의 기원은 분명하지 않아요. 얼음에 과일즙이나 우유를 섞어서 먹은 것이 아이스크림의 시초라고 봐요.

중국에서는 3000여 년 전에 얼음에 과일즙을 넣어 먹었다고 해요. 기원전 4세기경 알렉산더 대왕(기원전 356~기원전 323)이 아이스크림을 먹었다는 기록도 있어요. 기원전 1세기경 로마 황제 카이사르(기원전 100~기원전 44)는 알프스 만년설을 가져오게 해서 우유나 과일을 섞어 먹었다고 해요. 이탈리아 탐험가 마르코 폴로(1254~1324)는 《동방견문록》에 중국 북경에서 우유 얼리는 법을 배웠다고 적었어요. 18세기에 나폴리 출신 내과 의사 필리포 발디니(1625~1696)는 《데 소르베티》라는 디저트 관련 책을 냈어요. 아이스크림을 만드는 여러 가지 방법을 적어놓았어요.

▲ 아이스크림을 먹는 귀족 여성(프랑스의 풍자만화, 1801)

⚙ 아이스크림 제조기를 처음으로 만든 주부 낸시 존슨

낸시 존슨은 1843년 수동식으로 작동하는 나무통 냉동기를 만들었어요. 낸시 존슨은 주방 기구 회사 윌리엄스에 특허권을 넘겼어요. 윌리엄스는 개량을 거듭해서 아이스크림 기계를 내놓았어요. 아이스크림을 본격적으로 대중화시킨 사람은 '아이스크림의 아버지'라고 불리는 제이콥 푸셀(Jacob Fussell, 1819~1912)이에요. 1851년 아이스크림 공장을 세워 대량 생산하기 시작했어요.

아이스크림 두통

아이스크림을 빨리 먹을 때 머리가 띵한 현상을 아이스크림 두통이라고 해요. 아이스크림이 입천장에 닿을 때 뇌가 차가워지지 않도록 몸이 반응하면서 일어나요.

⚙ 나라마다 다른 아이스크림의 기준

냉동고에 넣어 파는 빙과류를 통틀어서 아이스크림이라 부르는데, 실제로는 기준이 있어요. 나라마다 다른데 유지방, 유고형분, 설탕, 밀도, 공기로 부풀린 정도 등 여러 요소의 비중이 일정한 기준에 맞아야 해요. 우리나라에서는 유지방 6% 이상, 유고형분 16% 이상이어야 해요. 어떤 나라에서는 기준을 만족하지 못하면 '아이스크림'이라고 표시하지 못하게 해요.

⚙ 부드러운 아이스크림 식감의 비결

살살 녹는 부드러운 식감은 아이스크림의 중요한 특성이에요. 부드러운 특성의 비결은 공기예요. 재료를 저을 때 공기를 넣어서 부드러운 식감을 살려요. 아이스크림이 녹아서 액체 상태로 변하면 얼었을 때보다 부피가 줄어드는데, 공기가 빠져나가서 그래요. 공기가 많이 들어갈수록 식감은 더 부드러워요.

아이스크림 속 공기 방울의 비밀

아이스크림의 대략 절반은 공기예요. 원래 재료의 2배 크기로 부풀렸는데, 공기가 들어 있는지 눈으로 확인하기는 쉽지 않아요. 공기 방울의 크기가 작아서예요. 아이스크림 속에 들어 있는 공기 방울의 크기는 대략 10μm예요. 1μm는 1000분의 1mm예요. 눈으로 구분하기가 쉽지 않아요.

아이스크림의 보관 온도가 0℃보다 낮은 이유

아이스크림 보관 온도는 영하 18℃를 권장해요. 물은 0℃에서 어는데, 아이스크림은 훨씬 낮은 온도에 보관해요. 물에 다른 물질이 섞이면 어는 온도가 낮아져요. 얼음은 물 분자가 결합하는 현상인데, 다른 물질이 들어가면 결합을 방해하기 때문이에요.

도넛 doughnut

고리 모양에 담긴
맛의 비결

1847년, 미국
핸슨 그레고리(Hanson Gregory, 1832~1921)

누가 도넛에 구멍을 뚫자고 했을까요?

좀 더 많이 먹을 것인가, 잘 익혀 먹을 것인가? 구멍 하나 때문에 이런 고민을 하게 될 줄 누가 알았을까요. 도넛은 밀가루, 설탕, 달걀, 우유, 지방, 이스트 등을 섞어 반죽한 후 기름에 튀긴 음식이에요. 생김새는 여러 가지인데, 가운데 구멍이 뚫린 고리 형태가 도넛을 대표하는 모양이에요.

구멍의 유래에는 여러 가지 설이 있어요. 첫째는 1847년 네덜란드계 미국인 핸슨 그레고리 선장의 아이디어에서 나왔다는 설이에요. 네덜란드에서 주로 먹는 올리코엑이라는 빵을 배의 키에 꽂아놓고 먹기 위해서 어머니에게 부탁해 가운데 구멍을 뚫었다고 해요. 선장이 재료값을 줄이기 위해 가운데를 잘라냈다거나, 가운데가 설익는 게 싫어서 덜어내 먹다가 아예 뚫어서 튀겼다는 이야기도 있어요. 선장의 고향인 미국 메인주 락포트에는 업적을 기리는 기념비 세워놓았어요.

둘째는 인디언 마을에서 기원했다는 설이에요. 인디언 2명이 활쏘기 내기를 했는데, 마침 근처에서 누군가가 빵 반죽을 만들고 있었대요. 인디언이 반죽에 화살을 쏘아 맞혔고, 반죽하던 사람이 놀라서 반죽을 기름통에 떨어뜨렸어요. 구멍이 뚫린 채로 튀겼더니 골고루 익어서 이후부터 가운데를 덜어내고 만들었다고 해요. 이 밖에도 여러 가지 설들이 전해 내려와요.

도넛은 1920년대에 미국을 대표하는 간식으로 자리 잡았어요

도넛 기계는 도넛이 널리 퍼지는 데 큰 역할을 했어요. 구소련 출신 유대인 난민 아돌프 레빗은 1920년 자동 도넛 기계를 만들었어요. 뉴욕에서 도넛을 만들어 팔았는데 근처 극장을 찾은 사람들에게 인기를 끌었어요. 수작업으로 하나씩 튀겨서 만드는 방식으로는 수요를 감당할 수 없었고, 손님들은 레빗에게 도넛 기계를 만들어보라고 권했어요. 레빗은 기계를 만들었고 큰 성공을 거둬요. 도넛 기계는 커다란 창문 앞에 있어서 사람들은 도넛 만드는 과정을 직접 볼 수 있었답니다.

도넛과 경찰

도넛 프랜차이즈의 대명사인 던킨도너츠 가게는 24시간 영업했어요. 대부분 한적한 곳에 있어서 강도의 표적이 되었죠. 밤새워 일하는 경찰은 늦은 시간에 배를 채울 곳이 마땅치 않았어요. 던킨도너츠는 밤샘 근무하는 경찰관에게 무료로 또는 싸게 도넛을 제공했어요. 경찰관이 들락날락거리니 자연스레 치안 문제는 해결됐고, 경찰은 늦은 시간 끼니를 해결할 수 있게 되었어요.

도넛 이름의 유래

도넛이라는 명칭은 어디서 나왔을까요? 구멍 뚫린 도넛의 시작으로 여기는 올리볼렌(oliebollen)은 반죽(dough) 가운데에 견과류(nuts)를 넣은 빵이에요. 가운데 부분이 잘 익지 않아서 견과류를 채운 거예요. '너츠 오브 도우(nuts of dough)'라고 부르다가 도넛(doughnut)으로 바뀌었다고 해요.

올리볼렌

가운데 빈 부분만큼 양이 줄어드는데 도넛에 구멍을 뚫는 이유

열을 가하면 기름은 빨리 뜨거워지고 밀가루는 열이 늦게 전달돼요. 기름이 열전도가 빠르다 보니 튀기는 음식은 조리 시간이 짧아요. 기름과 음식 재료 사이에 열이 전달되는 시간 차이가 크면 겉은 타고 속은 제대로 익지 않아요. 구멍이 있으면 기름하고 닿는 부분이 넓어져서 도넛의 겉과 속이 골고루 익어요. 가운데를 뚫으면 반죽 전체에 공기가 잘 통하고 수분이 빨리 증발해서 튀긴 후 바삭해지고 원래 모양을 유지하기도 쉬워요. 구멍의 크기에 따라 바삭하고 촉촉한 정도가 달라지므로, 도넛 메뉴를 개발할 때는 구멍의 크기를 중요하게 여겨요.

껌 gum

1848년, 미국
존 커티스(John Curtis, 1827~1897)

비닐을 씹는다고?
먹거리로 변한 비닐

🔧 껌을 씹으면 좋은 점

껌은 보통 '추잉 껌'을 말하는데, '씹는(chewing) 고무(gum)'라는 뜻이에요. 고대 그리스인이나 마야인을 비롯해 북아메리카 인디언은 오래전부터 나무에서 나오는 수액을 껌처럼 씹었어요.

운동 경기를 보면 선수나 감독이 껌을 씹는 모습이 자주 카메라에 잡히는데, 긴장을 줄이려는 행동이에요. 껌을 씹으면 입안에 침이 활발하게 나와서 입 냄새가 줄어들어요. 침은 소화를 돕기도 한답니다. 씹는 동작은 뇌의 활동을 활발하게 해서 집중력이 높아져요. 스트레스도 풀려요. 껌을 씹으면 치아 사이에 있는 이물질이 제거되기도 해요.

🔧 껌의 발달

- **상업화된 껌** 1848년 미국인 사업가 존 커티스가 내놨어요. 가문비나무에서 나오는 진액을 이용해 만든 천연 껌이었어요.
- **추잉 껌 특허** 1869년 미국 치과 의사 윌리엄 셈플(1832~1923)은 처음으로 특허를 받았어요.
- **치클 껌** 1871년 미국인 발명가 토머스 애덤스(1818~1905)는 멕시코 지도자로부터 치클에 관한 이야기를 들었어요. 처음에는 치클을 이용해 공업용 제품을 만들 계획이었어요. 이후 멕시코 사람들은 치클을 껌처럼 씹었다는 사실을 떠올린 애덤스는 치클을 이용해 요즘 껌의 시초라 할 수 있는 껌을 만들었어요.
- **추잉 껌** 1890년대 초반 윌리엄 위글리 주니어(1861~1932)가 리글리라는 회사를 세우고 미국 전 지역에 추잉 껌을 팔면서 널리 퍼졌어요.

- **풍선껌** 1906년 미국 제과업자 프랭크 플리어(1860~1921)가 처음 만들었는데 상업화하지는 않았어요. 1928년 회계사 월터 다이머(1904~1998)가 내놓은 풍선껌 제품이 큰 인기를 끌어요. 제2차 세계대전이 일어나면서 껌은 전 세계로 퍼졌답니다.

졸음 방지 껌

껌에 잠이 깨는 물질인 카페인이나 멘톨, 페퍼민트 등 시원한 느낌이 나는 물질을 넣어서 졸음을 쫓는 원리예요. 성분이 적어서 하나만 씹어서는 효과를 보기가 쉽지 않아요. 껌을 씹은 행위 자체가 뇌를 자극해서 잠을 달아나게 해요.

껌은 고무에 설탕이나 박하 등 향료를 넣어 만들어요

껌의 원료가 되는 치클을 생산하는 지역이 한정돼 있고 생산량도 많지 않았어요. 천연 치클로 만든 껌은 이에 잘 달라붙었죠. 일본에서 식품 회사를 운영하던 야마모토 사요지는 제2차 세계대전이 끝난 후 치클을 대신할 재료를 찾다가 초산 비닐 수지를 떠올렸어요. 전쟁에 패한 일본에는 치클은 없었지만 군용 물품으로 사용하려던 초산 비닐 수지가 아주 많았어요. 사요지는 초산 비닐 수지에 향료를 넣어 껌을 만드는 데 성공했어요. 처음에는 초산 냄새가 심해서 씹기 힘들었지만, 냄새가 나지 않는 비닐을 사용하면서 제대로 된 껌이 나왔어요.

껌을 삼키면 분해되지 않고 배출돼요

껌을 삼키면 오래도록 뱃속에 남아서 좋지 않다는 얘기를 들어봤을 거예요. 뱃속에 들어간 껌은 위산이 분해해요. 수지 성분은 분해되지 않고 대변에 섞여 나간답니다.

껌을 씹다가 찬물을 마시면 딱딱해지는 이유

물체가 말랑말랑해지는 온도를 연화점이라고 해요. 껌을 씹다가 입에 찬 물이 들어가면 온도가 연화점 아래로 내려가서 껌이 딱딱해져요. 다시 입안에 넣어서 껌 온도가 체온에 도달하면 말랑말랑해져요.

껌의 원료

치클(chicle) 중남미 원산의 고무 식물 사포딜라에 흠집을 내어 채취하는 액이에요. 껌의 원료로 사용해요.

초산 비닐 수지(polyvinyl acetate resin) 껌에 사용하는 초산 비닐 수지는 석유에서 합성한 물질이에요. 고무나 플라스틱의 한 종류라고 보면 돼요. 초산 비닐 수지는 가격이 저렴해서 천연 치클을 대신해요. 화학 물질을 넣으면 천연 치클과 씹는 느낌이 비슷해져요.

▶ 사포딜라 나무

1853년, 미국
조지 크럼(George Crum, 1824~1914)

감자칩 potato chips

두께와 소리로 먹는 과자

⚙ 대표 과자, 감자칩

과자 종류는 너무 많고 다양하지만, 재료는 밀가루·옥수수·감자로 나뉘어요. 과자 재료 3대장이 시장에서 막상막하 입맛 경쟁을 벌여요.

감자를 이용한 과자 중 대표 제품은 감자칩이에요. 감자칩은 감자를 얇게 잘라서 기름에 튀긴 음식이에요. 감자를 나타내는 영어 단어 '포테이토'를 붙인 포테이토칩이라는 말도 우리에게 익숙해요. 감자칩이라고 다 생감자를 썰어서 만들지는 않아요. 생감자를 썰어서 튀긴 것, 감자 가루에 다른 성분을 섞은 후 감자칩 모양으로 만들어 튀긴 것 또는 구운 것으로 나뉘어요.

⚙ 감자는 어디서나 잘 자라고 쉽게 키울 수 있는 식량이에요

감자의 원산지는 남미 안데스산맥이에요. 잉카 문명 이전부터 감자를 키웠어요. 16세기에 스페인 탐험가들이 유럽으로 전파했어요. 처음부터 널리 받아들여지지는 않았어요. 생김새가 이상해 '악마의 식물'이라고 불렸고, 먹으면 병에 걸린다는 이상한 소문도 돌았어요. 가축의 먹이나 노예가 먹는 음식 취급받았어요.

이후 어디서나 잘 자라고 손쉽게 키울 수 있고 식량으로 가치가 높다는 사실이 알려지면서 주식은 물론 구황 작물(흉년이 들었을 때 주식 대신 먹을 수 있는 농작물로 감자와 메밀 등이 있어요) 역할을 해내기 시작했어요. 화성에 표류하는 우주 비행사 이야기를 다룬 영화 〈마션〉에는 화성의 토양을 이용해 감자를 키우는 장면이 나와요. 감자가 어디서나 잘 자란다는 사실을 상징적으로 보여줘요.

🌀 감자칩의 유래

감자칩의 유래는 여러 가지가 있는데, 조지 크럼 이야기가 가장 유명해요. 아프리카계 미국인 요리사 크럼은 미국 뉴욕에 있는 식당에서 일했어요. 1853년 어느 날 한 손님이 감자튀김에 대해 불평했어요. 당시에는 감자를 두껍게 썰어서 기름에 튀겨 포크로 찍어 먹었는데, 손님은 감자튀김이 두꺼워서 제대로 익지 않았다고 화를 냈어요. 얇게 만들어 내놓았지만 손님은 그래도 두껍다며 몇 번 더 퇴짜를 놨어요.

화가 난 조지 크럼은 손님을 약 올리려고 감자를 아주 얇게 썰어서 튀겼어요. 포크로 먹기 힘들게 만든 거죠. 소금까지 잔뜩 뿌렸어요. 손님이 화를 낼 줄 알았는데, 손으로 맛있게 집어 먹으며 오히려 맛있다며 더 달라고 했어요. 조지 크럼은 손님의 반응을 보고 나서 이 음식을 계속해서 만들기로 하고, '포테이토 크런치'라는 메뉴를 개발했어요. 훗날 포테이토 크런치는 지역 이름을 따서 '사라토가 칩'으로 불리며 명물이 됐어요. 1895년 포테이토칩을 만드는 공장이 클리블랜드에 생겼어요. 이후 포테이토칩은 미국뿐만 아니라 전 세계에 인기 있는 음식으로 널리 퍼졌어요.

짠맛에 대한 반란

2014년 국내에 허니버터칩 열풍이 불었어요. 허니버터칩은 짠맛이 나는 소금 대신 단맛이 나는 꿀과 고소한 버터를 사용했어요. 그동안 '감자칩=짠맛'으로 통했는데, 상식과 반대되는 시도를 했어요.

🌀 감자칩이 한입에 들어가지 않는 이유

감자칩을 먹을 때 바사삭 부서지는 소리가 나면 더욱 맛있게 느껴져요. 바사삭 소리는 눅눅하지 않은 상태를 나타내요. 감자칩이 한입에 들어가면 바사삭 소리를 들을 수 없어요. 한 번 이상은 이빨로 잘라 먹어서 소리가 나도록 크기를 크게 만들어요.

감자칩의 맛을 결정하는 두께는 1.2~1.4mm 정도예요

생감자 성분 중 수분이 80% 정도예요. 감자를 썰어서 기름에 튀기면 수분은 거의 다 날아가고 기름이 절반 정도 채워져요. 기름이 들어가야 감자칩이 맛있어요. 감자를 썬 두께에 따라서 수분과 기름의 양이 달라져요. 너무 얇으면 기름이 너무 많아지고 두꺼우면 수분이 남아서 바삭한 식감이 살지 않아요. 식감과 맛을 살리는 적절한 두께는 1.2~1.4mm 정도라고 해요.

1855년, 호주
제임스 해리슨(James Harrison, 1816~1893)

냉장고
refrigerator

열의 흐름을 바꾼
보관 혁명

⚙ 얼음을 만드는 기술에서 냉장고를 만들기까지

지구는 거대한 냉장고예요. 북극이나 남극, 높은 산꼭대기는 온도가 낮아서 늘 얼음이 있어요. 계절 변화가 큰 지역은 겨울이면 냉장고로 변해요. 그러나 열대 지방처럼 일 년 내내 따뜻한 곳은 얼음 구경하기가 힘들죠.

얼음을 만드는 기술을 처음 개발한 사람은 영국 과학자 윌리엄 컬론(1710~1790)이에요. 땀이 마르면서 피부의 열을 빼앗는 현상을 보고, 액체가 기체로 바뀔 때 주변의 열을 흡수한다는 사실을 알아냈어요. 1748년에는 에틸에테르라는 물질을 이용해 물을 얼리는 데 성공해요.

1834년 영국인 발명가 제이콥 퍼킨스(1766~1849)는 얼음을 인공적으로 만드는 공기 냉동 압축기를 만들었어요. 원리는 요즘 냉장고와 비슷한데 제품 생산으로 이어지지는 않았어요.

현대식 냉장고와 비슷한 냉장고를 발명한 사람은 스코틀랜드 출신 인쇄공 제임스 해리슨이에요. 활자를 사용하고 나면 인쇄 잉크가 남았는데, 에테르라는 물질로 닦아내야 했어요. 에테르가 증발할 때 손이 시원한 점에 의문을 품은 해리슨은 연구에 몰두한 끝에 기체에 압력을 가하면 액체로 바뀐다는 사실을 알아냈어요. 해리슨은 에테르를 이용한 공기 압축기가 달린 냉장고를 발명해 1855년 특허를 받았어요. 냉장고는 고기 가공업체나 맥주 업체 사이에 큰 인기를 끌었어요.

가정용 냉장고의 시초는 프랑스 수도사 마르셀 오디프렌이 만들었어요. 와인을 시원하게 보관할 목적이었고 1895년과 1908년 두 차례 특허를 받았어요. 1911년 제너럴 일렉트릭은 오디프렌의 기술 권리를 얻어 냉장고

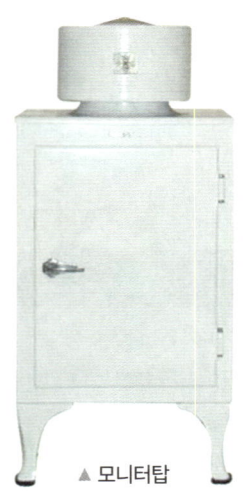

▲ 모니터탑

를 만들었는데, 가격이 비싸서 많이 팔리지는 않았어요. 냉장고가 본격적으로 보급된 때는 1925년 제너럴 일렉트릭에서 모니터탑이라는 냉장고를 내놓으면서부터예요. 냉장고가 나오면서 인류는 음식 보관 염려에서 해방됐어요.

옛날에도 냉장고가 있었어요

춘추 전국 시대에 쓰인 《예기》라는 책에는 '벌빙지가'라는 말이 나와요. 얼음을 쓸 자격이 있는 가문이라는 뜻이에요. 얼음을 최초로 기록한 책이에요. 옛날에는 얼음을 직접 만들지는 못하고 겨울에 얼음을 구하거나 높은 산에 있는 얼음을 가져다가 창고에 보관했어요. 우리나라에도 얼음을 보관하는 빙고가 있었어요.

냉장고의 종류

냉장고가 등장해 음식을 신선하게 보관하게 되면서 우리 식생활은 크게 달라졌어요. 냉장고는 종류가 다양해요. 김치, 와인, 음료수 등 특정 식품에 특화된 냉장고도 나와요. 음식 보관에만 쓰지는 않아요. 화장품, 약품, 혈액 등 서늘하게 보관해야 하는 물질이나 제품도 냉장고에 넣는답니다.

냉장고 냉각 원리

자연 현상은 순리대로 흘러가요. 물은 높은 곳에서 낮은 곳으로 흐르고 시간은 거꾸로 가지 않아요. 열은 뜨거운 곳에서 차가운 곳으로 흘러요. 겨울에 찬 손잡이를 잡으면 손이 차가워져요. 손의 열이 차가운 손잡이로 흘러서 그래요. 뜨거운 물이 담긴 컵을 만지면 손이 뜨거워져요. 열이 뜨거운 컵에서 손으로 옮겨가기 때문이에요.
냉장고는 반대예요. 냉장고 안의 열을 따뜻한 바깥쪽으로 보내서 냉장고 안을 시원하게 유지해요. 기계 장치의 힘으로 일시적으로 열의 흐름을 바꿔놓는답니다.
냉장고에는 열을 이동시키는 냉매라는 물질이 있어요. 압축기에서 고온 고압으로 압축된 냉매는 응축기를 통과하는 동안 열을 방출하면서 액체로 변해요. 모세관을 지나면서 액화 가스가 되고 증발기에서 가스가 증발해 기체로 변하면서 냉장고 안의 온도가 떨어져요. 이 과정을 계속 반복한답니다.

- 팽창 밸브 (액체에서 기체로)
- 증발기 (액체에서 기체로)
- 응축기 (기체에서 액체로)
- 압축기 (기체)

환경 문제를 일으키는 냉매

냉매는 냉장고 밖으로 나가면 환경 오염을 일으켜요. 초기에 쓰던 염화 불화 탄소는 '프레온'이라고 부르는데, 오존층을 심각하게 파괴했어요. 프레온을 대체해 수소 염화 불화 탄소가 나왔지만 프레온과 크게 다르지 않았어요. 수소 염화 불화 탄소를 대체하기 위해 나온 수소 불화 탄소는 온실 효과를 일으켜요. 과학자들은 환경 문제를 일으키지 않는 냉매를 개발하고 있어요.

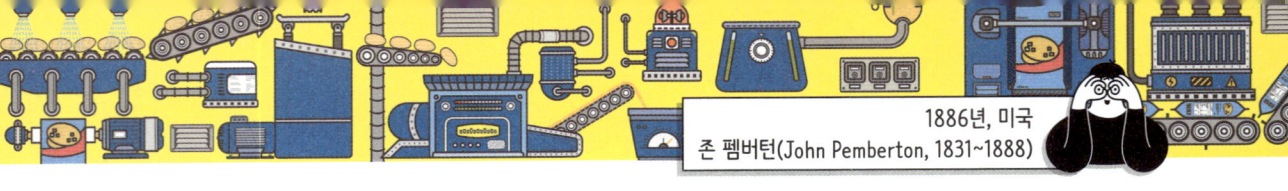

1886년, 미국
존 펨버턴(John Pemberton, 1831~1888)

코카콜라
Coca-Cola(=Coke)

여전히 제조법을 알 수 없는
전 세계인의 음료

🔧 코카콜라는 1886년에 약사 존 펨버턴이 발명했어요

존 펨버턴은 기분을 상쾌하게 해주는 약을 제조하는 방법을 찾던 중 코카나무 잎과 콜라 열매를 섞고 여러 가지 방향유를 넣은 시럽을 만들었어요. 펨버턴은 자신이 발명품을 제이콥 약국에서 판매했는데, 시럽에 탄산수를 타서 먹는 방식이었어요.

사업 파트너이자 회계 담당인 프랭크 로빈슨(1845~1923)은 코카나무와 콜라나무에서 아이디어를 얻어서 코카콜라(Coca-Kola)라고 이름 붙였어요. 로빈슨은 K를 C로 바꿔(Coca-Cola) 흘림체를 사용해 보기 좋은 로고도 만들었어요. 코카콜라는 초창기에는 인기가 없어서 펨버턴은 사업 권리를 여러 사람에게 넘겼어요. 코카콜라를 본격적으로 널리 세상에 퍼뜨린 사람은 아사 캔들러(1851~1929)예요. 회사를 세우고 미국을 대표하는 음료로 키웠어요.

▲ 존 펨버턴

🔧 비밀에 싸인 제조 비법

코카콜라가 발명된 지 100년이 넘었지만 여전히 제조 비법은 극소수 사람만 알아요. 특허를 내지 않고 비밀리에 보관해요. 사장과 부사장 2명만 알아서 두 사람이 같은 비행기를 타지 않는다는 얘기도 돌았어요. 뉴욕 은행에 보관하던 제조 비법은 2011년 미국 애틀랜타 코카콜라 박물관으로 옮겨서 보관하고 있답니다.

🟠 콜라병 디자인

코카콜라는 가운데가 잘록한 병 디자인으로 유명해요. 1915년부터 사용해오고 있어요. 당시 비슷한 제품이 많이 나오자 코카콜라 제조사는 병 디자인을 공모했어요. 어두운 곳에서 손으로 만지거나 깨진 조각만 봐도 단번에 코카콜라인지 알아볼 수 있어야 한다는 조건을 내걸었어요. 유리병 회사 디자이너인 알렉산더 사무엘슨(1862~1934)과 얼 딘(1890~1972)의 디자인이 뽑혔어요. 두 디자이너는 콜라 열매를 코코넛으로 착각하고 코코넛 열매 모양을 본떠 디자인했어요.

초창기에는 가운데가 볼록하고 아래가 좁아서 생산할 때 자주 넘어졌어요. 이후 볼록한 부분을 줄이고 아래를 더 오목하게 개선해 현재 병 모양을 완성했어요. 당시 미국에서는 유행하던 스커트와 비슷하게 생겨서 관심을 끌었어요. 새로운 콜라병 모양 덕분에 코카콜라의 인기는 더 올라갔답니다. 콜라병은 인물이 아닌 제품으로는 처음으로 1950년 미국 〈타임〉 표지를 장식했어요.

전 세계에서 코카콜라를 팔지 않는 두 나라

코카콜라는 전 세계에 거의 모든 나라에 진출했어요. 전 세계 브랜드 순위에 2000년대 초반부터 2010년대 중반까지 계속 1위에 올랐을 정도로 유명해요. 지구상에서 매일 판매되는 양은 20억 잔에 이르러요. 코카콜라 전 회장인 로베르토 고이주에타는 코카콜라의 경쟁 상대를 음료수가 아닌 물이라고 했어요. 전 세계인이 물처럼 마시는 음료로 만들겠다는 뜻이에요. 이처럼 일상에 깊숙이 파고든 코카콜라이지만 단 두 나라에서는 팔지 않아요. 북한과 쿠바예요. 두 나라는 현재 유일한 사회주의 국가여서 자본주의를 대표하는 상품인 코카콜라를 수입하지 않아요.

🟠 속이 더부룩할 때 콜라가 약?

콜라를 비롯한 탄산음료에 들어 있는 이산화 탄소는 위장에 들어가면 부피가 늘어나요. 위장 속 이산화 탄소가 트림으로 나오고 소화되지 않은 음식물이 장으로 밀려 내려가면서 소화가 되는 듯한 느낌이 들 뿐이에요. 충분히 소화되지 않고 내려간 음식물 때문에 소화 장애나 위산 역류 등 오히려 안 좋은 영향을 미칠 수 있어요.

폭발하는 콜라

콜라를 흔든 후에 뚜껑을 열면 폭발하듯 음료가 솟아 나와요. 음료 속에 들어 있는 이산화 탄소가 빠져나오는 현상이에요. 흔들지 않더라도 콜라에 멘토스라는 사탕을 넣으면 폭발하는 영상을 인터넷에서 쉽게 찾아볼 수 있어요. 멘토스를 자세히 보면 표면에는 작은 구멍이 무수히 많아서 거칠거칠한 상태예요. 거친 표면이 물 분자의 결합하는 힘을 약하게 해서 이산화 탄소가 쉽게 빠져나오도록 해요.

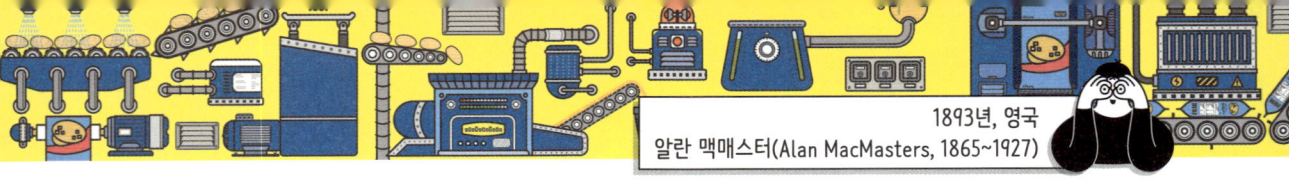

1893년, 영국
알란 맥매스터(Alan MacMasters, 1865~1927)

토스터 toaster

빵 굽는 방법의
일대 전환점

⚙ 식었거나 굳은 식빵을 구우면 빵이 되살아나고 맛있어요

갓 나온 식빵은 먹을 때 부드럽고 쫄깃한 맛이 아주 좋아요. 식빵은 그냥 먹어도 좋지만 구워 먹으면 더 맛있어요. 식었거나 굳은 식빵을 구우면 빵이 되살아나는 듯해요. 빵을 굽는 일은 아주 간단해요. 토스터에 넣기만 하면 돼요. 토스트기에 빵을 구우면 빵 속의 수분이 살아나면서 바삭하거나 부드러운 빵의 질감이 돌아오고, 고소하고 구수한 맛도 더해져요.

⚙ 토스터 보급에 이바지한 슬라이스 식빵

식빵 하면 당연히 슬라이스 식빵(썰린 빵)을 떠올려요. 덩어리 채 뜯어먹는 빵은 특별한 제품이라고 생각해요. 토스터에 익숙해져서 식빵도 당연히 썰린 채로 팔아야 한다고 여겨요. 썰린 빵의 역사는 수천 년 전으로 거슬러 올라가는 빵 역사와 비교하면 아주 짧아요. 썰린 식빵은 1928년 미국 발명가 오토 프레데릭 로흐베더(1880~1960)가 식빵 자르는 기계를 만들면서 나왔어요. 불과 2년 만에 미국 전역에서 썰어 파는 식빵의 비중이 절반을 넘겼어요. 다시 3년 후에는 썰린 식빵 비중이 80%에 이르면서 식빵의 기본 형태로 자리 잡았어요.

🔩 전기 토스터는 1893년에 과학자 알란 맥매스터가 처음 만들었어요

처음 발명했을 때는 배선이 자주 녹아 화재 위험이 높아서 널리 퍼지지는 않았어요. 제대로 된 전기 토스터는 1909년 제너럴 일렉트릭 회사에 근무하던 기술자 프랭크 셰일러가 발명했어요. D-12라고 불렀는데 한쪽 면만 구울 수 있어서 적당히 구워지면 손으로 돌려야 했어요. 미국에서 100만 개 이상 팔리는 큰 인기를 끌었어요.

자동으로 빵이 튀어 올라오는 팝업 토스터는 1921년 발명가 찰스 스트라이트(1878~1956)가 특허를 받았어요. 토스터 안에 타이머가 달려 있고 일정 시간이 지난 후에 용수철이 작동해 빵이 튀어 올라오는 구조예요. 토스터는 발명된 이후 기본 형태나 원리에 큰 변화 없이 지금까지 이어지고 있답니다.

니크롬선과 적외선 복사

빵을 구우려면 열이 있어야 해요. 토스터에 빵이 구워질 때 보면 붉게 열을 내는 부분이 눈에 들어와요. 니크롬선인데 니켈 80%와 크로뮴 20%가 섞인 니크롬 합금이에요.

니크롬선에 전기가 흐르면서 적외선 복사열이 발생해서 빵이 익어요. 복사는 물질을 통하지 않고 열이 직접 전달되는 방법이에요. 눈에 보이지 않는 적외선이 열을 전달해요. 태양열이 지구에 도달하거나, 난로 옆에 있으면 뜨거운 기운이 느껴지는 현상도 복사 때문이에요.

마이야르 반응

토스터는 근본적으로 따지면 빵을 태우는 기계예요. '토스트(toast)'라는 말은 탄다는 뜻인 라틴어 'toastum'에서 나왔어요. 식빵을 토스터에 구우면 표면이 노릇노릇하게 변해요. 보기에도 좋고 맛도 좋아요. 식빵이 열을 받아 노릇노릇하게 바뀌는 것은 마이야르 반응 덕분이에요. 마이야르 반응은 음식의 조리 과정 중 색이 갈색으로 변하면서 특별한 풍미가 나타나는 일종의 화학 반응을 말해요. 토스터는 마이야르 반응을 일으키는 데 큰 역할을 해요.

1894년, 미국
존 하비 켈로그(John Harvey Kellogg, 1852~1943)

콘플레이크
cornflakes

실수로 생겨난
새로운 음식

납작한 옥수수 조각, 시리얼

시리얼(cereal)은 곡물을 뜻하는데, 가공한 곡물에 우유나 주스를 부어 먹는 음식을 부르는 말이기도 해요. 간편한 아침 식사를 이야기할 때 잼을 바른 토스트를 떠올려요. 시리얼은 더 간단해요. 그릇에 담고 우유를 붓기만 하면 끝나요. 시리얼은 종류가 다양해요. 우리가 흔히 아는 납작하고 노란 조각 형태로 되어 있는 시리얼을 콘플레이크라고 해요. 옥수수(corn)를 납작한 조각(flake)으로 만들었다는 뜻이에요.

콘플레이크를 발명한 존 하비 켈로그는 영양학자이자 내과 의사예요

켈로그 박사는 결핵 환자를 위한 요양원을 운영했는데 환자들을 위해 곡물을 이용한 건강식을 개발하고 있었어요. 1894년 어느 날 수십 명이 먹을 식사를 준비하려고 밀반죽을 하던 중 급한 일이 생겨 자리를 비웠어요. 그사이 밀반죽이 굳어버렸는데, 버리기 아까웠던 켈로그 박사는 롤러에 돌려서 국수처럼 뽑아내려고 했어요. 롤러를 돌리니 예상과 다르게 반죽은 납작한 조각이 되어 나왔어요. 어쩔 수 없이 그대로 구워서 환자들에게 우유와 함께 내놓았어요. 맛도 좋고 소화도 잘돼서 생각지도 않게 환자들의 반응은 매우 좋았어요.

켈로그 박사는 계속해서 제공했고 결국 특허까지 받았어요. 실수로 생겨난 음식이 새로운 음식의 탄생으로 이어진 거예요. 켈로그 박사는 동생 윌 키스 켈로그(1860~1951)와 함께 일했는데, 둘은 1897년 콘플레이크를 만드는 회사를 차렸어요. 콘플레이크의 재료는 처음에는 옥수수가 아닌 밀이었어요. 켈로그 박사와 함께 일하던 동생 윌 키스 켈로그는 옥수수로 플레이크를 만들면 더 맛있다는 사실을 알아냈어요.

 콘플레이크 만드는 과정

껍질과 씨눈을 제거한 옥수수 알갱이를 찐 후에 갈아요. 가루를 건조한 후 반죽을 만들어 롤러에 넣어요. 롤러에서 나온 조각을 오븐에 구워 완성해요.

켈로그 VS 포스트

형과 동생은 제품에 관한 의견이 달랐어요. 형은 건강식을 원했고, 동생은 입맛에 맞게 설탕을 첨가하자고 했어요. 결국 둘은 갈라섰고, 동생은 1906년 새로 회사를 차렸어요. 이 회사가 켈로그예요. 시장에 콘플레이크 제품을 먼저 선보인 곳이 켈로그는 아니에요. 요양원에 환자로 있던 사업가 찰스 윌리엄 포스트(1854~1914)는 콘플레이크의 가능성을 짐작하고 1895년 포스트라는 회사를 차렸어요. 켈로그와 포스트는 콘플레이크 시장의 양대 산맥으로 불려요.

탄수화물

곡물은 사람의 식량이 되는 쌀, 보리, 콩, 조, 기장, 수수, 밀, 옥수수 따위를 통틀어 이르는 말이에요. 콘플레이크는 옥수수, 귀리, 보리, 호밀 등의 곡물로 만들기 때문에 주성분은 탄수화물이에요. 탄수화물은 지방, 단백질과 함께 삼대 영양소 중 하나예요. 식물의 열매와 뿌리, 줄기는 대부분 탄수화물이에요. 우리가 음식으로 먹는 영양소 중에 가장 많은 양을 차지하며 우리 몸의 에너지를 생산하는 주원료예요.

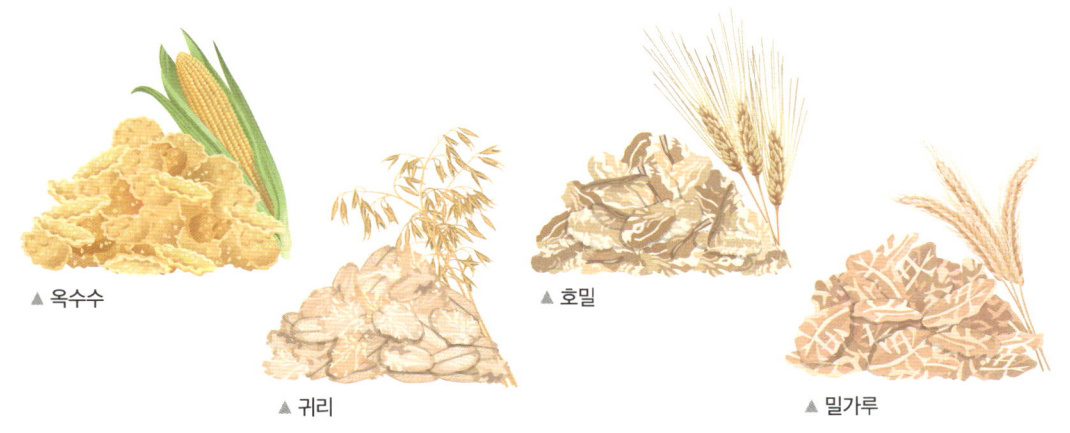

▲ 옥수수   ▲ 귀리   ▲ 호밀   ▲ 밀가루

1901년, 미국
로버타 로슨(Roberta C. Lawson, ?),
메리 몰러렌(Mary Molaren, ?)

티백 teabag

뜨거운 물에 담그기만 하면 끝

⚙ 차가 들어 있는 주머니, 티백

믹스 커피와 티백에 뜨거운 물만 부으면 간편하게 커피와 차를 만들 수 있어요. 티백은 차(tea)가 들어 있는 주머니(bag)라는 뜻이에요. 작은 종이 주머니에 찻잎을 넣어서 물에 넣어두면 저절로 우러나와서 간편하게 마실 수 있어요. 티백이 나오기 전에는 찻잎을 그대로 주전자에 넣거나 철망을 사용해 우려냈어요.

차 마시는 문화는 티백이 등장한 20세기보다 한참 전인 기원전 2700여 년 전 중국에서 시작됐다고 해요. 차의 유래에 관해서는 여러 가지 기원설이 있는데 신농 설화가 유명해요. 신농은 의약과 농사의 신으로 중국 전설에 나오는 삼황오제 중 한 명이에요. 독초에 중독되어 앓던 중 마침 바람에 날아온 찻잎을 먹고 정신을 차렸어요. 이후 찻잎은 약재로 널리 쓰였다고 해요.

⚙ 티백의 시작은 20세기 초로 거슬러 올라가요

미국의 로버타 로슨과 메리 몰러렌 두 여성은 차를 주전자에 통째로 끓이는 과정이 불편했어요. 한 컵 분량만 마시고자 그물망을 바느질로 엮어서 찻잎 거름망을 만들어요. 1901년 특허를 내서 1903년 등록받았지만 거의 알려지지 않았어요.

⚙ 티백을 좀 더 널리 알린 차 수입상

뉴욕에 살던 토머스 설리번은 제품을 홍보하고자 고객들에게 함석 통에 넣은 차 샘플을 보내는 방법을 썼어요. 함석 통 가격이 오르면서 부담을 느낀 설리번은 1904년 가격이 저렴한 비단 주머니로 바꿨어요. 어느 날 설리번은 샘플을 받은 사람들이 비단 주머니 채로 물에 넣어 우려내는 모습을 봤어요. 찻잎을 건져낼 필요가 없어서 사람들의 반응이 좋았어요.

설리번은 1908년 비단을 면 거즈로 바꾼 티백을 상품으로 만들어서 팔아요. 이후 티백 만드는 기계가 발명되고 종이 티백이 나오는 등 발전을 거듭했어요. 티백은 전 세계 차 시장의 90%를 차지할 정도로 차를 마시는 일반적인 방법으로 자리 잡았어요.

일상다반사

차, 커피, 코코아를 세계 3대 기호음료로 꼽아요. 이 중에 차의 역사가 가장 오래됐고, 소비량도 세 가지 음료 중에서 가장 많아요. 보통 차는 동양에서 마시는 음료라고 생각하지만 실제로는 전 세계인이 즐겨요. 전 세계에서 가장 차를 많이 소비하는 나라는 중국이고, 한 사람이 1년에 마시는 차의 양이 가장 많은 나라는 터키예요.

흔하게 일어나는 보통 일을 '일상다반사(日常茶飯事)'라고 하는데, 여기서 '다(茶)'가 차를 가리켜요. 차 마시고 밥 먹는 일처럼 늘 일어나는 흔한 일이라는 뜻이에요.

녹차 물을 펄펄 끓이지 않는 이유

티백을 넣을 때 물은 70~80℃ 정도로 맞추라고 해요. 녹차에서 감칠맛을 내는 성분인 아미노산이 낮은 온도에서 잘 우러나서 그래요. 펄펄 끓는 물을 부으면 영양소가 파괴되고 쓴맛을 내는 성분이 늘어나요.

물에 넣어도 찢어지지 않는 티백 종이

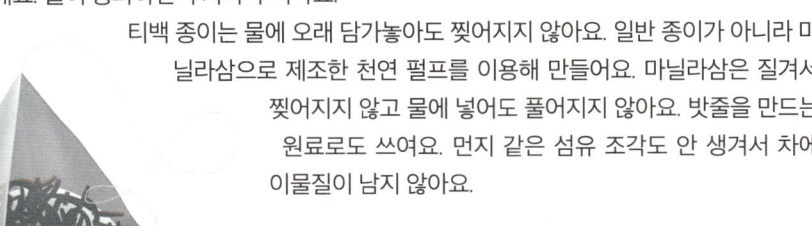

티백 종이에는 미세한 구멍이 있어요. 물은 통과하지만 내용물인 찻잎은 밖으로 빠져나가지 못해요. 물이 통과하면서 차가 우러나요.

티백 종이는 물에 오래 담가놓아도 찢어지지 않아요. 일반 종이가 아니라 마닐라삼으로 제조한 천연 펄프를 이용해 만들어요. 마닐라삼은 질겨서 찢어지지 않고 물에 넣어도 풀어지지 않아요. 밧줄을 만드는 원료로도 쓰여요. 먼지 같은 섬유 조각도 안 생겨서 차에 이물질이 남지 않아요.

종이컵 paper cup

1907년, 미국
휴 무어(Hugh Moore, 1887~1972)

편리함과 위생을 동시에

종이컵이 완전히 썩어 없어지려면 20년이 걸려요

종이의 활용 범위는 무궁무진해요. 책이나 문제집, 공부할 때 필기하는 노트에서 주로 종이를 볼 수 있어요. 택배 상자도 주로 종이로 만들어졌고, 벽을 아름답게 꾸미기 위해 종이 벽지를 발라요. 요즘에는 환경 보호를 위해 플라스틱 대신 종이 빨대를 써요.

우리나라에서 한 해 사용하는 종이컵의 수는 120억 개예요. 나무 4700만 그루 이상이 필요해요. 재활용 비율은 대략 15%가 채 되지 않아요.

종이컵이 완전히 썩어 없어지려면 20년이 걸려요. 종이컵은 편리하지만 한 번 쓰고 버리는 데다가 코팅이 되어 있어서 재활용이 힘들어요. 환경 오염의 주범이에요. 나무가 재료여서 자연환경에도 좋지 않은 영향을 미쳐요. 우리 생활을 편리하게 만든 획기적인 제품이지만, 점차 사용을 줄여나가는 추세예요.

종이컵은 하버드 대학교에 다니는 휴 무어가 1907년에 만들었어요

무어의 매형은 자판기를 발명해 생수를 팔았어요. 자판기에는 도자기나 유리컵을 사용했는데 잘 깨졌고, 위생에 관한 문제도 끊이지 않았어요. 인기를 끌던 자판기가 시들해지자 형은 무어에게 도움을 청해요. 무어는 종이로 컵을 만들면 깨지지 않겠다고 생각하고 물에 젖어도 찢어지지 않는 종이를 찾았어요. 결국 초를 발라 물에 젖어도 찢어지지 않도록 한 태블릿이라는 종이를 찾아냈어요. 태블릿 종이를 그대로 컵으로 만들면 초가 녹아 해를 끼칠 수 있어요.

무어는 연구를 거듭해서 인체에 해가 없는 코팅 종이를 만들어서 종이컵을 완성했어요. 무어는 자신이 만든 종이컵을 생수 자판기에 사용했어요. 이후 투자자의 권유로 종이컵 회사를 차렸어요. 민간 보건 연구소에서 종이컵이 위생을 지키는 데 좋다는 발표가 나오면서 종이컵은 불티나게 팔리기 시작했답니다.

🟠 종이컵 끝이 말려 있는 이유

종이컵에서 입에 대고 마시는 부분 테두리는 동그랗게 말려 있어요. 말린 부분은 부드러운 곡면이라 입술이 베이는 위험한 상황을 막아요. 말린 구조 덕분에 여러 개 겹친 종이컵을 빼기도 쉬워요. 말린 부분이 없다면 테두리가 약해져서 손으로 잡을 때 컵이 눌려 음료를 제대로 담기 힘들어요.

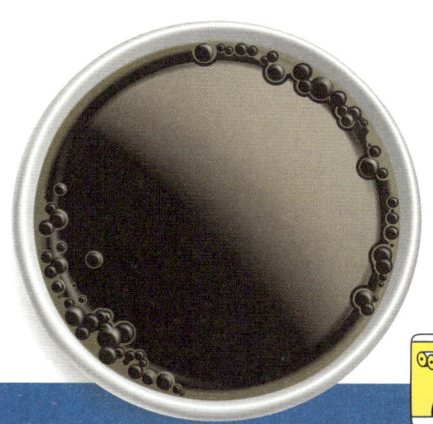

종이컵이 물에 젖지 않는 이유

종이컵을 만드는 종이는 폴리에틸렌이라는 물질을 코팅해서 만들어요. 폴리에틸렌은 플라스틱을 만드는 원료예요. 폴리에틸렌은 식품에 영향을 미치지 않아요. 투명하고 가공하기 쉽고 수명이 길어요. 폴리에틸렌은 105~110°C에서 녹아요. 끓는 물이 100°C이므로 종이컵에 뜨거운 물을 부어도 코팅이 녹지 않는답니다.

우유 팩 carton

새거나 찢어지지 않는 마법 종이

1915년, 미국
존 반 워머(John R Van Wormer, 1856~1942)

⚙ 우유가 새지 않는 우유 팩의 비밀

　종이 팩 우유는 손으로 윗부분을 펼친 후 잡아당기는 단 두 번의 동작으로 맛있게 마실 수 있어요. 우유 팩의 원래 이름은 카톤 또는 카톤 팩인데, 위쪽이 지붕처럼 생긴 것을 게이블 탑 방식이라고 해요. 우유 팩이 생기면서 언제 어디서든 편하고 쉽게 열어서 우유를 마실 수 있어요.
　신기하게도 액체인 우유를 종이에 넣었는데도 우유 팩이 찢어지거나 우유가 새지 않아요. 비결은 플라스틱의 한 종류인 폴리에틸렌 코팅이에요. 폴리에틸렌은 물이 통과하지 못하는 특성을 보이고 식품 포장용으로 써도 안전해요.

⚙ 인류는 소를 가축으로 키우면서 우유를 먹기 시작했어요

　인류가 우유를 먹기 시작한 때는 소를 가축으로 키운 기원전 8000년 전 이후로 추정해요. 기원전 4000여 년 전으로 추정하는 이집트 나일강변 사원 벽화에는 소에서 젖을 짜는 장면이 나와요. 우유는 상온에서 금방 상하므로 보관하기가 쉽지 않아서 대중화되지 못했어요. 액체 상태 우유가 널리 퍼진 때는 19세기 산업 혁명 이후 철도가 생기면서예요. 기차는 상하기 쉬운 우유를 신속하게 실어 날랐어요. 1863년 루이 파스퇴르(1822~1895)가 저온살균법을 개발하면서 우유 저장법은 한 단계 발전해요.

⚙ 우유 팩이 생기기 전에는 양철통이나 유리병에 담아서 우유를 팔았어요

　유리병은 무거운 데다가 깨지기 쉬웠어요. 양철통과 유리병을 다시 거둬다 써서 세척이나 위생 문제도 불거졌어요. 우유를 담는 종이 용기는 1906년 미국 서부에 처음 등장했는데, 종이를 젖지 않게 하는 코팅과 밀폐하기 위한 접착제로 쓸 만한 마땅한 물질이 없어서 곧 사라졌어요. 1915년 미국인 사업가 존 반 워머가 우유를 담는 종이 팩을 만들었어요.

종이 상자 안쪽을 파라핀으로 코팅해 우유가 새지 않게 했어요. 윗부분을 지붕 모양으로 만들었고 한쪽을 벌려서 열고 우유를 따르는 구조였어요. 요즘 우리가 쓰는 우유 팩과 형태가 비슷해요. 반 워머의 특허를 이용해 1936년 미국 기계장비 제조사 엑셀오가 우유 팩 대량 생산 기계를 만들었어요.

유통 기한과 소비 기한

유통 기한은 제품을 만든 날로부터 소비자에게 판매가 허용되는 기간이에요. 소비 기한은 올바르게 보관하면 먹을 수 있는 기간이에요. 우유의 유통 기한은 10일~2주 정도예요. 소비 기한은 개봉하지 않고 0~4℃로 보관했을 때 45일 정도까지는 먹어도 괜찮다고 해요.

테트라 팩은 사면체인 삼각뿔 모양으로 만든 종이 팩이에요

테트라는 어원적으로 4를 가리키는 말이에요. 테트라 팩은 1951년 스웨덴 회사 테트라 팩에서 만들었어요. 종이 팩이 나왔지만 여전히 유리병도 많이 쓰였어요. 우유 팩은 유리보다 밀봉하기 쉽지 않아서 유통 기한이 짧았어요. 테트라 팩은 완벽하게 밀봉해서 유통 기한을 늘렸어요. 튜브 형태 용기에 우유를 채운 후 중간에서 접합하는 방식이라 공기가 들어갈 틈이 없어요. 테트라 팩은 1940년대 초반 개발에 들어가 1951년이 되어서야 본격적으로 보급되기 시작했어요.

지붕 모양의 살균 팩 vs 직사각형 모양의 멸균 팩

살균과 멸균은 약품에 의한 화학적 방법과 열을 이용한 물리적 방법으로 세균 따위의 미생물을 죽이는 과정이에요. 살균은 조금이든 많든 균을 죽이는 것이고, 멸균은 균을 모두 죽이는 거예요. 카톤 팩은 살균 팩과 멸균 팩으로 나뉘어요.

살균 팩 우리가 흔히 보는 지붕 모양 우유 팩이에요. 살균 팩은 종이 양면에 폴리에틸렌 수지를 발라서 만든 카톤 팩이에요.

멸균 팩 주로 직사각형 모양이에요. 종이와 폴리에틸렌에 알루미늄 포일을 추가해요. 내용물의 균을 완전히 없앤 데다가 알루미늄이 빛과 산소를 차단해 내용물 보존 기간이 길고 상온에서도 유통할 수 있어요. 멸균 팩은 아셉틱 카톤 팩이라고 불러요.

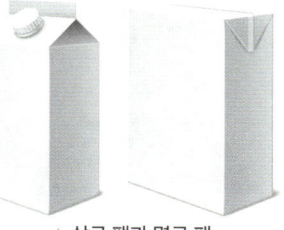
▲ 살균 팩과 멸균 팩

1930년대, 미국
루스 웨이크필드(Ruth Wakefield, 1903~1977)

초코칩쿠키
chocolate chip cookie

녹지 않은 초콜릿의 반전

초콜릿이 녹아 있는 초콜릿 쿠키 vs 초콜릿 조각이 박혀 있는 초코칩쿠키

초코칩쿠키는 달달한 초콜릿이 박혀 있어요. 초코칩쿠키를 누가 발명했는지는 여러 이야기가 있어요. 그중 가장 많이 알려진 내용은 웨이크필드 부인 이야기예요. 웨이크필드 부부는 미국 매사추세츠에서 식당 겸 여관을 운영했어요. 부인인 루스 웨이크필드는 쿠키를 만들어서 팔았는데, 반죽에 초콜릿을 녹여 만든 초콜릿 쿠키를 팔았어요.

1930년대 어느 날, 초콜릿 쿠키가 인기가 좋다 보니 반죽에 넣는 초콜릿이 다 떨어졌어요. 급한 김에 웨이크필드 부인은 찬장에서 찾아낸 네슬레 초콜릿 바를 넣었어요. 반죽용 초콜릿 대신 반죽에 초콜릿 조각을 넣어서 구우면 초콜릿이 녹아 퍼지면서 초콜릿 반죽으로 만든 쿠키와 비슷해질 거로 생각했어요. 막상 굽고 나니 초콜릿이 녹지 않고 그대로 남았어요. 어쩔 수 없이 그냥 팔았는데 손님들의 반응이 아주 좋아서 계속해서 만들었어요.

최초의 초코칩쿠키, 톨하우스 쿠키

웨이크필드 부인이 만든 초코칩쿠키는 '톨하우스 쿠키(tallhouse cookie)'라고 이름 붙였어요. 식당이 딸린 여관 이름이 '톨하우스 인(Tallhouse Inn)'이었기 때문이에요. 웨이크필드 부인은 초코칩쿠키를 만드는 방법을 책으로 냈어요. 톨하우스 쿠키가 인기를 얻자 식품 회사 네슬레는 상표권을 사들였어요. 초코칩용 초콜릿 제품에 웨이크필드 부인이 초코칩을 만든 방법도 적어놨어요. 초코칩쿠키용으로 잘게 부순 초콜릿도 선보여서 초코칩쿠키는 더 널리 퍼졌답니다.

초코칩에 쓰이는 초콜릿이 오븐에서도 녹지 않은 이유

초콜릿의 주성분은 카카오 매스와 카카오 버터예요. 카카오 매스는 액체 형태로 녹아 있는 순수한 카카오를 말해요. 카카오 버터는 카카오 매스에서 뽑아낸 지방질로, 보통 33~36℃면 녹아요. 코코아 버터가 들어간 초콜릿은 상온에서는 고체 상태이지만 입에 들어가면 부드럽게 사르르 녹아요. 코코아 버터가 고체에서 액체로 바로 변하기 때문이에요. 녹는 온도 범위가 좁아서 일어나는 현상이랍니다.

초콜릿에 어떤 재료를 넣느냐에 따라 녹는 온도가 달라져요. 초코칩에 쓰는 초콜릿은 식물성 기름이나 분유가 주성분이어서 고온에서도 녹지 않아요.

1936년, 미국 샌프란시스코
조지프 프리드먼(Joseph Friedman, 1900~1982)

주름빨대
straw

방향만 바꿨을 뿐인데

⚙ 주름빨대는 어린아이와 환자에게 큰 도움을 줬어요

주름빨대는 미국의 조지프 프리드먼이 발명했어요. 조지프 프리드먼은 어린 딸이 곧은 빨대로 음료를 마시는 모습을 보다가 주름을 만들어 컵에 걸치면 더 편하겠다고 생각했어요. 주름빨대는 1936년에 특허 출원했어요. 주름빨대는 아이를 위해 발명했지만, 누워서 지내야 하는 환자에게도 큰 도움을 줬어요. 빨대 방향을 바꿨을 뿐인데 사용하기가 훨씬 편해졌어요.

⚙ 빨대의 역사는 기원전 3000여 년경으로 거슬러 올라가요

메소포타미아인들은 밀 빨대를 사용했어요. 당시 맥주는 단지에 맥아를 담가 발효해서 만들었어요. 단지 밑에는 앙금이 가라앉고 위에는 찌꺼기들이 떠서 빨대를 사용해서 중간 부분 맥주만 빨아 먹었어요. 빨대는 영어로 'straw'라고 하는데, '짚'을 뜻해요.

⚙ 요즘 쓰는 빨대는 술과 관련 있어요

현대식 빨대는 19세기 후반 미국의 담배 공장에서 일하던 마빈 스톤(1842~1899)이 발명했어요. 당시에는 술을 마실 때 호밀 대를 사용했어요. 잔을 손으로 잡고 있으면 술이 금방 미지근해지기 때문이에요. 호밀 대는 모자를 만들 수 있을 만큼 튼튼해요. 호밀은 흑빵이나 위스키의 원료가 되며 흑맥주를 양조할 수도 있는 식물이에요. 그런데 냄새 때문에 술맛이 제대로 나지 않는 단점이 있어요. 마빈은 담배 싸는 종이를 말아서 종이 빨대를 만들었어요.

🔧 플라스틱 빨대는 썩어 없어지는 데 500년 넘게 걸려요

초기 빨대는 종이였지만 석유 화학 산업이 발달하면서 플라스틱으로 바뀌었어요. 플라스틱 빨대는 전 세계에서 사용하는 양이 엄청나게 많아요. 미국에서는 하루에 5억 개, 우리나라에서는 한 해에 100억 개 정도로 추정해요. 플라스틱 빨대는 썩어 없어지는 데 500년 넘게 걸려요. 버려진 빨대는 환경을 파괴하고 동식물의 생명을 위협해요.

플라스틱 빨대가 미치는 나쁜 영향을 줄이고자 다양한 대체품이 나와요. 종이, 쌀, 밀, 대나무, 사탕수수 등 천연 재료 빨대를 비롯해 여러 번 쓸 수 있는 실리콘이나 유리 빨대 사용이 늘었어요.

▲ 친환경 빨대. 대나무 빨대(왼쪽)와 스테인리스 빨대

🔧 빨대는 대기압의 원리를 이용해요

입으로 빨아들이는 힘이 세면 빨대로 음료수도 잘 먹을 수 있을까요? 아니에요. 빨대는 대기압의 원리를 이용해요. 빨대를 빨면 빨대 속 공기가 줄어들어요. 빨대 속 압력은 음료를 누르는 대기압보다 낮아져요. 음료를 누르는 압력이 커지므로 음료가 빨대 안으로 밀려들어가요.

🔧 우주선 안에서도 빨대로 음료를 마실 수 있어요

공기가 누르는 힘이 없다면 빨대를 사용할 수 없을까요? 우주선 안에도 공기는 있어요. 우주선 내부 기압은 대기압과 비슷하게 맞춰놓았어요. 단지 지구가 잡아당기는 중력이 없어서 물이 둥둥 떠다닐 뿐이에요. 빨대를 사용해서 음료를 마실 수 있답니다.

대기압

지구를 둘러싼 공기를 대기라고 불러요. 공기는 공중에 떠다니고 가볍지만 무게가 있어요. 대기가 누르는 힘을 대기압이라고 해요. 1기압은 물기둥을 10.3m 끌어 올리는 압력이에요. 수은은 76cm까지 올라가요.
대기압 측정은 갈릴레오 갈릴레이(1564~1642)가 시도했어요. 실험으로 대기압을 확인한 사람은 이탈리아 과학자 에반젤리스타 토리첼리(1608~1647)예요. 1643년 유리관과 수은을 이용해 대기압의 존재를 확인했어요.

전자레인지
microwave oven

1945년, 미국
퍼시 스펜서(Percy Spencer, 1894~1970)

불꽃 없이 요리해요

🔸 전자레인지를 발명한 과학자 퍼시 스펜서

퍼시 스펜서는 25세 때 레이더 장비를 개발하는 레이시언사에 연구원으로 들어갔어요. 어느 날 스펜서는 마이크로파가 발생하는 마그네트론이라는 장비를 실험했어요. 마침 주머니에 사탕을 넣어놨는데 실험이 끝나니 녹아버렸어요. 사탕을 녹일 만한 열이 나오는 곳이 주변에 없어서 스펜서는 마그네트론이 관련 있다고 생각했어요. 옥수수를 넣고 다시 실험하니 옥수수가 팝콘처럼 부풀어 올랐어요. 마이크로파가 음식을 가열한다고 확신한 스펜서는 연구를 거듭한 끝에 1945년 전자레인지 특허를 내요.

1946년 시장에 처음 나온 전자레인지는 높이 167cm이고 무게는 340kg이나 나갔어요. 이름은 '레이더레인지'였어요. 크기가 크고 가격도 비싸서 음식점이나 항공사 등 음식을 대량으로 조리하는 곳에 주로 쓰였어요. 1952년에는 가정용이 나왔어요. 요즘처럼 조리대에 올려놓을 수 있는 작은 크기 전자레인지는 1967년에 선보였어요. 가전 업계에서 전자레인지를 만들면서 마이크로파를 사용하는 조리기구를 뜻하는 '마이크로웨이브 오븐'이라는 명칭을 쓰기 시작했어요.

🔸 전자레인지는 마이크로파라는 전자기파를 이용해요

마이크로파는 1초에 10억~300억 번 방향이 바뀌어요. 전자레인지는 그중에서 1초에 24억 5000만 번 진동하는 마이크로파(2.45GHz)를 사용해요. 마이크로파가 음식물 속에 있는 물분자를 건드리면서 물분자가 서로 마찰을 일으키면서 온도가 올라가고 음식이 익어요. 겉은 물론 속

까지 골고루 익고, 빠르게 조리할 수 있어요. 물 분자만 건드리므로 영양소는 파괴하지 않아요.

전자레인지에 넣으면 안 되는 것들

마이크로파는 음식은 통과하지만 금속은 통과하지 못해요. 금속 용기에 음식을 넣으면 음식이 제대로 데워지지 않아요. 금속에 마이크로파가 모이면 불꽃이 일어나 화재가 발생할 위험성이 커져요.

은박지도 전자레인지에 사용하지 말아야 해요.

삶은 달걀을 넣고 돌리면 노른자가 과열되어 폭발 현상이 일어나요.

전자레인지에서 녹지 않는 얼음

전자레인지는 물 분자를 이용해 가열하는 방식이에요. 얼음도 물이어서 전자레인지에 넣고 돌리면 녹아야 할 텐데 예상과 달리 녹지 않아요. 물 분자가 활발히 움직여야 열이 발생하는데, 얼음 속 물 분자는 방향과 위치가 고정돼 있어서 움직이지 못해요.

전기밥솥
electric rice cooker

1955년, 일본
미나미 요시타다(Minami Yoshitada, 1908~1966)

밥 짓는 수고를
한 방에 날리다

솥 밥에서 즉석 밥까지 밥은 여전히 우리의 주식이에요

식생활이 서구화됐다고 해도 하루에 한두 끼 이상은 식탁에 밥이 빠지지 않아요. 밥 짓기는 아주 편해요. 쌀을 씻어다 밥솥에 넣고 버튼만 누르면 밥이 돼요. 밥을 많이 해놓으면 밥솥에 보관할 수도 있어요. 밥하기 귀찮다면 즉석 밥을 사다 먹어도 돼요. 전자레인지에 넣고 돌리기만 하면 밥솥에 지은 밥과 별 차이 없는 밥을 먹을 수 있어요.

전기밥솥이 나오기 전에는 솥에다 밥을 했어요. 우리나라에서도 1960년대 이전에는 가마솥을 썼어요. 가마솥에 밥을 할 때는 물의 양, 불의 세기, 가열 시간에 따라 밥의 상태가 달라졌어요. 설익거나 질어지거나 아래는 잘 익고 위는 설익는 등 제대로 된 밥을 하기가 쉽지 않았어요. 밥 짓는 사람의 실력이 매우 중요했답니다. 전기밥솥이 나온 이후에는 누구나 밥을 잘 지을 수 있게 되었어요.

즉석 밥(무균 포장 밥)

밥 짓는 방법은 더 편해지고 있어요. 요즘에는 전기밥솥도 번거로워서 쓰지 않고 즉석 밥을 사먹기도 해요. 작은 플라스틱 용기에 들어 있는 즉석 밥은 전자레인지나 뜨거운 물에 데우기만 하면 돼요. 집에서는 물론 야외에서도 편하게 먹을 수 있어요. 밥을 이용한 간편식은 오래전부터 있었지만, 갓 지은 밥을 담은 즉석 밥은 무균 포장밥이라고 해서 이전에 나온 제품과 다른 새로운 시장을 열었어요. 무균 상태로 포장해 얼리지 않고도 오래 보관할 수 있어요. 1988년 일본에서 처음 나왔고, 우리나라에서는 1996년 선보였어요.

전기밥솥은 일본에서 처음 개발했어요

중일 전쟁 중인 1937년 전쟁터에서 식사 준비할 때, 네모난 나무통에 쌀과 물을 넣고 전선을 연결한 양극 막대를 꽂아서 열을 가해 밥을 지었어요. 1940년대 미쓰비시는 바닥에 달린 히터가 솥을 데우는 전기밥솥

을 제작했어요. 단순히 열만 가하는 방식이라 밥이 될 때까지 지켜봐야 했어요.

    1955년에 작은 공장을 운영하던 미나미 요시타다가 스위치를 누르면 밥이 되는 전기밥솥을 개발했어요. 현대적인 전기밥솥의 시초였고 도시바사가 시장에 내놔 큰 성공을 거뒀어요. 1970년대에는 보온 기능을 갖춘 전기밥솥이 선보였어요. 당시에는 일본 전기밥솥이 기술 완성도가 높아서 우리나라에서도 일본에 여행 가면 일본 전기밥솥을 사오는 게 유행이었어요. 1992년에는 전기밥솥과 압력밥솥을 결합한 제품이 우리나라에서 나왔어요.

가마솥과 압력밥솥의 원리

가마솥 가마솥 뚜껑은 솥 전체의 3분의 1을 차지할 정도로 무거워요. 무거운 솥 뚜껑이 위를 막고 있으니 수증기가 쉽게 빠져나갈 수 없어요. 수증기 상태에서 물의 끓는점은 올라가서 100℃ 이상이 돼요. 온도가 높으니 밥이 잘 익어요. 밥이 잘 익으려면 대기압(1기압)보다 압력이 높아야 해요.

가마솥

압력밥솥 가마솥의 원리를 이용해요. 뚜껑을 잘 밀폐해서 대기압보다 높은 압력으로 밥을 지어요. 압력이 계속 높아지면 위험하기 때문에 수증기가 빠질 수 있는 통로를 만들어놓았어요. 밥을 지을 때 압력을 맞추기 위해 수증기가 빠져나가면서 칙칙 소리가 나요. 요즘에는 압력밥솥도 전기를 이용해요.

압력밥솥

전기밥솥에서 밥이 상하지 않는 이유

전기밥솥은 65℃로 보온해요. 이 온도에서는 음식물을 썩게 하는 세균이 살 수 없어요.

음식물을 부패시키는 균이 번식할 수 있는 조건이 세 가지 있어요. 온도, 습도, 양분이 맞아야 해요. 온도는 20~40℃이고, 수분이 있을 때 더욱 활발히 번식해요. 덥고 습한 여름에 음식물이 더 쉽게 상하거나 부패하는 모습을 볼 수 있어요.

1958년, 일본
안도 모모후쿠(Ando Momofuku, 1910~2007)

라면 instant noodles

밥 없이도 든든한 제2의 주식

오사카 인스턴트
라면 박물관

요코하마
컵라면 박물관

⚙ 우리나라의 라면 소비량은 세계 1위예요

　우리나라는 1년에 1인당 라면을 75개 정도 먹어요. 나라 전체로 보면 연간 35억 개예요. 주식이라고 해도 될 정도예요. 라면이 우리나라에서만 인기가 있지는 않아요. 전 세계 라면 판매량은 연간 1000억 개가 넘는답니다. 라면의 시초는 중국 사람들이 먹던 납면(拉麵)으로 봐요. 1870년대 중국 사람들이 일본으로 들어가면서 납면이 일본에 널리 퍼졌다고 해요.

⚙ 국수를 기름에 튀긴 후 말리면 오래 보관할 수 있어요

　인스턴트 라면은 1958년 발명가 안도 모모후쿠가 개발했어요. 닛신식품 사장이었던 모모후쿠는 제2차 세계대전이 끝난 후 포장마차에 길게 늘어서서 라면을 먹는 사람을 보고, 줄 서지 않고 먹을 수 있는 라면을 만들고자 했어요. 당시 일본에는 미군 구호품인 밀가루가 많아서, 식량 부족을 해결하기 위해 밀가루를 활용한 음식을 만들라고 장려했어요. 모모후쿠는 아내가 집에서 어묵을 튀길 때 밀가루 속에 있는 수분이 빠르게 빠져나가는 현상을 봤어요. 국수를 튀긴 후 말리면 오래 보관할 수 있고 다시 뜨거운 물에 넣으면 원래 상태로 되돌아갈 거라고 생각하고 라면을 연구했어요. 기름에 튀길 때 수분이 빠져나가면서 작은 구멍이 생기고, 다시 물에 끓이면 구멍으로 물이 들어가 면이 익는 원리였어요.

　1958년 닛신식품에서 치킨 라면을 최초로 선보였어요. 처음에는 면에 양념을 뿌린 형태였지만 시간이 지나면 쉽게 변질해서 수프를 따로 포장하는 방식으로 바뀌었어요.

　긴 유통 기한은 라면의 장점 중 하나예요. 라면은 비상식량의 대명사로 통해요. 보통 6개

월, 수프는 12개월이에요. 라면의 수분 함량은 10% 이하예요. 음식을 썩게 하는 미생물이 살기 힘들어요. 포장지는 빛과 산소 침투를 막아 라면이 썩지 않게 해요.

컵라면의 컵 모양이 아래는 좁고 위는 넓은 이유

인스턴트 라면보다 더 편하게 먹을 수 있는 컵라면도 안도 모모후쿠가 만들었어요(1971). 컵라면을 자세히 보면 아래는 좁고 위는 넓은 컵 모양으로 되어 있어요. 면이 중간에 걸리는 구조예요. 뜨거운 물이 위아래에서 동시에 익히도록 했어요.

라면이 꼬불꼬불한 이유

라면의 면을 다 이으면 대략 50~60m 길이예요. 면이 꼬불꼬불해야 작은 봉지에 다 담을 수 있어요. 봉지 안에서 면발이 부서질 위험도 줄어들어요. 면발 사이에 공간이 있어서 끓일 때 수분이 침투하기 좋고 수프도 잘 배어들어요. 끓인 후에는 젓가락으로 집기 편해요.

컵라면이 봉지라면보다 빨리 익는 이유

컵라면은 별도 조리 과정 없이 뜨거운 물만 부으면 익어요. 조리 시간도 3~4분 정도로 짧아요. 면발이 가늘고 면발 사이 공간이 넓어서 빨리 익어요. 재료는 밀가루를 쓰는 일반 라면과 달리 전분을 주로 사용해요. 전분은 밀가루보다 빨리 익는답니다.

라면 끓일 때 발생하는 돌비 현상

물이 끓기 전이냐 후냐를 놓고 라면에 수프를 언제 넣어야 하는지 사람마다 의견이 달라요. 끓는 물에 수프를 넣으면 갑자기 거품이 생기면서 부글부글 끓어오르는데, 돌비 현상 또는 튐이라고 해요. 액체가 끓는점이 되어도 끓지 않고 있다가 이물질이 들어가면 갑자기 끓어올라서 내용물이 튀어 올라요. 보통 물은 100℃에 끓지만 뚜껑을 닫고 강한 불로 빠르게 끓인 냄비 속 물의 온도는 100℃가 넘어요. 이물질인 수프가 들어가면 갑자기 상태가 불안정해지면서 물이 끓기 시작해요.

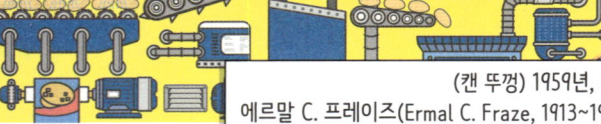
(캔 뚜껑) 1959년, 미국
에르말 C. 프레이즈(Ermal C. Fraze, 1913~1989)

(병뚜껑) 1892년, 미국
윌리엄 페인터(William Painter, 1838~1906)

캔 뚜껑 & 병뚜껑
pull-tap opener & bottle cap

닫기보다 중요한 열기

▶ 뚜껑
▶ 팝탑

⚙ 잘 막고 따기 쉽게 열리는 게 기술이에요

서로 반대되는 특성을 둘 다 살리기는 힘들 때가 많아요. 한쪽을 잘하려면 다른 쪽을 포기해야 해요. '모순(矛盾)'은 창과 방패를 가리켜요. 무엇이든 뚫는 창과 무엇이든 막는 방패 이야기예요. 두 개를 동시에 사용했을 때 결과를 설명할 수 없어요. 통조림도 비슷해요. 상하지 않게 잘 보관하려면 꽉 막아야 하는데, 먹기 편하려면 뚜껑이 잘 따져야 해요. 잘 막으면 따기가 힘들고, 따기 쉬우면 꽉 막히지 않는 참 어려운 문제예요. 다행히 요즘에는 기술이 발달해서 잘 막고 쉽게 열린답니다.

⚙ 절단면이 날카로운 풀탭과 뚜껑 부분이 안쪽으로 말려 들어가는 팝탑

캔 음료나 통조림은 안에 들어 있는 먹거리를 오래 보관할 수 있지만 따기가 힘들었어요. 음료는 따개를 이용해 한쪽 끝에 구멍을 뚫거나, 공기가 잘 통하도록 두 곳에 구멍을 냈어요. 통조림은 초창기에는 공구를 이용해 뚜껑을 잘라내야 했어요. 이후 따개가 나왔지만 불편하기는 마찬가지였어요.

따기 편한 캔 뚜껑은 1959년 미국 엔지니어 에르말 프레이즈가 발명했어요. 프레이즈는 캔 음료를 잔뜩 가지고 나들이를 하였는데 캔 따개를 가지고 가지 않았어요. 결국 자동차 범퍼의 뾰족한 부분을 이용해 힘들게 구멍을 내서 먹었어요. 불편을 겪으면서 자동차 보닛이 여닫히는 모습이 떠올랐어요. 캔도 보닛 열리듯 쉽게 딸 수 있으면 좋겠다고 생각했어요.

프레이즈는 캔 윗부분 구멍 모양에 맞춰 금을 긋고 나서 그 부분을 들어 올릴 수 있는 손잡이를 고정했어요. 손잡이가 지렛대 역할을 해 금 그은 부분이 딸려 올라오면서 구멍이 생겨요. 이런 방식을 풀탭(pull-tap)이라고 해요. 프레이즈의 발명은 알루미늄 제품 회사인 알코아가 사들여서 제품으로 만들었어요. 이 방법을 적용한 캔을 한 맥주회사가 자사 제품에 적용해 큰 인기를 끌었어요. 풀탭은 사용하기 편리하지만 절단면이 날카로워서 마실 때 입 주변을 다치기 쉬웠고 따고 남은 금속 조각이 처치 곤란했어요.

1977년 프레이즈는 뚜껑 부분이 안쪽으로 말려 들어가는 팝탑(pop-top) 방식을 개발해요. 팝탑 방식은 지금까지도 캔 따는 주요 방식으로 활용해요.

병뚜껑의 톱니가 21개인 이유

탄산음료를 담은 병을 보관하기는 쉽지 않았어요. 뚜껑을 닫는 정도에 따라 상태가 달라졌어요. 헐겁게 닫으면 탄산이 빠져나가서 맛이 밍밍하고, 너무 꽉 닫으면 탄산의 압력이 세서 병이 깨졌어요.

기계 기술자 윌리엄 페인터는 김빠진 탄산음료를 먹고 배탈이 난 후 뚜껑을 개발하기로 마음먹었어요. 5년 동안 3000개에 이르는 병뚜껑을 만들었고, 1892년 결국 왕관처럼 생긴 병뚜껑을 완성했어요. 탄산을 적절하게 보관할 뿐만 아니라 딸 때 경쾌한 펑 하는 소리가 나서 인기를 끌었어요. 병뚜껑의 톱니는 21개예요. 21개보다 적으면 탄산이 빠져나가고, 많으면 깨질 우려가 있대요.

▲ 병뚜껑

지렛대 원리

캔 뚜껑이나 병뚜껑, 시소 모두 지렛대 원리를 이용해요. 지렛대는 받침점에 막대를 올린 후 한쪽에는 물체를 놓고 다른 쪽에는 힘을 줘서 작은 힘으로 물체를 들어 올리는 도구예요. 생활 속 곳곳에 지렛대 원리를 이용하는 도구가 많아요. 캔 뚜껑을 딸 때는 손가락이, 병뚜껑은 따개가 지렛대 역할을 해요. 손가락 대신 숟가락 등을 지렛대로 사용하면 더 편하게 딸 수 있어요.

믹스 커피
instant coffee sticks

맛과 속도를 동시에

1976년, 대한민국
동서식품

🌀 우리 생활에서 빼놓을 수 없는 커피

나라마다 물처럼 마시는 음료가 있어요. 중국에서는 차를 마시고, 미국에서는 소다를 즐겨요. 수질이 좋지 않은 유럽에서는 와인이나 맥주를 많이 마셔요. 우리나라는 주로 물을 마시는데 언제부터인가 커피가 국민 음료라고 부를 정도로 널리 퍼졌어요. 식사 후에 커피 한잔을 비롯해 하루에도 여러 잔을 마시기도 해요. 거리에는 커피 전문점 없는 곳을 찾기 힘들 정도로 커피 파는 곳도 많아요. 집에서도 커피를 직접 내려 먹거나 기계를 이용해 커피를 뽑아 먹거나 인스턴트커피를 직접 타 먹어요.

🌀 믹스 커피는 우리나라 동서식품에서 개발했어요

섞다는 뜻인 믹스(mix)에서 알 수 있듯이 믹스 커피는 여러 재료를 한데 모았어요. 재료인 커피와 설탕과 크림의 비율을 알맞게 정해놨어요. 봉지를 뜯어서 뜨거운 물에 넣고 젓기만 하면 간편하게 커피를 마실 수 있어요. 믹스 커피는 1976년 우리나라 동서식품에서 개발했어요.

🌀 물에 바로 녹여 먹는 인스턴트커피는 1771년부터 있었어요

1771년에 '물에 녹는 커피'가 영국에서 나왔고, '커피 혼합물'로 특허를 받았어요. 향이 그리 좋지 않고 저장 기간도 짧아서 널리 퍼지지는 않았어요.

미국에서 남북 전쟁이 일어나기 전인 1853년, 케이크 형태 인스턴트커피가 나와서 군인들에게 실험적으로 보급했어요.

1901년에는 미국 시카고에서 일본인 화학자 사토리 카토가 인스턴트커피를 개발했는데, 맛이 없어서 널리 보급되지는 않았어요.

1909년 벨기에 출신 미국인 발명가 조지 워싱턴(1871~1946)이 인스턴트커피 대량 생산법을 발명했어요. 인스턴트커피는 제1차 세계대전과 한국 전쟁을 거치면서 군인들에게 인기를 끌어 세계로 퍼졌어요. 믹스 커피는 쓴맛 위주인 인스턴트커피의 단점을 보완한 제품이에요. 믹스 커피는 우리나라 특유의 빨리빨리 문화의 영향을 받았어요. 커피를 마시기 위한 여러 단계를 하나로 합쳐 한 번에 편하게 마실 수 있게 했어요.

믹스 커피 봉지가 쉽게 잘리는 이유

길쭉한 막대 모양 믹스 커피는 윗부분이 쉽게 뜯어져서 사용하기 편리해요. 믹스 커피 봉지는 재질이 다른 다섯 개 층으로 만들어서 꽤 질긴 데도 윗부분은 쉽게 뜯어져요. 다섯 개 층의 가장 윗부분에 레이저로 살짝 점점이 구멍을 뚫어놓았기 때문이에요.

일반 믹스 커피와 아이스용 믹스 커피는 크림이 달라요

믹스 커피를 차가운 물에 넣으면 잘 녹지 않아요. 믹스 커피도 아이스 제품이 따로 있어요. 아이스용은 찬 물에 잘 녹게 입자 크기를 작게 만들어요. 크림도 해바라기유를 사용해요.
해바라기유는 녹는점이 낮아서 찬물에서도 잘 녹아요. 일반 믹스 커피 크림에는 야자유가 들어가는데, 야자유는 녹는점이 25℃ 이상이라서 뜨거운 물을 부어야 해요.

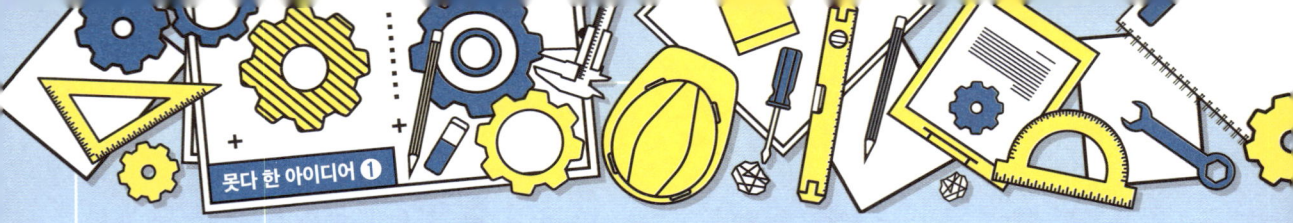

못다 한 아이디어 ❶

맛있는 발명과 발견

⚙ 높은 산에서는 밥이 설익어요

야외나 전기를 사용하기 힘든 곳에서는 일반 솥을 이용해요. 높은 곳에 올라가면 기압이 떨어져서 끓는점이 낮아져요. 물은 끓지만 온도가 높지 않아서 쌀이 설익어요. 뚜껑에 돌을 올려놓아서 수증기가 빠져나가지 않도록 해야 내부 기압이 올라가서 밥을 제대로 지을 수 있어요. 조리 시간도 오래 걸리므로 수증기가 빠져나가지 않게 뚜껑을 자주 열면 안 돼요.

⚙ 우유는 캔에 담지 않아요

음료수에는 알루미늄 캔을 많이 사용하지만 우유에는 캔을 사용하지 않아요. 금속 캔은 열을 잘 전달해서 우유가 상하기 쉬워요. 우유의 미네랄 성분이 금속 성분과 마주치면 이물질이 생길 수도 있어요. 금속 캔은 오래 보관하는 데 알맞아요. 유통 기한이 짧은 우유를 굳이 비용이 더 드는 금속 캔에 넣을 필요는 없어요.

⚙ 오목한 바닥의 알루미늄 용기는 닿는 면적이 커져서 높은 압력을 견뎌내요

탄산음료는 알루미늄으로 만든 캔에 넣어요. 탄산음료를 마실 때 입안에 퍼지는 톡 쏘는 느낌은 음료 속에 녹아 있는 이산화 탄소 때문이에요. 음료에 압력을 더해서 이산화 탄소를 음료 속에 녹여요. 이산화 탄소는 계속해서 기체로 변하려고 하므로 캔 속은 압력이 높아요. 바닥을 오목하게 만들면 용기에 닿는 면적이 커져서 높은 압력도 견뎌내요. 둥글게 쌓으면 무거운 무게도 잘 견디는 아치의 원리를 적용했어요. 바닥을 평평하게 만들면 압력이 작용해서 볼록하게 튀어나올 거예요.

🛞 오목한 감자칩 모양에 담긴 비밀

프링글스라는 감자칩은 말안장처럼 생겼어요. 제품도 원통 안에 차곡차곡 감자칩을 쌓았어요. 칩이 부서지지 않으면서 많이 넣는 방법이에요. 감자칩은 대부분 봉지에 질소를 넣어서 팽팽하게 포장해요. 봉지에 감자칩을 많이 넣으면 부서지고, 적게 넣으면 양이 부족해요. 말안장 모양은 아치형 굴곡이라 서로 충격을 줄이는 구조예요. 차곡차곡 쌓을 수 있어서 공간도 적게 차지해요. 입 구조에도 잘 맞아서 먹기도 편해요.

🛞 아이스크림을 맛있게 지켜주는 드라이아이스

드라이아이스는 이산화 탄소를 압축하고 냉각해서 만들어요. 드라이아이스는 영하 78.5℃를 경계로 고체에서 기체 또는 반대로 변해요. 기체로 변할 때 주변 열을 흡수해 온도를 낮춰요. 액체로 변화는 과정을 거치지 않아서 포장재가 축축하게 젖지 않아요. 아이스크림을 비롯해 냉장 상태를 유지해야 할 제품을 옮길 때 제격이에요. 드라이아이스는 온도가 낮아서 손으로 만지지 말아야 해요.

🛞 두 가지 맛을 동시에 즐기는 땅콩버터 젤리 샌드위치

미국에서는 땅콩버터 젤리 샌드위치를 즐겨 먹어요. 식빵 한 쪽에는 땅콩버터, 다른 쪽에는 잼을 발라 겹친 샌드위치를 땅콩버터 젤리 샌드위치라고 해요. 두 가지 맛을 동시에 즐기고 싶은 욕구가 이룬 생활 속 발명이라고 할 수 있어요. 두 번 바르는 수고를 덜기 위해 아예 한 병에 땅콩버터와 잼을 같이 넣은 제품도 나와요.

3000여 년 전 고대 아스텍과 잉카 사람들은 땅콩을 곱게 갈아 반죽으로 만들어 먹었어요. 현대적인 땅콩버터는 1800년대 후반에 등장해요. 1884년 캐나다의 화학자 마셀러스 길모어 에디슨(1849~1940)이 땅콩 반죽 특허를 냈어요. 1895년에는 존 하비 켈로그(1852~1943) 박사도 땅콩버터 제조 과정에 관한 특허를 냈어요. 조지 워싱턴 카버(1864~1943) 박사는 '땅콩 박사'로 불려요. 땅콩으로 300가지가 넘는 발명품을 만들었어요.

더 섬세하게
더 쓸모 있게

작고 하찮아 보이지만 없으면 안 되는 것들이 있어요. 우리 몸에서 눈썹은 아주 작은 부분을 차지해요. 있는지 없는지도 모를 정도로 존재감이 약하지만 꽤 중요한 일을 해요. 눈이 부시지 않도록 햇빛을 막고 땀이 눈으로 들어가지 않도록 해요. 손톱은 계속 자라나서 깎아줘야 해요. 잘 씻지 않으면 손톱 밑에 때가 껴서 보기 흉해요. 때로는 귀찮게 여기는 손톱도 꼭 있어야 하는 존재예요. 손끝을 보호하고 피부가 밀리지 않게 하고 힘 줄 때 지지대 역할도 해요. 손톱이나 눈썹이나 없다면 생활할 때 아주 불편할 거예요.

쉽게 불을 밝히는 전구가 발명되어서 밤에도 낮처럼 지낼 수 있어요. 지퍼 달린 옷은 쉽게 입을 수 있어서 아주 편해요. 텔레비전 채널도 리모컨 덕분에 멀리서 움직이지 않고 편리하게 채널을 바꿀 수 있어요. 무엇을 붙일 때는 셀로판테이프를 사용하면 간편하게 붙일 수 있어요. 플래시, 휴대전화, 전자시계, 디지털카메라는 콘센트에 선으로 연결하지 않은 채 들고 다녀요. 건전지가 없었다면 이런 기기를 들고 다니는 일은 꿈도 꾸지 못했을 거예요.

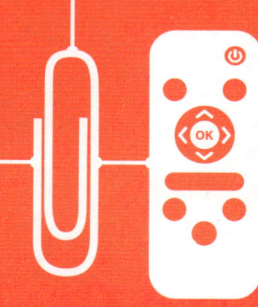

1770년, 영국
조지프 프리스틀리(Joseph Priestle, 1733~1804)

지우개 실수해도 걱정 끝!
eraser

파라고무나무에 흠을 내어 라텍스(생고무 원료)를 얻어요.

🛠 빵에서 고무지우개까지, 지우개의 발전

고무는 고무나무의 껍질에서 분비하는 액체를 응고시킨 생고무로 만들어져요. 튼튼하고 전기나 물, 가스가 통과하지 않아 생활용품 원료로 많이 쓰여요. 1770년, 화학자 조지프 프리스틀리는 고무 뭉치가 연필 자국을 지울 수 있다는 사실을 알아냈어요. 프리스틀리는 이 현상을 보고 '문지른다'라는 'rub'라는 단어를 사용해 고무를 'rubber'라고 이름 붙였어요.

같은 해 영국 엔지니어 에드워드 나인(1726~1806)은 연필로 쓴 글을 우연히 생고무로 만든 공으로 문질렀다가 글씨가 지워지는 현상을 발견했어요. 이전에는 빵으로 글씨를 지웠어요. 나인은 생고무로 지우개를 만들었어요. 생고무 지우개는 온도가 높으면 끈적거리고 낮으면 굳어 단단해져서 사용하기 불편했어요.

미국 발명가 찰스 굿이어(1800~1860)는 생고무 지우개의 단점을 제거한 고무지우개를 발명했어요. 1839년 실험을 하다가 실수로 고무와 황을 섞은 물질을 난로에 떨어뜨렸는데, 고무는 녹지 않았어요. 굿이어는 온도 변화에 영향을 덜 받는 고무지우개를 만들어냈어요.

지우개 달린 연필

미국에 사는 화가 지망생 하이멘 립맨(1817~1893)이 연필 달린 지우개를 개발했어요. 지우개를 잃어버리지 않기 위해 실로 꿰서 연필에 매달고 작업했어요. 지우개가 흔들려서 불편해하던 립맨은 1858년 연필 한쪽 끝 심 부분에 지우개를 넣어 연필 특허를 받아요. 지우개 박힌 연필은 이후 양철 조각으로 연필에 지우개를 연결한 형태로 발전해요.

요즘 사용하는 지우개는 플라스틱 지우개예요. 플라스틱 지우개는 일본 문구 회사 시드(SEED)에서 1956년 처음 만들었어요. 천연고무로 지우개를 만들다가 태평양 전쟁(1941~1945)이 시작되면서 고무를 수입할 수 없게 되었어요. 비슷한 소재를 찾다가 폴리염화비닐(PVC, 플라스틱의 한 종류)을 활용해 지우개를 만드는 데 성공했어요.

볼펜 지우개, 수정액과 수정 테이프

볼펜 글씨를 지울 때는 고무가 아닌 수정액을 사용해요. 우리가 보통 화이트라고 부르는 문구 제품이에요.

수정액은 은행에서 비서로 일하던 베트 그레이엄(1924~1980)이 만들었어요. 그레이엄은 타자기를 사용하면서 오타를 종종 냈어요. 타자로 친 글씨는 지우개로도 지워지지 않았어요. 화가로도 활동한 그레이엄은 1951년 하얀색 물감에 종이 색상 염료를 섞어 수정액을 만들었어요. 수정액은 작은 병에 담아 몰래 사용했어요. 개인이 쓰려고 만들었는데 입소문을 타고 장점이 알려지자, 그레이엄은 아예 회사를 세우고 제품 특허를 받았어요. 1970년대 중반에는 한 해 2500만 개가 팔릴 정도로 인기를 끌었어요.

수정 테이프는 수정액의 불편한 점을 보완해요. 셀로판테이프 붙이듯 글씨 위에 붙이면 간편하게 글씨를 지우는 효과를 내요. 1989년 시드에서 개발했어요.

고무가 글씨를 지우는 원리

고무는 표면에 여러 가지 물질이 잘 달라붙어요. 연필로 쓴 글씨는 연필심의 흑연이 종이에 묻은 자국이에요. 흑연 가루가 고무에 붙으면서 종이에서 분리돼 지워지는 거예요. 고무가 종이보다 흑연 입자를 더 강하게 당기기 때문이에요.

지우개부터 비행기까지 큰 영향을 준 고무 가황법

찰스 굿이어가 난로에 황을 섞은 고무를 떨어뜨린 우연한 사건 덕분에 고무 산업에 큰 변화가 생겨요. 황을 더해 고무의 탄성을 늘리는 방법을 가황법이라고 해요. 천연고무에 황을 섞고 열을 가하면 분자끼리 잡아당기는 힘이 강해져서 탄탄한 고무가 탄생해요. 굿이어의 발명으로 다양한 고무 제품이 나오기 시작했어요. 타이어도 그중 하나예요. 특히 자전거, 자동차, 비행기 등 이동 수단 발달에 큰 영향을 미쳤어요.

성냥 match

손쉽게 불을 얻는 방법

1826년, 영국
존 워커(John Walker, 1781~1859)

성냥의 원리 발견

오랜 옛날에는 번개가 치면서 나무에 붙은 불을 이용하거나 한 번 불을 붙이면 계속해서 불씨를 보존하는 등, 불을 얻거나 꺼뜨리지 않는 데 주의를 기울였어요. 성냥은 나무 끝에 붉은색 고체 덩어리가 붙어 있어서 깔깔한 면에 긁으면 불이 붙어요. 어디서나 쉽게 불을 붙일 수 있어서, 불붙이는 방법에 혁명을 일으켰어요.

성냥의 시작은 독일 연금술사 헤닝 브란트가 저절로 불이 붙는 인이라는 물질을 발견한 1669년으로 거슬러 올라가요. 브란트는 은을 금으로 바꾸는 여러 가지 방법을 시도하다가 오줌 실험을 하던 중 인을 발견했어요. 인은 너무 쉽게 불이 붙는 위험한 물질이어서 사용하기는 쉽지 않았어요.

영국 과학자 로버트 보일(1627~1691)은 인을 사용해서 황을 붙인 나무 조각에 불을 붙이는 방법을 알아내요. 성냥의 원리를 발견한 거예요.

현대식 성냥을 처음으로 발명한 약제사

약제사 존 워커는 화학 실험을 자주 했어요. 불을 사용할 일이 많았는데 불붙이기가 너무 불편했어요. 불붙이는 방법을 연구하던 중 황화안티몬을 아라비아고무와 풀로 반죽한 다음 천에 발라놨어요. 어느 날 난로 근처에 있던 그 천에 자연적으로 불이 붙었어요.

1826년 워커는 나뭇개비 끝에 천에 발랐던 물질을 입혀 성냥을 만들었어요. 종이에는 유릿가루와 규조토를 발랐고, 화학 물질을 바른 나무를 종이 사이에 넣고 잡아당겨 마찰열로 불을 붙게 했어요.

1833년 독일에서는 유릿가루와 규조토를 바른 종이가 없어도 아무 곳에나 문지르면 불이 붙는 성냥이 선보였어요. 초창기 성냥은 문지르지 않아도 저절로 불이 붙는 일이 발생해 위험했고, 성냥에 쓰는 물질은 독성이 강했어요. 1840년대 들어 자연적으로 불이 붙지 않는 안전성냥이 등장한 이후 요즘까지 이어져요.

우리나라에는 1880년 개화승 이동인이 일본에서 성냥을 가져왔어요

조선 시대에도 성냥과 비슷한 물건이 있었어요. 소나무 가지에 유황을 발라 딱딱하게 말린 '석류황'이었어요. 성냥과 달리 불이 있어야 불을 붙일 수 있었어요. 석류황을 빨리 발음하다 보니 자연스럽게 성냥이 되었어요. 불붙이는 방식은 다르지만 성냥의 명칭으로 굳어졌어요.

배다리성냥마을박물관

성냥 공장인 조선인촌주식회사가 있던 곳에 세운 박물관이에요. 조선인촌주식회사는 1917년 인천에 생긴 우리나라 최초 성냥 공장이에요. 인천은 성냥의 재료인 목재를 쉽게 들여올 수 있는 지역이어서 성냥 공장을 세우기에 알맞았어요. 회사 이름 속 '인촌(燐寸)'은 도깨비불을 뜻해요. 박물관에는 성냥의 역사, 제작 과정, 성냥 도입 후 생활 변화 등을 볼 수 있는 자료를 전시해요.

(주소) 인천 동구 금곡로 19

성냥에 불이 붙는 원리

성냥 머리에는 황이 붙어 있어요. 성냥갑 마찰 면에는 인을 칠해놨어요. 황은 나무보다 발화점이 낮아서 불이 잘 붙어요. 황의 발화점은 190℃이고, 나무는 400℃가 넘어요. 성냥을 마찰 면에 문지르면 마찰 면에 묻은 적린(붉은인) 성분이 성냥 머릿속에 있는 염소산칼륨과 결합하고 마찰열에 의해 불이 붙어요. 이어서 황이 작용하면서 불꽃이 커져요.

발화점과 인화점

발화점 어떤 물질이 타기 시작하는 온도예요. 불씨의 도움 없이 물질 온도가 올라가 불이 붙기 시작하는 온도를 말해요.

인화점 불꽃에 의해 불이 붙는 가장 낮은 온도예요.

1849년, 미국
월터 헌트(Walter Hunt, 1796~1859)

옷핀 safety pin

찔리지 않는 안전 핀

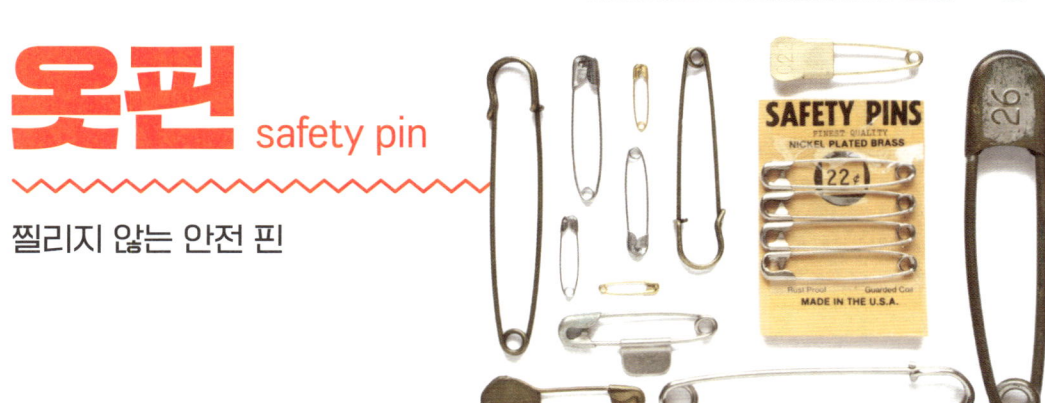

⚙ 옷핀이 안전핀이라고 불리는 이유

바늘, 핀, 송곳, 압정, 주사바늘 등 뾰족한 것들은 통에 담아놓든가 뾰족한 부분을 덮어놓든가 해야 찔리지 않아요. 옷핀도 끝이 뾰족하지만 몸체에 가리는 부분이 달려서 안전하게 사용할 수 있어요. 옷핀은 뾰족한 핀 끝에 찔리지 않기 때문에 안전핀이라고 불러요.

⚙ 옷핀은 발명가 월터 헌트가 만들었어요

헌트는 늘 자금 부족에 시달렸고 어느 때인가 아는 사람에게 15달러 빚을 졌어요. 돈을 갚으라는 독촉을 받은 헌트는 발명품으로 돈을 벌어 갚기로 해요. 책상에서 곰곰이 머리를 굴리던 헌트는 철사를 만지작거리다가 옷핀 아이디어를 떠올려요. 당시에 핀은 일자형이었는데, 구부리고 걸쇠를 달아 안전하게 꽂을 수 있도록 개선했어요. 일자형 핀과 달리 한번 꽂으면 핀이 움직이거나 빠지지 않는 장점도 있어요.

1849년 헌트는 옷핀 특허를 받아요. 헌트는 특허를 그레이스라는 회사에 400달러에 팔고 아는 사람에게 빚진 15달러도 갚았어요. 헌트의 특허를 사들인 회사는 옷핀이 인기를 끌면서 수백만 달러에 이르는 돈을 벌었어요.

⚙ 옷핀의 구조와 탄성

옷핀은 걸쇠와 스프링으로 구성돼 있어요. 끝부분이 한 번 감긴 간단한 스프링 구조예요.

스프링은 탄성이 있어요. 탄성은 힘을 더하면 모양이 변하고 힘이 빠지면 원래대로 돌아오는 성질이에요. 옷핀의 뾰족한 부분을 걸쇠 쪽으로 누르면 스프링 부분이 휘면서 뾰족한 부분이 걸쇠에 걸려요. 빼면 탄성에 의해 원래 자리로 돌아와요.

피불라

고대 그리스에서는 긴 천을 두르거나 어깨를 중심으로 앞뒤로 걸치듯이 입었어요. 어깨 부위를 고정할 때 피불라를 사용했어요. 피불라는 장신구나 옷핀의 한 종류라고 할 수 있어요.

평생 발명에 몰두해 수많은 특허를 낸 월터 헌트

상업용 재봉틀과 반복해서 발사하는 소총은 잘 알려진 헌트의 발명품이에요. 길거리에서 어린이가 마차에 치는 사고를 본 후에는 발로 밟아 징을 울리는 마차용 경고 장치도 개발했어요. 이 밖에도 휴대용 칼 깎는 기계, 밧줄 제조 기계, 기능을 개선한 만년필, 효율성 높은 기름 램프 등 다양한 분야에 발명품을 내놓았어요.

옷핀과 정전기

건조한 겨울에는 마찰할 때 정전기가 잘 일어나요. 머리를 만지거나 이불 등에 스칠 때, 옷을 입거나 벗을 때 따끔거리며 정전기가 발생해요. 이불이나 옷 가장자리에 옷핀이나 클립을 2~3개 꽂으면 전기가 빠져나가는 통로 역할을 해서 정전기가 줄어들어요.

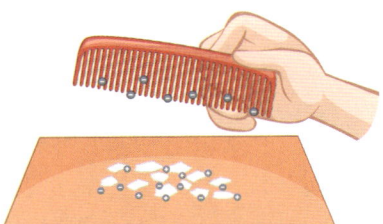
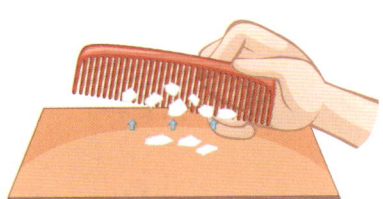

1850년대 초반, 미국
리바이 스트라우스(Levi Strauss, 1829~1902)

청바지
blue jeans

남아도는 천막으로 만든
지구인 유니폼

⚙ 전 세계인의 유니폼, 청바지

　나이와 성별, 사는 지역, 재력, 계절에 상관없이 누구나 청바지를 즐겨 입어요. 청바지는 평등한 옷이라고 불러요. 전 세계인의 유니폼이라고 할 만해요. 청바지가 평등과 자유를 상징하다 보니, 옛날 공산주의 소련에서는 청바지를 수입하지 못하게 했어요. 워낙 널리 입다 보니 각 나라의 고유한 문화를 파괴한다는 비판도 받았어요.

⚙ 청바지를 만든 리바이 스트라우스

　독일에서 태어난 스트라우스는 미국 뉴욕으로 이민을 갔어요. 1850년대를 전후해 미국 캘리포니아에, 특히 샌프란시스코에 골드러시가 일어났어요. 골드러시는 금이 발견되면서 많은 사람이 몰려드는 현상이에요. 스트라우스는 광부들을 상대로 천막을 팔기 위해 샌프란시스코로 갔어요. 어느 날 대형 천막 10만 개 분량 주문이 들어와서 재료를 잔뜩 준비했는데, 주문한 사람이 취소했어요. 천을 어떻게 처리할지 고민하던 스트라우스는 광부들이 해진 바지를 꿰매는 광경을 봤어요. 질긴 천막 천으로 바지를 만들면 꿰맬 일이 없겠다고 생각한 스트라우스는 남아도는 천막 천을 활용해 바지를 만들었어요. 바지는 엄청난 인기를 끌었어요.

20년 후 네바다에서 양복점을 운영하는 제이콥 데이비스(1831~1908)가 스트라우스에게 제안해요. 바지 주머니에 구리 리벳을 박으면 광부들이 일할 때 주머니가 찢어지지 않아서 더 좋을 거라고 했어요. 스트라우스는 흔쾌히 받아들여요. 스트라우스는 갈색 천이 지저분해지기 쉬우니 색도 청색으로 하자고

스티브 잡스와 청바지

애플 공동창업자 스티브 잡스(1955~2011)는 21세기 첨단 IT 시대를 대표하는 인물이에요. 1998년부터 청바지와 터틀넥, 운동화 패션을 고수했어요. 잡스의 상징처럼 자리 잡아서 '잡스 룩'이라고 불러요. 잡스는 입기 편하고 옷 입는 시간이 별로 걸리지 않아서 같은 스타일을 고수했다고 해요.

잡스 전기에는 잡스가 같은 옷을 입은 배경이 나와요. 일본 회사를 방문했다가 유니폼 문화를 본 잡스는 애플에도 유니폼을 도입하려고 해요. 정작 애플 직원들이 호응하지 않아서 자신만의 유니폼을 구상하고 청바지에 터틀넥을 입기 시작했어요. 잡스의 옷장에는 같은 옷이 100벌 넘게 있었다고 해요.

했어요. 이렇게 해서 청바지가 탄생했어요. 리바이 스트라우스가 만든 청바지가 그 유명한 리바이스예요. 처음에 청바지는 노동자들이 주로 입는 옷이었어요. 제1차 세계대전 때는 군인들이 즐겨 입었어요. 1950년대 들어 엘비스 프레슬리와 제임스 딘 등 유명한 스타들이 청바지를 입으면서 널리 사랑받는 옷이 됐어요.

◉ 청바지의 앞주머니에 달려 있는 작은 주머니의 용도

청바지 앞주머니에는 작은 주머니가 하나 더 달려 있어요. 손목시계가 나오기 전에는 시계를 들고 다녔어요. 작업하면서도 시간을 볼 수 있도록 시계를 넣어놓는 주머니를 청바지에 만들었어요.

◉ 청바지는 빨지 않는 것이 원칙이에요

색이 변하거나 모양이 틀어지기 때문이에요. 며칠 입든 몇 달 입든 오염도는 비슷하다는 연구도 있어요. 세탁해야 한다면 햇빛에 말리거나 탈취제를 뿌리면 돼요.

(클립) 1867년, 미국
사무엘 페이(Samuel Fay, ?)

(스테이플러) 1866년, 미국
조지 맥길(George McGill, 1844~1917)

클립 & 스테이플러
clip & stapler

찍어야 산다

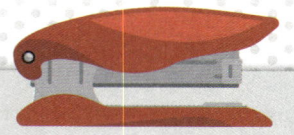
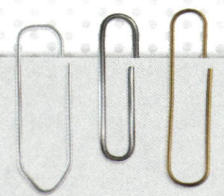

⚙ 종이 여러 장을 한데 모으는 클립과 스테이플러

디지털 시대가 와서 종이 사용이 줄었지만 종이가 완전히 사라지지는 않았어요. 종이 여러 장을 한데 모으는 방법은 여러 가지예요. 풀로 붙이거나 클립을 끼우거나 스테이플러로 찍거나 집게로 집어야 해요.

여러 방법 중에서 클립과 스테이플러를 가장 많이 써요. 클립이 종이에 손상을 주지 않고 고정한다면, 스테이플러는 구멍을 내서 결합하는 방법이에요. 다시 뽑아내려면 번거롭지만 한 번 고정해서 그대로 놔둘 목적이라면 스테이플러가 클립보다 단단하게 종이 여러 장을 고정할 수 있어요.

⚙ 클립

1867년 사무엘 페이는 옷에 상표를 붙일 목적으로 클립을 만들었어요. 지금 판매하는 것과 달라서 철사를 엇갈리게 구부린 간단한 모양이었어요.

이후 여러 발명가가 다양한 클립을 발명했어요. 우리에게 잘 알려진 타원형을 두 개 겹친 모양 클립은 영국 회사 젬 매뉴팩처링이 만들었어요. 이후 미국인 사업가 윌리엄 미들브룩(1846~1914)이 1899년 젬 매뉴팩처링이 만든 클립을 생산하는 기계를 발명해 대량으로 만들기 시작했어요.

클립은 작은 쇳조각에 불과하지만 모양은 매우 다양해요. 19세를 전후해 클립 발명이 한창

스테이플 VS 스테이플러=호치키스

스테이플은 'ㄷ' 자 모양으로 생긴 철사 침을 말해요. 전기 코드 따위의 선을 고정하는 데 사용하는 'ㄷ' 자 모양의 못도 스테이플이에요. 수술 후 피부를 봉합하는 데 사용하기도 해요. 스테이플러 또는 호치키스는 스테이플을 사용하여 서류 따위를 철하는 도구를 말해요. 호치키스는 미국의 상표명에서 나온 말이에요.

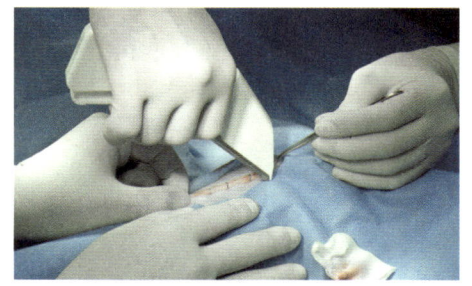

▶ 피부 스테이플러

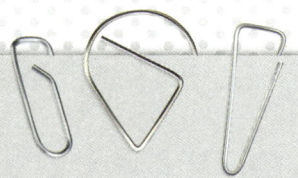

일 때 수십 가지 모양이 나왔어요. 작은 발명에도 수많은 아이디어가 녹아들고, 여러 가지로 변형해서 발전할 수 있다는 사실을 보여줘요.

⚙ 스테이플러

스테이플러 역사는 길어요. 18세기 프랑스에서 루이 15세를 위해 스테이플러를 만들었어요. 1866년 미국인 조지 맥길은 황동으로 만든 종이 묶음 기계를 발명해요. 요즘 스테이플러와 원리가 비슷한 현대식 스테이플러의 시초예요.

19세기와 20세기에 걸쳐 다양한 스테이플러 제품이 나와요. 요즘 스테이플러의 원형이라 할 수 있는 제품은 1937년 미국 회사 스윙라인이 특허 출원했어요. 스윙라인 제품 형태는 지금까지도 이어지고 있어요.

1879년 2월 18일에 특허를 받은 조지 맥길의 스테이플러 © Mikebartnz ▶

건전지 battery

줄 없이 누리는 자유

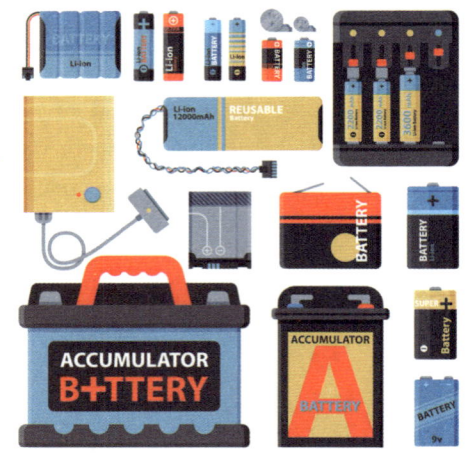

1868년, 프랑스
조르주 르클랑셰(Georges Leclanche, 1839~1882)

⚙ 공식적으로 인정받는 최초 전지는 볼타 전지예요

스마트폰, 시계, 엠피스리, 디지털카메라, 리모콘 등 전기로 작동하는 제품은 전지로 작동해요. 전지가 없다면 전선이 있어야 해요. 휴대용 전자 제품을 쓰기 위해 길에서 전선을 꼽고 사용하는 모습을 상상해보세요. 길거리 곳곳에 콘센트 천지일 거예요.

알렉산드로 볼타(1745~1827)는 1800년에 전지를 만들었어요. 아연판과 은판을 겹치고 사이에는 양잿물에 적신 종이를 끼웠어요. 양쪽 판에는 전선을 연결해 전지를 완성했어요. 볼타 전지는 요즘 우리가 말하는 건전지는 아니에요. 적신 천을 사용한 습식 전지예요.

건전지의 원형은 1868년 프랑스 과학자 조르주 르클랑셰가 만들었어요. 습식이었지만 오늘날 건전지의 기본 구조를 이루는 토대가 됐어요.

독일 과학자 칼 가스너(1855~1942)는 르클랑셰의 전지를 개량해 1886년 건전지를 만들었어요. '건'은 말랐다는 뜻이에요. 배터리 속에 액체 대신 고체가 들어 있어요.

⚙ 1차 전지와 2차 전지

1차 전지는 한 번 쓰고 버리는 전지예요. 2차 전지는 충전하면 여러 번 쓸 수 있는 전지를 말해요. 스마트폰에 들어 있는 전지는 계속 충전해서 쓰는 2차 전지예요.

🔧 건전지 규격

건전지는 여러 가지 규격이 있는데 미국 기준이 우리에게 익숙해요. 많이 사용하는 원기둥 형태 건전지는 A자를 써서 나타내요. AA는 가장 많이 쓰는 건전지로 길이는 5cm가 조금 넘어요. AAA는 AA보다 조금 작고 리모컨에 주로 써요. 길이는 44.5mm예요. AAAA도 있는데 거의 쓰이지 않아요. 같은 알파벳이면 동일 전압을 사용한다는 뜻이에요. 이 밖에 AA와 비슷하지만 굵은 C형과 D형도 있어요. 직사각형 모양 9V 건전지는 6F22나 FC-1이라고 불러요.

개구리에서 시작한 건전지의 역사

볼타가 전지를 만드는 데 영향을 미친 것은 루이지 갈바니(1737~1798)의 개구리 실험이에요. 이탈리아 볼로냐대 교수인 갈바니는 1786년 실험을 하던 중 개구리 뒷다리에 금속이 닿았을 때 뒷다리 근육이 움직이는 현상을 봤어요. 전기와 관련 있다고 생각하고 동물 몸에서 전기를 만들어낸다고 생각했어요. 볼타는 같은 현상을 다르게 봤어요. 금속 사이에 발생한 전기가 동물의 몸을 타고 흐른다고 판단했어요.

리튬이온 배터리

스마트폰을 비롯한 휴대용 전자기기에는 대부분 리튬이온 배터리가 들어가요. 간편하게 충전해서 쓸 수 있어요. 리튬이라는 물질을 이용해 전기 에너지를 만들어내요.

1869년, 미국
존 웨슬리 하이엇(John Wesley Hyatt, 1837~1920)

플라스틱
plastic

무엇이든 만들 수 있는
기적의 물질

⚙ 무엇이든 만들 수 있다는 뜻을 가진 플라스틱

플라스틱은 무엇이든 만들 수 있다는 뜻의 그리스어 '플라스티코스(plastikos)'에서 유래했어요. 플라스틱 하면 높은 온도에서 흐물거리다가 굳으면 딱딱해지는 물질이 떠올라요. 석유화학의 산물이라고 생각하는데, 자연계에도 플라스틱과 비슷한 물질이 존재해요. 나무에서 나오는 수액이 굳어 보석처럼 변한 호박이나 고무나무에서 나오는 천연고무도 플라스틱의 한 종류라고 볼 수 있어요.

독일인 크리스티안 쇤바인(1799~1868) 교수는 1846년 질산 섬유소라는 물질을 합성하는 데 성공해요. 플라스틱의 시작이에요.

영국 발명가 알렉산더 파크스(1813~1890)는 1855년 질산 섬유소를 에테르와 알코올에 녹인 후 건조하는 방식으로 원하는 모양을 만들 수 있는 파크신이라는 물질을 만들었어요. 파크신을 플라스틱의 시초로 보기도 해요.

최초의 플라스틱은 독일 출신 미국인 존 하이엇이 만들었어요. 1869년 질산 섬유소와 알코올, 장뇌(녹나무를 끓이면 나오는 고체 성분)를 활용해 열을 가하여 어떤 모양으로도 만들 수 있는 물질을 개발하고 셀룰로이드라고 불렀어요.

합성 플라스틱은 벨기에 출신 미국인 레오 베이클랜드(1863~1944)가 발명했어요. 독일 화학자의 논문을 참고해 1907년 베이클라이트라는 물질을 만들었어요. 천연 물질을 사용하지 않고 석탄 가스 합성 부산물로 만든 플라스틱이었어요.

⚙ 당구공 재료를 찾다가 발명한 플라스틱

예전에는 당구공을 코끼리 상아로 만들었어요. 코끼리 상아는 피아노 건반을 비롯해 여러 가지 제품을 만드는 데 쓰였어요. 상아 사용이 늘면서 구하기 힘들어졌고 당구공 재료도 부족해졌어요. 미국 당구공 제조업자들은 상금을 걸고 상아를 대신할 소재를 구했어요. 존 하이엇은 당구공을 대신할 물질을 찾다가 플라스틱을 발명했어요.

⚙ 썩지 않는 플라스틱과 환경 오염

태평양에는 우리나라보다 큰 플라스틱 쓰레기 섬(약 155만km²)이 둥둥 떠다녀요. 바람과 해류의 순환으로 쓰레기들이 한곳에 모인 이곳은 '태평양 거대 쓰레기 지대'라고 불려요.

플라스틱은 생활을 편리하게 하지만 환경 오염의 주범이기도 해요. 썩지 않기 때문에 버려진 플라스틱이 전 세계 곳곳에서 환경 오염을 일으켜요. 특히 버려진 플라스틱이 닳으면서 생긴 5mm 미만의 미세 플라스틱은 없애기도 힘들고, 해양 생물들이 먹이로 착각한다고 해요. 동식물 생태계를 위협하면서 결국 인간의 건강에도 영향을 미쳐요. 편하게 사용하는 만큼 사용을 줄이고 오염을 막는 노력이 필요해요.

폴리에틸렌

플라스틱은 종류가 아주 많아요. 그중에서도 가장 많이 쓰이는 것은 폴리에틸렌이에요. 음료수 병이나 비닐봉지 등 우리 주변에서 볼 수 있는 플라스틱의 대부분은 폴리에틸렌이에요. 독일 화학자 한스 폰 페치만(1850~1902) 박사가 1898년 발견했지만 가치를 인정받지 못해 잊혔어요. 1933년 영국 임페리얼화학공업사에서 일하는 화학자 에릭 포셋(1927~2000)과 레지널드 깁슨(1902~1983)이 실험실에서 우연히 다시 발견했어요.

전구 light bulb

밤이 낮이 되는 마법

조명박물관

1878년, 영국
조지프 스완(Joseph Swan, 1828~1914)

백열 전구

⚙ 전구는 에디슨이 발명했다고 알려졌지만 실제로는 아니에요

전구는 백열전구 또는 백열등을 말해요. 1808년 험프리 데이비(1778~1829)는 아크등을 발명했어요. 아크등이 나오기 전에는 가스등을 썼어요. 과학자들은 가스 대신 전기를 이용하는 방법을 연구했고, 데이비가 아크등을 발명한 거예요. 데이비의 아크등은 전지 2000개를 사용해서 빛을 냈어요. 아크등은 유지비가 많이 들고 전기도 많이 소비하고 너무 밝아서 가정용으로는 사용하지 못했어요.

아크등을 대신할 실용적인 백열등은 영국 물리학자 조지프 스완이 만들었어요. 탄소 필라멘트를 사용한 진공 유리 전구를 발표하고, 1878년 자기 집에 설치해서 불을 밝히는 데 성공했어요.

이듬해 토머스 에디슨(1847~1931)은 백열전구를 비롯해 발전기와 소켓, 퓨즈 등 전구를 편리하게 사용할 수 있는 설비를 발명했어요. 최초 발명자는 아니었지만 널리 보급하는 데 결정적인 역할을 했어요. 당시 백열등의 단점은 필라멘트 수명이 짧아서 오래가지 못하는 것이었어요. 에디슨은 수명이 오래가는 필라멘트를 찾기 위해 1000번이 넘는 실험을 했답니다.

⚙ 백열등 안에는 필라멘트가 들어 있지만 형광등 안에는 없어요

백열등 안에는 필라멘트가 들어 있어요. 백열등은 열 덩어리예요. 물질은 온도가 높아지면 빛이 발생해요. 이 현상을 온도 복사라고 하는데, 백열등이 빛을 내는 원리예요. 백열등에 공급하는 전기 에너지의 95%는 열이 되어 빠져나가요. 5% 정도만 빛으로 바뀐답니다.

형광등 안에는 수은 증기와 아르곤 가스를 넣고 빛을 내는 물질을 발라놨어요. 전기가 흐르

▲ 형광등

▲ 할로겐 램프

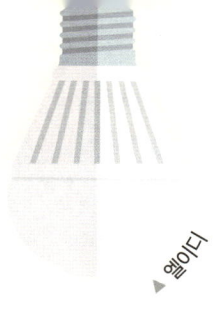
▲ 엘이디

면 눈에 보이지 않는 자외선이 발생하고, 자외선이 빛을 내는 물질에 부딪히면서 눈에 보이는 빛으로 바뀌어요.

 백열전구보다 수명이 수백 배 긴 엘이디 램프

생활을 뒤바꿔놓은 백열전구도 21세기 들어 에너지를 많이 사용하는 주범이라는 나쁜 인식이 박혔어요. 백열전구는 엘이디(LED)로 바뀌고 있어요. LED는 'Light Emitting Diode(발광 다이오드)'의 약자예요. 반도체의 한 종류인 빛을 내는 다이오드라는 전자 장치를 이용해서 만들어요. 전기 소모량이 적고 열이 아주 적게 발생해서 수명이 백열전구보다 수백 배 길어요.

© Gazebo
▲ 센테니얼 전구(2016)

세계에서 가장 오랫동안 켜진 백열전구

미국 캘리포니아 리버무어에 있는 소방서 천장에 달린 백열전구는 1901년 설치된 이래 지금까지 계속 불을 밝혀요. 100년 넘게 불을 밝힌다고 해서 '센테니얼(centennial, 100년간 계속되는)' 전구라고 불러요. 소방서 자리를 옮길 때와 무정전 전원 공급 장치가 작동되지 않은 때 딱 두 번만 불이 꺼졌어요. 불이 켜진 상태를 계속 유지하기 위해 비교적 낮은 전력을 공급한다고 해요. 오래가는 비결에 관해서는 여러 이야기가 나와요. 밀봉이 잘 되어서 탄소 필라멘트가 타지 않는 상태도 이유 중 하나예요.

필라멘트에서 빛이 나는 이유

전기는 전자의 이동을 말해요. 전자는 전선을 마음대로 이동하는데 필라멘트가 막고 있으면 흐름이 방해를 받아요. 전자가 필라멘트를 이루는 원자와 부딪히면서 열이 발생하고 빛이 되는 거예요. 전구 안에는 공기가 없는 진공 상태로 만든 후 아르곤이나 질소 같은 가스를 넣어요. 안에 산소가 없어야 필라멘트가 타지 않아요. 전구 안에 산소가 들어간다면 필라멘트는 1초 만에 타버려요.

전자와 원자

물질은 아주 작은 원자로 이뤄졌어요. 원자는 더는 쪼갤 수 없는 가장 작은 단위예요. 원자 중심부에는 원자핵이 있는데 양성자와 중성자가 서로 붙어 있어요. 전자는 원자핵 주변을 빠른 속도로 돌아다녀요.

1891년, 독일
웨스터사(Wester & Co.)

스위스 아미 나이프
Swiss Army Knife

어디서든 도움을 주는
생존 도구

⚙ 맥가이버칼로 더 유명한 스위스 아미 나이프

〈맥가이버〉는 1980년대 중반 텔레비전 드라마예요. 주인공 맥가이버는 첩보원인데 위험에 빠졌을 때 총을 사용하지 않고 과학 지식을 토대로 주변 사물을 활용해 문제를 해결해요. 맥가이버는 스위스 아미 나이프를 가지고 다녀요. 여러 용도로 사용하는 칼인데, 우리나라에서는 그 모습을 본 사람들이 언제부터인가 스위스 아미 나이프를 맥가이버칼이라고 불러요.

⚙ 도구를 접어서 간편하게 갖고 다니거나 여러 개를 합치려는 시도는 오래전부터 있었어요

알프스에서는 기원전 3000여 년 전에 만들었다고 추정하는 주머니칼이 발견됐어요. 200년경 로마에서 사용한 숟가락, 포크, 주걱 등 식기 여러 개를 모은 도구도 지중해 지역에서 나왔어요. 15세기에 독일에서는 장인들이 공구를 한데 모은 도구를 만들어 썼다고 해요. 이런 도구는 제한적으로 쓰였고 가격도 비싸서 널리 퍼지지 않았어요.

⚙ 스위스 아미 나이프에는 칼·드라이버·깡통따개 등 여러 도구가 한데 모여 있어요

스위스 아미 나이프는 간편하게 가지고 다니도록 각 도구를 접어서 넣는 구조예요. 1880년대 후반 스위스군에서는 다용도 공구를 보급하기로 해요. 야외에서 통조림을 따거나 소총을 정비할 때 쓸 도구를 한데 모은 공구예요. 1891년 독일 업체 웨스터가 '모델 1890'이라는 이름으

로 1만 5000여 개를 납품했어요. 같은 해 스위스에 사는 칼 제조업자이자 사업가인 칼 엘스너(1860~1918)가 제품 생산을 이어받았어요. 모델 1890은 병사용 제품으로 나무 몸통에 칼·다듬질 도구·깡통 따개·일자 드라이버 기능을 갖췄어요.

1897년에는 기능을 더한 장교용 제품을 내놨어요. 군대에 납품하지는 않았지만 일반인들에게 인기를 끌었어요. 초창기에는 제품 이름을 독일어로 장교용 칼 또는 병사용 칼이라고 불렀는데 발음하기 힘들었어요. 제2차 세계대전 때 미군들이 '스위스 군대가 쓰는 칼'이라고 부르면서 이름이 '스위스 아미 나이프'로 바뀌었어요. 처음 4개였던 도구는 가위·이쑤시개·핀·손톱깎이 등 수십 종이 넘게 늘어났어요.

도구를 한데에 몇 개까지 넣을 수 있을까요?

들어가는 도구에 따라 조합은 수백~수천만 가지가 나올 수 있어요. 굳이 한 손에 쥐지 않아도 된다면 도구는 얼마든지 넣을 수 있어요. 기네스북에 오른 기록은 1991년에 나온 314개짜리예요. 실제 판매용으로는 87개 도구를 갖추고 141개 기능을 수행하는 제품이 나왔어요.

9·11 테러 때문에 비행기 금지 품목에 오른 스위스 아미 나이프

비행기에는 가지고 탈 수 있는 것과 없는 것이 있어요. 화재를 일으키거나 상처를 줄 수 있는 도구는 들고 탈 수 없어요. 스위스 아미 나이프는 들고 탈 수 있는 물품이었고, 공항 면세점에서도 인기 상품이었어요. 2001년 미국에서 발생한 9·11 테러는 스위스 아미 나이프에 시련을 안겼어요. 세계 각 공항이 보안을 강화하고 위험한 물건의 범위를 넓히면서 스위스 아미 나이프도 금지 품목에 올랐어요.

지퍼 zipper

1893년, 미국
휘트컴 저드슨(Whitcomb Judson, 1839~1909)

작은 힘, 단단한 결합

⚙ **단추는 기원전 6000여 년 전부터 사용하기 시작했어요**

고대 이집트에서는 옷자락 2개를 뼈 또는 금속 핀으로 끼워서 고정했어요. 금속 고리 두 개를 연결하는 방식은 기원전 1세기에 등장했어요. 1770년 독일에 사는 위스타라는 사람이 단추 제조기를 발명하면서 단추는 널리 퍼지기 시작했어요. 단추는 영어로 버튼(button)이라고 해요. 모양이 꽃봉오리를 닮았다고 해서 꽃봉오리 라틴어 bouton이 변한 말이에요.

⚙ **지퍼는 여닫을 때 나는 '지잎-(zip)' 소리에서 이름 붙였어요**

지퍼는 단추보다 한참 늦게 생겨났어요. 지퍼를 사용하면 단추를 여닫을 때보다 시간이 덜 걸려요. 단추를 잠갔을 때와 달리 천 사이에 틈이 생기지 않아서 보온성도 우수해요.

지퍼를 처음 발명한 사람은 미국인 기술자 휘트컴 저드슨이에요. 군화를 즐겨 신었는데, 지각을 자주 하던 저드슨은 군화를 신을 때 끈을 매는 방식이 시간도 오래 걸리고 불편해서 편한 장치를 만들고자 했어요. 한쪽에는 갈고리 모양 금속이 있고 다른 쪽에는 고리가 맞물리는 부분이 있는 잠금장치를 1893년에 만들었어요. 여닫을 때 걸리는 등 사용이 불편해서 널리 퍼지지는 못했어요.

1913년 전기 엔지니어 기드온 선드백(1880~1954)이 휘트컴의 잠금장치를 개선해서 사용하기 편리하게 만들었어요. 고리 대신 금속 이빨이 맞물리는 방식이었어요. 요즘 지퍼의 원조라고 볼 수 있어요. 1923년 기드온이 만든 잠금장치를 사용해서 굿리치 회사가 만든 신발이 나왔어요. 여닫을 때 '지잎-(zip)' 하는 소리가 난다고 해서 신발 이름을 '지퍼(Zipper)'라고 지었어요. 이후 잠금장치 이름을 지퍼라고 부르게 되었어요.

쐐기의 원리와 빗면의 원리를 이용한 지퍼

쐐기의 원리 지퍼는 쐐기의 원리를 이용해요. 쐐기는 물건의 틈에 박아서 모퉁이를 맞출 때 들쭉날쭉하게 파낸 부분이 물러나지 못하게 하거나 물건들의 사이를 벌리는 데 쓰여요. 보통 나무나 쇠의 아래쪽을 위쪽보다 얇거나 뾰족하게 만들어 사용해요. 지퍼 손잡이가 달린 부분의 작은 뭉치를 슬라이드라고 해요. 슬라이드 안에는 위아래에 쐐기가 달려 있어요. 지퍼를 열 때는 위쪽 쐐기가 이를 벌려서 지퍼가 열리고, 닫을 때는 아래쪽 쐐기 2개가 이를 서로 맞물리게 해요.

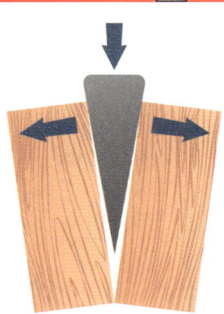

빗면의 원리 지퍼에는 빗면의 원리도 작용해요. 빗면의 원리는 물건을 수직으로 들어 올릴 때보다 빗면으로 들어 올리면 힘이 덜 드는 원리예요. 쐐기는 삼각형 모양이기 때문에 쐐기의 빗면을 따라 작은 힘을 주면 수직 방향으로는 큰 힘으로 바뀌어서 이를 결합할 수 있어요. 지퍼를 손으로 결합하거나 분리하려면 힘들지만, 슬라이더를 이용하면 쉽게 작동해요.

2부 · 더 섬세하게 더 쓸모 있게 75

1930년, 미국
리처드 드루(Richard Drew, 1899~1980)

셀로판테이프
cellophane adhesive tape

무엇이든 붙이세요

접착용 테이프를 스카치테이프라고 부르는 이유

은색 테이프로 임시로 수리한 채 날아가는 비행기는 안전을 무시한 채 부실하게 조치한 것인가요? 사실 은색 테이프는 정식 수리 용품이에요. 알루미늄 소재 테이프는 스피드 테이프라고 불러요. 안전에 문제가 없는 범위 안에서 큰 힘이 가해지지 않는 곳에 제한적으로 사용해요. 거대한 비행기에도 쓸 만큼 테이프의 사용 범위는 무궁무진해요.

스카치테이프는 미국 회사 쓰리엠(3M)에서 내놓은 제품 이름이에요. 워낙 유명해서 접착용 테이프를 통칭하는 말로 불러요. 스카치테이프는 셀로판테이프를 말해요. 셀로판테이프는 쓰리엠 연구소에서 일하는 미국인 리처드 드루가 발명했어요.

스카치테이프의 인기

1920년대 자동차는 두 가지 색을 칠하는 투톤 색상이 유행했어요. 색을 칠한 다음에 일부를 덮어놓고 다른 색을 칠해야 하는데, 보통 신문을 덮고 테이프로 고정한 후에 작업했어요. 종이가 들러붙거나 칠이 끝나면 테이프 붙인 곳이 끈적끈적해서 문제였어요. 드루는 이 문제를 해결하려고 끈적거리지 않는 테이프를 만들었어요. 1925년 나온 마스킹 테이프예요.

테이프 연구를 계속한 드루는 미국 화학 회사 듀폰에서 개발한 투명한 셀로판이라는 물질에 관심을 보여요. 셀로판은 음식을 포장하는 데 주로 쓰였어요. 드루는 셀로판을 이용해 테이프를 만들면 되겠다고 생각하고 1930년 셀로판테이프를 개발해요.

    1929년부터 10여 년 동안 대공황이 시작돼요. 아껴 쓰고 절약해야 하는 상황이 이어졌어요. 무엇인가 부서지고 찢어진 것은 어지간해서는 셀로판테이프로 해결할 수 있어요. 셀로판테이프는 엄청난 인기를 끌어요. 대공황이 끝날 때쯤 제2차 세계대전이 시작되면서 방위 산업용으로 널리 쓰였어요.

테이프의 틀, 디스펜서

    테이프는 동그랗게 말린 형태로는 사용하기 불편해요. 아예 잘라 쓰기 편하게 플라스틱 틀 안에 넣은 테이프도 있어요. 플라스틱 틀은 디스펜서라고 불러요. 끝에 톱니 같은 날이 있어서 테이프를 자르기 편하고, 테이프를 걸쳐놓아서 다음에 쓸 때 수고를 덜어요. 디스펜서는 셀로판테이프와 거의 비슷한 시기에 나왔어요. 쓰리엠 직원인 존 보든이 1932년 만들었어요. 처음 나온 디스펜서는 손에 쥐는 플라스틱 형태가 아니라 바닥에 놓고 쓰는 커다란 제품이었어요.

스카치테이프 이름의 유래

스카치(scotch)는 스코틀랜드 사람을 뜻하는 말인데, 인색하다는 뜻으로도 쓰여요. 스카치라는 이름을 붙인 이유는 여러 가지 설이 전해져요. 아껴 쓰고 절약하는 데 도움을 주는 실용적인 제품이라는 뜻을 담았다고 보면 돼요.

테이프가 잘 붙고 잘 떼지는 이유

셀로판테이프는 물건에 잘 붙어서 접착력을 유지해요. 접착은 틈을 메우는 작업이에요. 물체 표면은 매끈해 보이지만 실제로는 아주 작은 틈이 많아요. 두 물체 사이의 틈을 메워서 하나처럼 만들어주면 서로 잘 붙어요. 이때 두 물체 사이에는 '반데르발스 힘'이라는 서로 끌어당기는 힘이 작용해요.
셀로판테이프 표면 한쪽이 끈적끈적한 이유는 접착 물질이 묻어 있어서 그래요(엄밀히 따지면 점착 물질이에요. 점착과 접착은 '포스트잇' 참고). 접착 물질이 테이프와 물체 사이를 하나로 연결해서 잘 붙어 있도록 해요.
동그랗게 말린 셀로판테이프를 사용할 때는 쉽게 떼져요. 테이프의 끈끈한 반대쪽은 매끈한데 점착 물질이 달라붙지 못하도록 하는 물질을 코팅해놔서 그래요.

나일론 nylon

1935년, 미국
월러스 캐러더스(Wallace Carothers, 1896~1937)

석탄, 물, 공기로 만든 섬유

⚙ 옷을 대량 생산하면서 인조 섬유와 인공 재료가 필요해졌어요

옷을 만들려면 실이 있어야 해요. 옛날에 실은 누에, 면 등 천연 재료에서 뽑았어요. 실을 뽑아내는 데는 손이 많이 가고 재료를 확보하는 데 한계가 있어서 대량 생산하기가 어려워요. 이후 인조 섬유가 나왔지만 재료는 여전히 천연 물질이어서 생산을 늘리기 쉽지 않았어요. 대량으로 값싼 옷을 만들려면 천연 재료가 아닌 인공 물질을 사용하는 섬유가 필요해요.

⚙ 비단을 대신한 재생 섬유, 레이온

자연에서 얻은 가장 고급스러운 섬유는 비단이에요. 누에를 이용해서 실을 뽑아 만들기 때문에 생산량이 많지 않아서 발명가들은 비단을 대신할 섬유를 끊임없이 연구했어요. 비단을 대신할 레이온은 1892년 영국에서 찰스 크로스(1855~1935)와 에드워드 베반(1856~1921)이 발명했고, 1904년 영국 섬유 회사가 상업화에 성공했어요. 레이온은 인조 섬유인데, 목재 펄프의 섬유소를 재생해서 만들어서 재생 섬유라고도 해요.

비단을 짜는 실을 견사라고 하는데, 인공적으로 만들었다고 해서 레이온을 인조 견사, 줄여서 인견이라고 불러요. 비단을 대체하는 장점 많은 섬유지만 제조 과정에서 심한 환경 오염을 일으키는 단점이 있어요.

🏵 높은 온도에서 잘 견디는 합성 섬유, 나일론

레이온의 장점은 살리면서 단점을 없앤 새로운 인조 비단을 만들고자 하는 노력은 나일론의 탄생으로 이어져요. 나일론을 발명한 사람은 천재 화학자 월리스 캐러더스예요. 캐러더스는 화학 제품 회사 듀퐁에서 일하면서 1935년 나일론을 발명했어요. 나일론 이전에 캐러더스는 합성 섬유 제조 연구를 해서 폴리에스테르라는 물질을 만들었어요. 실험실에 있던 한 연구원이 폴리에스테르 물질을 유리 막대에 꽂고 돌아다녔는데, 폴리에스테르가 실처럼 뽑혀 나왔어요. 이 장면을 본 캐러더스는 합성 섬유 만드는 데 영감을 얻어요. 폴리에스테르 실은 낮은 온도에서도 잘 녹아서 상품으로 만들 수는 없었어요.

캐러더스가 개발한 물질 중에는 높은 온도에서도 잘 견디는 폴리아미드라는 물질이 있어요. 폴리에스테르 대신 폴리아미드를 이용해 아주 강하고 부드러운 합성 섬유를 만들어냈어요. 이 합성 섬유를 나일론이라고 불러요.

석유 화학 산업

석유나 석탄, 천연가스를 이용해 연료를 비롯한 화학 용도로 쓰는 제품을 만드는 산업이에요. 합성 섬유, 합성수지, 합성고무 등 다양한 원료를 만들어내요. 의복을 비롯해 우리 몸에 소지하는 제품의 70%는 석유 화학 제품이라고 할 정도로 석유 화학 산업은 우리 생활과 밀접해요. 나일론도 석유 화학 산업에서 나온 제품이에요.

🏵 나일론은 천을 비롯해 전자 장비와 인공혈관, 낙하산, 텐트 등 많은 것에 쓰여요

'나일론은 석탄과 공기와 물로 만든 섬유', '거미줄보다 가늘고 강철보다 질긴 기적의 실'이라고 불렸어요. 나일론 이용해 만든 첫 제품은 칫솔이에요. 이전까지는 돼지 털을 이용했는데, 칫솔모를 나일론으로 바꿨어요. 나일론 제품이 널리 퍼진 계기는 여성용 스타킹이에요. 부드럽고 내구성이 뛰어나서 선풍적인 인기를 끌었어요. 1940년 시장에 처음 나일론 스타킹이 선보인 첫 해에만 6400만 켤레가 팔려나갔어요. 나일론은 옷을 만드는 천은 물론 전자 장비와 인공 혈관, 낙하산, 텐트 등 엄청나게 많은 것에 쓰여요.

고분자 화합물

물질은 작은 분자로 이뤄져요. 고분자는 명확한 정의는 없고 보통 분자량이 1만 개가 넘는 거대한 분자를 말해요. 나일론은 폴리아미드 계열 합성 고분자 화합물을 모두 가리키는 이름이에요.

볼펜 ball-point pen

구슬로 써 내려가는 글씨

1938년, 영국
라슬로 비로(László Bíró, 1899~1985)

🌀 인류는 돌을 이용해 무언가를 표시하기 시작했어요

인류는 원시 시대에 막대기나 돌을 이용해 바닥이나 돌에 무엇인가를 표시했어요. 기원전 5000여 년 전에는 메소포타미아 지역 수메르인들이 나무나 금속의 끝을 뾰족하게 다듬어 글을 썼어요. 500년경에는 새의 깃털을 이용한 펜이 나왔고, 이후 펜촉의 재료는 금속으로 바뀌었어요.

볼펜이 나오기 전에는 만년필을 썼어요. 잉크에 찍어 쓰거나 잉크가 들어 있는 부분을 갈아줘야 하는 등 사용하기 불편했어요. 잉크에 종이가 젖거나 펜촉이 날카로워서 종이가 찢어지는 등 단점도 있어요. 볼펜은 작은 관 끝에 쇠 구슬을 달았어요. 쇠 구슬이 종이에 닿아 회전하면 잉크가 구슬에 묻어 나오면서 글씨가 써져요.

🌀 볼펜을 발명한 신문 기자

볼펜은 헝가리 출신 유대인 신문 기자 라슬로 비로가 발명했어요. 비로에 앞서 1888년 미국인 존 라우드(1844~1916)가 볼펜을 만들었어요. 제혁업자인 라우드는 가죽에 표시할 수 있는 필기구가 필요해서 볼펜을 개발했어요. 잉크가 새는 현상을 해결하지 못해서 제품으로 만들지는 못했어요.

비로는 신문 기자였는데, 만년필을 쓰면서 불편한 점이 많았어요. 잉크가 쉽게 마르지 않고 번지고 자주 보충해줘야 했어요. 펜촉이 뾰족해서 종이가 찢어지는 일도 잦았어요. 어느 날 비로는 신문용 잉크가 만년필용과 달리 흘러내리지 않고 빨리 마르는 현상에 주목했어요. 펜촉

끝을 둥글게 하면 종이도 찢어지지 않겠다고 생각했어요. 결국 잉크가 들어 있는 대롱 끝에 볼을 달아 볼펜을 완성했어요. 1938년 영국에서 특허를 냈어요. 완성품은 1943년에 나왔어요. 일부 나라에서는 발명자의 이름을 따서 볼펜을 '비로'라고 불러요. 사전에도 올라가 있는 단어예요.

볼펜을 전 세계에 수출한 프랑스 회사, 빅

볼펜이 전 세계에 퍼진 계기는 프랑스의 빅(Bic)이라는 회사가 값싼 볼펜을 세계 각국에 수출하면서부터예요. 볼펜은 타자기·복사기와 함께 사무 능률을 높인 3대 문구 발명품으로 꼽혀요. 취재 편의를 위해 개발했던 만큼 볼펜은 신문 기자들에게 큰 인기를 끌어서, 초창기에는 볼펜을 '기자 펜'으로 불렀어요. 영국 공군에도 공급했어요. 만년필이 줄줄 새서 비행기 안에서 쓰기 힘들었는데, 볼펜이 나오면서 목표물을 바로 표시할 수 있었어요.

플라스틱에 볼펜 글씨가 잘 안 써지는 이유

볼이 굴러가면서 잉크가 흘러나와 종이에 묻으며 글씨가 써져요. 플라스틱은 매끄럽고 딱딱해서 볼이 구르지 않고 미끄러져요. 볼이 구르지 않으니 잉크가 흘러나오기 힘들어서 잘 안 써져요. 종이는 잘 눌러서 볼 전체가 표면에 닿아서 글씨가 잘 써져요. 플라스틱은 딱딱해서 표면과 볼이 닿는 면적이 좁아요. 써진다 해도 아주 가늘게 나와요.

볼펜 잉크가 새지 않는 원리

볼펜은 잉크가 잘 흘러나오도록 수직으로 세우지 않아도 돼요. 심지어 거꾸로 들고 써도 잘 나오고 잉크가 심 뒤로 새지도 않아요. 잉크는 물질의 끈적끈적한 성질인 점성이 높아서 그래요. 볼이 있는 쪽은 쓰지 않을 때는 막혀서 잉크가 담긴 심 안이 진공과 비슷한 상태가 돼요. 잉크를 밀어내는 공기가 없어서 흐르지 않아요. 빨대에 물을 넣고 한쪽을 손가락으로 막으면 다른 쪽으로 흐르지 않는 원리와 같아요.

1941년, 스위스
조르주 드 메스트랄(George de Mestral, 1907~1990)

벨크로(매직테이프)
velcro

수많은 갈고리와 고리

⚙ 떼고 붙이는 잠금장치, 매직테이프

　매일 반복해서 하면 작은 일이라도 번거롭고 불편해져요. 단추를 잠그거나 신발 끈을 묶는 일도 그래요. 시간이 늦어서 급할 때는 더욱 그래요. 벨크로는 붙였다 떼었다 할 수 있는 테이프예요. 단추나 끈 대신 사용해서 편리하게 이용할 수 있어요. 용도는 무제한이어서 접착제나 테이프를 사용해야 할 곳이라면 어디든 벨크로가 대신할 수 있어요. 벨크로는 상표 이름이고, 보통 찍찍이라고 불러요. 공식 명칭은 해외에서는 '떼고 붙이는 잠금장치(hook-and-loop fastener)', 우리나라에서는 매직테이프예요.

⚙ 자연에서 우연히 발견한 매직테이프의 원리

　1941년 스위스 전기 기술자 조르주 드 메스트랄은 사냥개와 함께 사냥하고 돌아왔다가 개와 자신의 옷에 잔뜩 붙어 있는 열매를 봤어요. 우엉과 식물 열매였는데, 열매 가시 끝에 달린 아주 작은 갈고리가 개털과 옷에 걸려 있던 거예요. 메스트랄은 이 원리를 이용해 매직테이프를 만들고 1955년에 특허를 받아요. 한쪽은 수많은 작은 갈고리, 다른 쪽은 작은 고리가 달려서 갈고리가 고리에 걸리는 구조예요.

　매직테이프가 처음부터 인기를 끌지는 못했어요. 몇 번 쓰면 접착력이 약해졌고, 사람들은 매직테이프의 필요성을 몰랐어요. 1957년 개선품을 내놓으면서 이름을 벨크로라고 지었어요. 천의 한 종류인 벨벳(velour)과 고리(crochet)를 합친 말이에요. 이후 어린이용 책가방과 지갑에 매직테이프를 쓰면서 인기를 끌었고 널리 퍼졌어요. 1969년 인류가 처음 달에 착륙했을 때, 닐 암스트롱이 입은 우주복에도 매직테이프가 쓰였어요. 우주선 안에서는 중력이 없어서 그릇과 음식이 떠다니므로 매직테이프를 사용해서 그릇을 고정해요.

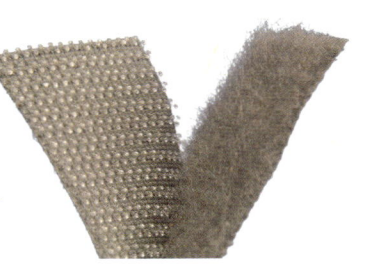
▲ 매직테이프의 아이디어를 얻은 우엉과 식물 열매

매직테이프가 견디는 힘

벨크로는 소재와 갈고리 밀도에 따라 견디는 힘도 달라져요. 보통 1cm² 넓이 매직테이프가 70g에서 700g 정도 무게를 견뎌요. 10cm² 크기면 성인 한 사람 몸무게인 70kg도 버텨요. 눈에 보이지 않는 나노 크기로 갈고리와 고리를 만들면 일반 매직테이프와 비교해 접착력이 수천 배 강해져요.

매직테이프의 접착 면 모양

벨크로는 한쪽은 갈고리, 다른 쪽은 고리 모양이에요. 양쪽 모양이 같은 매직테이프도 있어요. 버섯 모양 돌기가 아주 많아서 돌기끼리 서로 걸려 고정되는 방식이에요. 양쪽 모양이 달라야 한다는 상식을 깨는 제품이에요.

생체 모방

생체 모방은 동물이나 식물로부터 아이디어를 얻어 물건을 만드는 것을 말해요. 고속 열차는 공기 저항을 덜 받는 물총새의 부리를 응용했어요. 수영할 때 발에 끼는 핀은 오리의 물갈퀴를 본떠 만들었어요. 흰개미 집의 구조를 본뜬 건물, 새에서 영감을 얻은 비행기, 연잎을 응용한 방수 제품, 곤충 닮은 드론 등 자연은 발명에 필요한 아이디어를 제공해줘요.

1955년, 미국
유진 폴리(Eugene Polley, 1915~2012)

무선 리모컨
remote control

귀찮은 채널 변경에서 해방

🛠 리모콘은 손이 닿지 않는 곳에 있는 제품에 꼭 필요해요

요즘에는 리모컨에서 발전해서 AI 스피커에 음성으로 명령하면 텔레비전, 오디오, 에어컨, 선풍기 같은 전자기기나 조명 등을 켜고 끌 수도 있어요. 스마트폰과 연동하면 스마트폰이 리모컨으로 변해요. 불과 2~3m 거리에서 사용하는데도 움직이지 않고 리모컨으로 조작하는 데 익숙해요. 리모컨은 손이 닿지 않는 곳에 있는 제품을 사용할 때 진가를 발휘해요. 천장에 달린 에어컨이나 선풍기, 프로젝터 등을 사용할 때는 리모컨이 필수예요.

🛠 리모컨은 1950년대에 세상에 나왔어요

미국 텔레비전 제조사 제니스는 1955년 무선 리모컨 '플래시매틱'을 내놓았어요. 텔레비전에 달린 센서에 빛을 쏴서 채널을 바꾸거나 음량을 조절할 수 있어요. 리모컨을 발명한 사람은 직원으로 일하는 유진 폴리예요. 자리에 앉아서 채널을 바꾸게 되면서 텔레비전을 시청하는 생활 방식에도 큰 변화가 생겼어요. 폴리는 '게으른 자의 아버지', '카우치 포테이토의 영웅'으로 불렸어요(카우치 포테이토는 소파에 앉아서 감자칩을 먹으면서 텔레비전을 시청하는 사람을 말해요).

🛠 리모컨을 개발한 진짜(?) 목적

제니스가 리모컨을 개발한 목적은 편리한 시청 외에도 다른 이유가 있었어요. 사람들이 광고 때문에 짜증이 나서 텔레비전 구매를 꺼릴까 봐, 광고가 나오면 소리를 낮추거나 다른 채널로 빨리 바꿀 수 있게 하려는 목적이었대요. 1950년에 제니스에서 처음 선보인 '레이지 본드'라는 리모컨은 무선이 아니라 유선이었어요. 5년이 지난 1955년 무선 제품 '플래시매틱'이 나왔어요. 1956년에는 폴리와 함께 개발을 담당하던 로버트 에들러(1913~2007)가 빛 대신 초음파를 사용하는 리모컨 '스페이스 커맨더'를 개발했어요.

리모컨을 개발을 위한 다양한 시도

1898년 천재 발명가 니콜라 테슬라(1856~1943)가 모형 보트에 리모컨을 사용했어요.

1907년에는 스페인 수학자이자 발명가인 레오나르도 토레스 퀘베도(1852~1936)가 텔레키노라는 장치를 이용해서 항구에 정박한 배를 움직이는 데 성공했어요.

1920년대에는 라디오용 유선 리모컨이 선보였는데 활용도가 떨어져서 관심을 끌지는 못했어요.

리모컨 원리

빛은 적외선, 자외선, 가시광선으로 나뉘어요. 사람은 가시광선만 볼 수 있어요. 리모컨은 주로 적외선을 이용해요. 리모컨에서 쏜 적외선을 텔레비전 센서가 인식해서 기능을 수행해요. 적외선은 벽이나 가구에 반사하기 때문에 리모컨을 텔레비전 센서에 정확하게 맞춰 누르지 않아도 돼요. 적외선을 응용한 리모컨 원리는 무선 마우스, 무선 비행기나 자동차 장난감, 휴대폰 근거리 통신 등 곳곳에서 볼 수 있어요.

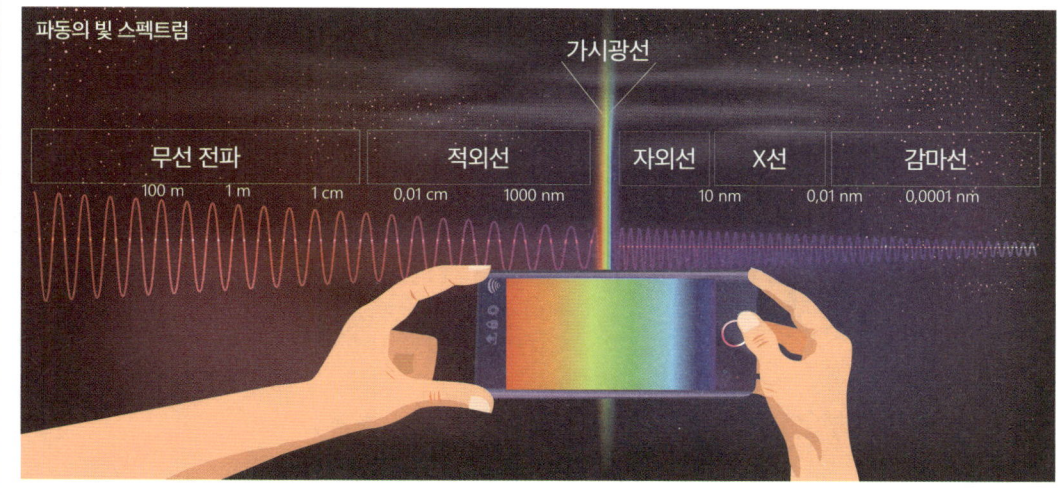

1977년, 미국
아서 프라이(Arthur Fry, 1931~)

포스트잇
post-it

언제 어디서나 붙였다 뗐다

⚙️ 포스트잇은 쓰리엠에서 처음 만들었어요

연구소에서 일하던 연구원 스펜서 실버(1941~)는 회사에서 만들어 팔던 접착제보다 더 강한 제품을 연구했어요. 1970년 접착제를 개발했지만 접착력이 약하고 끈적거리지 않았어요. 실패한 제품이었지만 실버는 다른 용도로 쓰일 수도 있다고 생각해서 회사 세미나에 발표했지만 관심을 끌지 못했어요.

4년 후 쓰리엠 테이프 사업부에서 일하는 아서 프라이(1931~)는 책갈피에 끼워놓는 종잇조각을 어떻게 하면 잘 붙일 수 있을까 고민했어요. 교회 성가대였던 프라이는 찬송가에 종이를 끼워 표시했는데 쉽게 떨어져서 불편했어요. 접착제로 종이를 붙였더니 얇은 찬송가가 찢어졌어요. 프라이는 문득 세미나에서 본 실버가 만든 제품이 떠올랐어요. 이때가 1974년이에요. 아서는 회사에 아이디어를 보고하고 제품으로 만들자고 했어요. 회사에서는 별로 기대하지 않았지만 프라이가 개발에 매달려 1977년 포스트잇을 만들었어요. 자유롭게 붙였다 뗐다 할 수 있고 끈적거리는 자국도 남지 않았어요.

⚙️ 포스트잇의 붙였다 떼는 원리

포스트잇은 살짝 눌러도 바로 접착력이 생겨요. 접착 면에는 아주 작은 캡슐이 수없이 많이 있어요. 캡슐이 터지면서 접착제가 나와 붙게 돼요. 캡슐이 없어질 때까지 떼었다 붙였다 할 수 있어요.

⚙ 전 세계적으로 1000여 개의 종류에 1년에 수백억 개씩 팔려요

포스트잇은 메모지를 뛰어넘어 창의성을 키우는 도구로 주목받아요. 사람마다 자신만의 방법으로 메모 습관을 유지해요. 메모할 때 많이 쓰는 제품이 포스트잇이에요.

처음에는 '포스트 스틱 노트'라는 이름으로 나왔고 4개 도시에 시범 판매했는데 인기가 없었어요. 프라이는 〈포춘〉이 선정한 세계 500대 기업의 비서실에 포스트잇을 보내는 식으로 홍보했어요. 써본 사람의 90%가 사겠다고 답할 정도로 좋은 반응을 얻으면서 포스트잇은 인기를 끌기 시작했어요. 포스트잇은 접착식 메모지의 대명사라 불릴 정도로 큰 성공을 거뒀어요.

> **포스트잇의 주요 색이 노란색인 이유**
>
> 포스트잇은 처음에 노란색으로 나왔어요. 지금은 다양한 색이 나오지만 여전히 포스트잇 하면 노란색이 떠올라요. 발명 계기와 마찬가지로 색상 선정도 우연이었어요. 한창 개발할 때 실험실 주변에 있는 종이가 전부 노란색이어서 자연스럽게 노란색을 쓰게 되었어요. 이제는 포스트잇을 대표하는 색으로 자리 잡았어요.

> **포스트잇의 정교한 종이 기술**
>
> 포스트잇은 종이가 여러 개 겹친 구조예요. 접착제를 바른 후에도 종이 두께가 일정해야 해요. 접착제가 붙는 부분을 얇게 깎아내야 종이 두께를 맞출 수 있어요. 뗄 때 강도가 적절해야 종이가 찢어지지 않아요. 포스트잇을 개발할 때도 이 부분이 가장 어려웠다고 해요.

> **점착과 접착**
>
> 비슷한 말이지만 조금 달라요. 접착제는 한 번 붙이면 떨어지지 않아요. 본드나 풀을 생각하면 돼요. 붙였다 떼었다 할 수 있으면 점착이에요. 포스트잇은 점착을 이용한 대표 제품이에요.

못다 한 아이디어 ❷

작은 발명품의 큰 가치

⚙ 고무 밴드, 용도 무한대의 만능 발명품 노란 고무줄

　가느다란 원형인 노란 고무줄은 물건을 묶을 때 써요. 매듭을 지을 필요 없이 있는 그대로 물건을 감싸기만 하면 돼요. 생활 속 여러 곳에서 노란 고무줄을 사용해요. 인터넷에는 기발한 활용법이 많이 올라와 있어요. 생각하는 대로 활용하는 대로 또 새로운 방법이 생겨요.

　고무를 본격적으로 쓰기 시작한 때는 16세기예요. 중앙아메리카 아스텍 문명 사회에서는 고무를 여러 용도로 사용했어요. 고무가 제대로 된 산업 소재로 쓰인 때는 19세기예요. 미국의 화학자이자 발명가인 찰스 굿이어가 1839년 고무에 황을 더해 튼튼하고 질긴 고무를 만들었어요. 이후 고무는 널리 쓰이기 시작했어요.

　노란 고무줄의 정식 명칭은 '고무 밴드'예요. 영국 발명가인 토머스 핸콕(1786~1865)이 1823년 고무 병을 잘라서 썼다고 해요. 특허는 1845년 영국 발명가이자 사업가인 스티븐 페리가 받았어요. 종이나 봉투 여러 개를 한데 묶을 목적으로 만들었어요. 고무를 속이 빈 튜브로 만든 뒤 잘게 잘라 고무 밴드를 생산했어요.

⚙ 철사 옷걸이, 옷을 거는 물품에서 발명품의 재료로

　철사 옷걸이는 앨버트 파크하우스가 1903년 만들었어요. 파크하우스는 일상용품 제조 회사에 다녔는데, 직원들이 옷을 걸 고리가 부족하다고 불평하자 문제를 해결하기 위해 나섰어요. 철사 한 가닥을 타원형으로 구부리고 끝부분을 꼬아서 고리 모양으로 만들었어요. 이후에 용도는 비슷하면서 모양은 조금씩 다른 옷걸이가 수백 개가 넘게 나왔어요.

요즘 시대에 철사 옷걸이는 그 자체로 다른 물건을 만드는 재료로 쓰여요. 길게 펴서 하수구를 뚫는 데 사용하거나, 잘 구부려서 스마트폰 거치대나 화분 받침으로 쓰기도 해요. 바나나걸이, 수건걸이, 독서대, 메모꽂이 등 활용 범위는 무궁무진해요. 철사 옷걸이를 활용해 온갖 제품을 만드는 달인이 방송에 나오기도 했어요.

커터 칼, 자르는 칼이 잘리는 칼로

칼은 무엇인가를 자르기 위해 만들어진 물건이에요. 커터 칼도 칼인데 좀 달라요. 대상을 잘 잘라야 하는 동시에 자신도 잘 잘려야 해요. 날이 무뎌졌을 때 새 날을 사용하려면 무딘 날을 잘라내야 해요.

커터 칼은 일본인 오카다 요시오(1931~1990)가 발명했어요. 요시오는 인쇄 회사에서 일했는데 종이를 자를 일이 많았어요. 칼은 쓰다 보면 날이 무뎌져요. 요시오는 칼날이 무뎌지면 부러뜨려 사용했어요. 부러진 부분이 날카로워서 새 칼처럼 종이가 잘 잘렸어요. 그렇지만 부러뜨리는 데 시간이 걸리고 위험했어요.

요시오는 미군이 나눠주던 초콜릿이 떠올랐어요. 금이 가 있어서 잘라 먹기 쉬웠어요. 어느 날 깨진 유리컵의 날을 보며 칼날이 생각났어요. 두 가지 아이디어를 모아 날을 길게 만들고 조각조각 잘라서 쓸 수 있는 칼을 만들고자 연구한 끝에 1956년 커터 칼을 완성했어요.

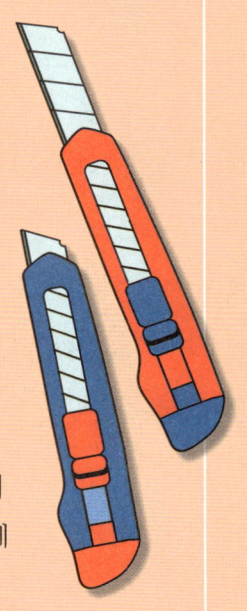

때수건, 목욕문화를 확 바꾸다

때수건이 나오면서 때를 미는 문화는 더욱 본격화됐어요. 목욕탕에는 때를 밀어주는 전문가인 세신사가 있어요. 때수건은 이태리타올이라고 불러요(이태리타올은 제품 이름이고 사전에는 이태리타월이라고 나와요). 1967년에 등장했어요. 김필곤이라는 사람이 우연히 발명했다고 하는데, 직물 회사를 운영하는 친척이 만들었는지 김필곤 씨가 개발했는지 명확하지는 않아요. 사업화에 성공한 사람은 김필곤 씨랍니다.

이태리타올은 이탈리아에서 들여온 비스코스 레이온이라는 섬유를 재료로 써서 붙인 이름이에요. 수건용으로 들여왔는데 너무 거칠어서 수건으로 쓰기는 적절하지 않았어요. 우연히 목욕탕에서 썼는데 때가 잘 벗겨져 나와서 때 미는 용도로 쓰게 됐어요(비스코스 레이온은 '나일론' 참고).

더 편리하게 더 쉽게

발명이 세상을 바꿔놓기도 해요. 생활 방식에 큰 변화를 일으켜서 이전과는 다른 세상을 열어요. 처음에는 주변의 불편을 해소할 목적으로 발명했지만, 수많은 사람이 혜택을 보면서 생활이 완전히 달라져요. 똑같은 일을 해도 발명 덕분에 더 빠르고 편하게 할 수 있어요.

세탁기는 빨래를 편하게 하기 위해 발명했지만 수고를 더는 데 그치지 않았어요. 빨래하는 데 허비하는 시간을 더 가치 있는 일에 쓰게 되었어요. 빨래하는 기계가 시간을 활용하는 방식에 큰 변화를 일으킨 거예요. 엘리베이터가 발명되면서 건물을 높이 올릴 수 있게 되었어요. 높은 건물이 많이 생기면서 도시의 모습이 달라지고, 많은 사람을 수용할 수 있게 되어서 대도시가 탄생했어요. 전화기는 지구 반대편에 있는 사람과 이야기 하는 길을 열었고, 복사기는 손으로 쓰지 않아도 무한정 문서를 찍어내요. 안전유리와 에어백, 안전벨트는 사고로 죽을 뻔한 목숨을 수없이 구해냈어요. 내비게이션을 이용하면 길을 몰라도 어디든 찾아갈 수 있어요. 신용카드는 돈 없이도 거래할 방법을 보여줬어요.

1800년대 초, 프랑스
샤를 바르비에(Charles Barbier, 1767~1841)

점자 braille

손가락이 눈이 되어

⚙ 시각 장애인이 사용하는 문자, 점자

　도시에는 항상 빛을 내는 무엇인가가 있어서 완전히 어두워지지 않아요. 아무런 시설이 없는 시골이나 산속에서는 달빛마저 없다면 정말 아무것도 보기 힘든 어두운 상태를 경험할 수 있어요. 눈을 떠도 보이지 않으니 조심조심 더듬으며 나아가야 해요. 보이지 않을 때는 촉각이나 청각 등 다른 감각을 이용해야 해요.

⚙ 점자의 기본을 다진 프랑스의 육군 장교

　점자는 시각 장애인이 사용하는 문자예요. 점 6개를 볼록하게 튀어나오게 만들었어요. 한 칸에 들어 있는 점은 6개인데 세로 3개, 가로 2개 구성이에요. 어떤 점을 튀어나오게 하느냐에 따라 모두 63개 점형이 생겨요. 빈칸 포함해 모두 64개예요.
　점자 이전에도 시각 장애인이 문자를 쓰게 하려는 시도는 있었어요. 나무에 글자를 조각하거나, 실로 매듭을 짓거나, 철사로 글자 모양을 만들거나, 양각으로 인쇄하는 등 시대에 따라

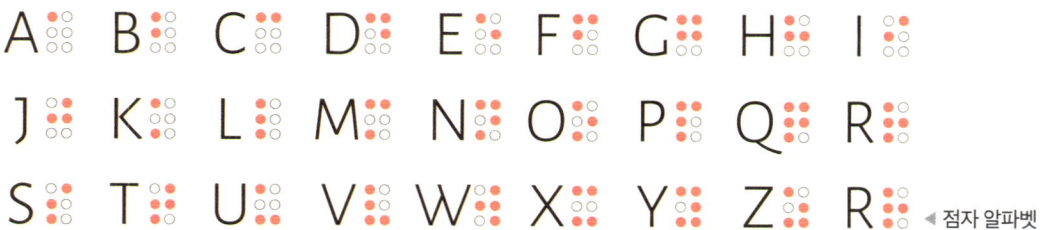

◀ 점자 알파벳

발전했어요.

1800년대 초 샤를 바르비에는 어두운 밤에 작전 문자를 읽을 수 있도록 야간 문자를 만들었어요. 세로 6점, 가로 2점으로 된 12점 구성이었어요. 읽기가 어려워서 원래 목적대로 사용하지는 못했어요. 바르비에는 시각 장애인들에게 도움이 될 수 있겠다고 생각하고 파리 맹학교에서 시범으로 사용해보기로 했어요. 학교에 다니던 루이 브라유(1809~1852)라는 소년은 세로 6개 점 구성이 쓰기에 불편해서 3개로 줄인 점자를 1824년에 완성했어요.

1989년에 미국인 선교사 만든 한글 점자

한글 점자는 1989년 미국인 선교사 로제타 셔우드 홀(1865~1951) 여사가 만들었어요. 평양 점자라고 하는데, 4점 방식이었어요. 4점 방식은 우리말을 표현하는 데 한계가 있어요. 1920년대 초 제생원 맹아부 교사 박두성(1888~1963)과 제자들이 연구를 시작하고 보완하는 과정을 거쳐 1926년 우리말 표현에 알맞은 훈맹정음을 발표했어요.

노란 블록은 점자 블록이에요

점자가 손을 위한 문자라면 점자 블록은 발을 위한 시설이에요. 인도에는 노란 블록이 일정하게 깔려 있는데 시각 장애인이 다니는 길이에요. 지팡이로 치거나 발로 감촉을 느끼며 점자 블록을 따라 걸으면 돼요.
표시는 두 종류예요. 가늘고 기다란 돌기가 있는 선형 블록은 직진, 동그란 돌기가 모인 점형 블록은 정지를 나타내요. 점자 블록은 1965년 일본 엔지니어 미야케 세이치(1926~1982)가 발명했어요. 실명한 친구를 위해 만들었고, 1967년 오카야마 맹인 학교 근처에 처음 설치했어요.

안경을 쓰면 잘 보이는 이유

사람이 보는 이미지는 물체에 반사된 빛이 눈에 들어와 굴절하면서 만들어져요. 굴절은 빛이 어떤 물체를 통과할 때 꺾이는 현상이에요. 빛이 동공으로 들어와 각막과 수정체에서 굴절해 망막에 상이 생겨요. 망막이 빛을 전기 신호로 바꿔 뇌에 전달하면 이미지가 형성돼요. 망막에 초점이 정확하게 맞아야 물체가 선명하게 보여요. 제대로 맞지 않으면 물체가 흐릿하게 보이는데, 이럴 때 눈이 나빠졌다거나 시력이 떨어졌다고 해요.
안경을 쓰면 망막에 초점이 제대로 잡혀서 선명하게 보여요. 안경에는 유리 또는 플라스틱으로 만든 투명한 렌즈가 있어요. 렌즈는 빛의 굴절 각도를 조절해요.

세탁기
washing machine

때를 제거하는
원심력과 마찰력

1851년, 미국
제임스 킹(James King, ?)

⚙ 빨래는 인류의 역사와 함께 시작했어요

인류는 몸에 걸친 것을 물에 헹구거나 돌이나 나무에 비벼 빨았어요. 방망이를 사용하기도 했답니다. 빨래판이 나오면서 빨래는 좀 더 수월해졌어요. 빨래판은 주로 나무로 만들었는데, 언제 어디서 사용하기 시작했는지 명확히 알려지지 않았어요. 금속제 빨래판은 특허 기록이 남아 있어요. 1833년 미국인 스티븐 러스트가 특허를 받았어요. 주름진 금속판에 나무 테두리를 둘러 빨래판을 완성했어요.

⚙ 세탁기의 탈수 기능은 1950년대에 생겼어요

17~18세기에 걸쳐 세탁기 발명이 이뤄졌지만 통 속에 빨래를 넣고 막대로 젓는 원리에서 크게 벗어나지 않았어요.

기계식 세탁기는 1851년 미국인 발명가 제임스 킹이 만들었어요. 옆으로 누인 원기둥 모양의 통 속에 빨래를 넣고 손잡이로 통을 돌려 세탁하는 방식이에요.

1874년 윌리엄 블랙스톤은 아내 생일 선물로 가정에서 쓰는 세탁기를 만들었어요. 손잡이를 돌리면 통 속에 있는 빨랫감이 물속에서 서로 부딪혀 때가 빠지는 방식이에요. 블랙스톤의 세탁기를 현대식 세탁기의 시초로 보기도 해요.

1875년까지 미국에 등록된 세탁기 특허만 2000여 개에 이를 정도로 활발하게 세탁기 발명이 이뤄졌어요. 전기 모터가 등장하면서 요즘 사용하는 제품과 비슷한 세탁기가 나왔어요.

1910년 미국인 엔지니어 앨바 존 피셔(1862~1947)가 특허 받은 세탁기는 드럼통 형태인데,

드럼 세탁기의 원조라고 보면 돼요. 전기 모터가 밖에 달려서 물이 튀면 작동이 멈추거나 감전 위험이 있기도 했어요. 시간을 정해서 돌릴 수 있는 타이머 기능은 1930년대에 들어갔고, 탈수 기능은 1950년대에 생겼어요.

사회 활동에 참여하는 시간을 늘린 세탁기

세탁기는 빨래를 편하게 하는 데 그치지 않아요. 집에서 일하는 시간을 획기적으로 줄이는 데 큰 역할을 했어요. 1940년대 미국에서 조사한 내용에 따르면 세탁기를 사용하면서, 세탁 시간이 4시간에서 40분으로 줄었어요. 집안일을 하는 시간이 줄면서 사회 활동에 참여하는 시간이 크게 늘었답니다. 집안일에서 해방한 세탁기를 인터넷보다 더 위대한 발명품으로 평가하기도 해요.

세탁기의 방식과 원리

세탁기는 크게 세 가지 방식으로 나뉘어요. 바닥에 달린 날개가 도는 와류식, 가운데 봉이 달린 교반식, 통이 도는 드럼식이에요. 와류식은 소용돌이를 일으켜요. 교반식은 봉이 돌면서 물과 빨랫감을 휘저어요. 드럼식은 통이 돌면서 빨랫감이 이리저리 오르내리며 빨래가 돼요.

세탁기에 공통으로 작용하는 원리는 원심력과 마찰력이에요. 원심력은 물체가 돌 때 바깥쪽으로 밀려나려고 하는 힘을 말해요. 날개나 봉, 통이 돌면서 물살이 생기고 빨래가 물과 뒤섞이면서 마찰을 일으켜 때가 떨어져 나가요. 탈수할 때는 원심력이 더 효과를 발휘해요. 세탁물은 통에 달라붙게 되고 통에 뚫린 구멍으로 물만 빠져나가게 돼요.

원심력과 반대로 원운동을 하는 물체나 입자가 원의 중심으로 나아가려는 힘은 구심력이에요.

▲ 궤도 속도

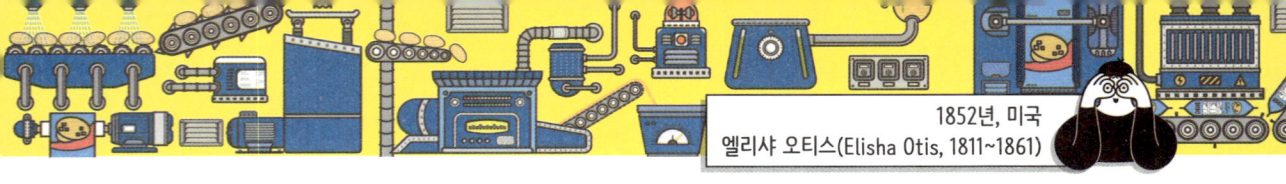

1852년, 미국
엘리샤 오티스(Elisha Otis, 1811~1861)

엘리베이터
elevator

수직 공간 활용 길을 열다

🛠 기원전 3세기에 시작된 엘리베이터

엘리베이터는 현대 사회의 필수품이에요. 하루에 10억 명 이상이 사용하고, 72시간마다 전 세계 인구를 실어 날라요. 엘리베이터의 역사는 꽤 길어요. 기원전 3세기에 도르래 원리를 이용해 엘리베이터를 만들었어요. 처음 도르래를 만든 사람은 고대 그리스의 자연 과학자 아르키메데스(기원전 287?~기원전 212)예요. 이후 다양한 엘리베이터가 선보였어요. 17세기 중반에 프랑스의 루이 15세는 베르사유 궁전에 사람이 타는 엘리베이터를 설치했어요. 엘리베이터는 주로 사람이나 동물, 또는 물의 힘을 이용해 작동했어요. 엘리베이터는 위험해서 널리 쓰이지는 않았어요.

🛠 현대적인 엘리베이터는 안전장치가 생기면서 널리 보급되기 시작해요

안전장치를 갖춘 엘리베이터를 만든 사람은 미국인 엘리샤 오티스예요. 엘리베이터에 새겨진 OTIS라는 글자를 본 적이 있을 거예요. 침대 틀을 만드는 공장에서 일하던 오티스는 1852년 침대를 한 층 위로 안전하게 옮기는 장치를 발명했어요. 이듬해 오티스는 회사를 차리고 화물용 엘리베이터를 만들어 팔았어요. 1854년 뉴욕 박람회장에서 엘리베이터를 전시한 후, 오티스는 직접 엘리베이터에 타고 올라간 후 줄을 잘랐어요. 관람객들은 큰 사고가 나는 줄 알고 놀랐지만, 바닥으로 떨어지던 엘리베이터는 안전장치가 작동해 안전하게 멈췄어요.

이후 오티스가 만든 화물용 엘리베이터가 널리 사용되기 시작했어요. 뉴욕에 있는 하우워트 백화점에 1857년 세계 최초로 승객용 엘리베이터를 설치했어요. 5층 건물을 1분에 12m 속도로 올라갔고 450kg 무게를 실을 수 있어요. 이후 엘리베이터가 빠르게 퍼졌어요. 오티스가 처음 만든 엘리베이터는 증기를 동력으로 사용했어요. 1870년대 들어 수압식 엘리베이터가 등장하고, 1889년에는 전기 모터를 사용하는 엘리베이터가 나왔어요.

세계에서 가장 빠른 엘리베이터와 높은 엘리베이터

중국 광저우에 있는 CTF 금융센터(높이 530m, 111층) 엘리베이터는 세계에서 가장 빨라요. 1초에 21m를 움직여요. 시속 75km가 넘는 빠른 속도예요. 1층부터 95층까지 43초 만에 올라가요.
세계에서 가장 높은 야외 엘리베이터는 중국 장자제에 있어요. 백룡 엘리베이터인데 326m 높이까지 1분 32초 만에 올라가요. 산길을 따라 올라가면 자동차를 타도 3시간 걸리는데 엘리베이터를 타면 순식간에 도착해요. 절벽에 수직으로 뻗어 있고, 절반은 산속에 절반은 야외에 드러나 있어요.

엘리베이터 설치 기준

엘리베이터 설치는 건물 짓는 사람 마음대로 정할 수 없어요. 우리나라 법규에 따르면 6층 이상이고, 연면적 2000m²이거나 높이가 31m 넘는 건물에는 엘리베이터를 설치해야 해요.

도르래 원리

도르래는 힘의 방향을 바꾸거나 작은 힘으로 큰 힘을 내게 하는 장치예요. 홈이 파인 바퀴에 줄을 걸어 잡아당기게 되어 있어요. 도르래는 바퀴의 고정 여부에 따라 움직도르래와 고정 도르래로 나뉘어요. 엘리베이터는 고정 도르래의 한 종류예요.

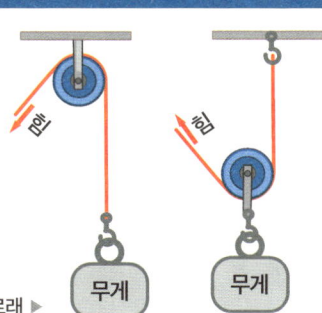

▶ 고정 도르래(왼쪽)와 움직도르래

1860년, 미국
안토니오 메우치(Antonio Meucci, 1808~1889)

전화기 telephone

지구 반대편 소리도 듣는다

⚙ 기준에 따라 전화기를 처음 발명한 사람이 달라져요

전화기를 사용하면 제자리에서 먼 곳에 사는 사람에게 말을 전할 수 있어요. 말을 전달하기 위해 이동하는 거리가 확 줄었어요. 자동차가 이동 거리를 획기적으로 늘렸다면 전화기는 반대로 줄였어요. 전화기를 처음 발명한 사람은 발명의 기준에 따라 달라져요. 비슷한 시기에 여러 사람의 노력을 거쳐 완성했다고 봐야 해요.

이탈리아 출신 미국 과학자 안토니오 메우치는 1854년 중병에 걸린 아내와 대화하기 위해 전화를 발명했어요. 1860년에는 뉴욕에서 시연에 성공했어요. 메우치가 전화기를 만들기 전에도 여러 발명가가 전화기 개념을 선보였어요. 1858년 독일인 교수 필립 라이스(1834~1874)는 최초의 전화기라 할 수 있는 '라이스 전화기'를 만들었어요. 라이스의 전화기는 특허를 조사할 당시 법정에서 제대로 작동하지 않아서 인정을 받지 못했어요. 1930년대 들어 다시 실험했을 때 제대로 작동했지만 그 내용이 제대로 알려지지 않았다고 해요.

⚙ 특허를 가장 먼저 낸 알렉산더 그레이엄 벨

한동안 전화기를 발명한 사람은 영국 출신 미국 과학자 알렉산더 그레이엄 벨(1847~1922)로 알려졌어요. 벨은 실제로는 특허를 가장 먼저 낸 사람이에요. 1876년 2월 14일, 미국 특허 사무국에 특허를 신청했어요. 같은 날 2시간 정도 늦게 미국 발명가 일라이셔 그레이(1835~1901)가 같은 특허를 냈어요. 전화기를 발명하고 시연한 순서로 따지면 그레이가 앞섰지만, 특허는 먼저 접수한 벨에게 인정됐어요.

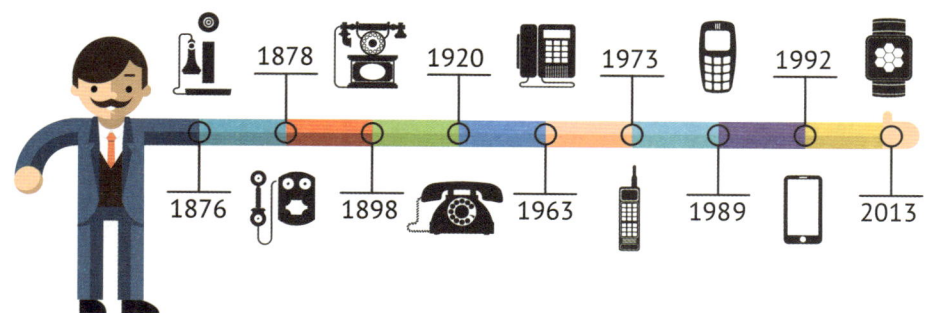

안토니오 메우치는 1871년에 임시 특허를 냈어요. 형편이 어려워서 임시 특허를 냈는데, 갱신하지 못했어요. 벨의 특허권을 놓고 많은 특허 소송이 진행됐어요. 메우치도 소송을 제기했지만 승소가 확정될 무렵 죽는 바람에 재판이 중단됐어요. 2002년 미국 의회는 최초로 전화기를 발명한 사람을 안토니오 메우치로 인정했어요(이듬해 상원에서 부결됐다고 해요).

전화기 발전사

초창기 전화기는 교환원을 통해서 걸었어요. 전화기를 들고 교환원에게 상대방 이름을 말하면 수동으로 연결해줬어요. 이후 교환기가 생기면서 기계가 자동으로 연결하는 방식으로 바뀌었어요. 전화기는 다이얼을 돌리는 방식에서 버튼식으로 발전했어요. 본체에 꽂아놓고 송수화기를 들고 다니면서 통화할 수 있는 무선 전화기도 나왔어요. 부재중 메시지를 알려주는 자동응답 기능, 부재중일 때 통화를 기록해놓는 녹음 기능 등 여러 편리한 기능이 개발됐어요. 요즘에는 인터넷 선을 이용해 전화를 주고받는 인터넷 전화를 주로 써요. 스마트폰의 발달로 집 전화는 점차 사라지고 있어요.

구식 전화기의 구조

전화기는 말을 하는 송화기와 듣는 부분인 수화기로 나뉘어요. 송화기 뒤에는 진동판이 달려서 말을 전기 신호로 바꿔요. 진동판에 탄소 가루가 붙어 있는데, 음성 변화에 따라 진동판이 떨리면 탄소 가루에 걸리는 압력이 변해 전기 저항이 달라져요. 전류가 변하면서 음성이 전기 신호로 바뀌어요. 수화기에는 전자석과 진동판이 들어 있어서 송화기에서 받은 전기 신호를 음성 신호로 바꿔요.

자판기
vending machine

무엇이든 뽑아보아요

1867년, 영국
사이먼 던함(Simeon Denham, ?)

⚙ 세계 최초의 자판기는 기원전 215년에 설치된 성수 자판기예요

물건을 직접 살 때는 원하는 것을 고르고 계산대에 가져가서 가격을 확인하고 돈이나 카드를 내서 계산하는 과정을 거쳐요. 자판기는 동전이나 지폐를 넣고 자동으로 나오는 물건을 받으면 끝이에요. 자판기는 자동판매기를 줄여 부르는 말이에요. 사람의 손을 빌리지 아니하고 상품을 파는 장치를 말해요. 직접 물건을 살 때보다 아주 간편해요.

기록으로 남은 세계 최초 자판기는 기원전 215년에 이집트 알렉산드리아 신전에 설치한 성수 자판기예요. 접시에 동전을 떨어뜨리면 무게 때문에 지렛대가 기울어져서 물통 구멍이 열리고 성수가 흘러나와요. 이후 1615년 영국에서는 담배 자판기를 선보였어요. 동전을 누르면 뚜껑이 열려서 담배를 꺼낼 수 있어요. 1822년에는 영국에서는 출판업자 리처드 카릴리(1790~1843)가 책 자판기를 선보였어요. 나라에서 금지하는 책을 팔 목적으로 만들었다고 해요.

⚙ 최초로 특허를 받은 자판기는 우표 자판기예요

최초로 특허를 받은 자판기는 영국인 사이먼 던함이 1867년 발명했어요. 동전 1페니를 넣으면 우표가 나오는 우표 자판기예요. 던함은 놀이 공원에서 동전을 넣으면 일정 시간 움직이는 말 인형을 보고 아이디어를 얻었어요. 상업적으로 성공한 자판기는 1888년 미국 토머스 애덤스 껌 회사가 내놓은 껌 자판기예요. 뉴욕 고가철도에 설치해 크게 성공했어요.

자판기에서 판매하는 물품의 종류는 사실상 제한이 없어요

음료, 식품, 화장품, 꽃, 책, 티켓 등 완제품은 물론이고, 음식을 조리해서 내보내는 자판기도 있어요. 자판기는 주로 유통 기한이 긴 제품을 다루지만, 고기나 과일 등 신선하게 보관해야 하는 물품을 자판기로 팔기도 해요. 심지어 자동차 자판기도 있어요. 렌터카 빌리듯 커다란 주차 타워에서 원하는 차를 골라 타요. 온라인으로 차를 산 사람이 차를 받을 때 자판기에서 물건 받듯이 꺼내는 서비스도 있어요.

무인 자판기만 있는 패스트푸드 식당

판매원 없이 물건 사는 사람이 직접 고르고 계산하는 무인 편의점이 하나둘 생겨나고 있어요. 아직은 시험 단계여서 널리 퍼지지는 않았어요. 독일에서는 이미 1895년에 자판기만 설치한 무인 패스트푸드 식당이 등장했어요. '오토맷'이라 부른 식당에 가면 자판기에서 음식과 음료를 꺼내 자리에 앉아 먹으면 돼요. 오토맷은 세계 주요 나라로 퍼졌고 요즘에도 운영하고 있답니다.

자판기 작동 원리

자판기는 결제 정보를 확인하고 제품을 고르는 방식으로 순서를 정해놓았어요. 조건이 맞으면 작동해서 제품을 내놓아요. 캔 음료 자판기를 예로 들어볼게요. 동전이나 지폐를 넣으면 진짜인지 확인하고 이용자가 고를 수 있는 제품의 버튼에 불이 들어와요. 이용자가 원하는 제품의 버튼을 누르면 해당 제품 아래 뚜껑이 열리면서 제품이 빠져나와요.

철근 콘크리트
reinforced concrete

성격이 다른 두 물질의
단짝 결합

1867년, 프랑스
조제프 모니에(Joseph Monier, 1823~1906)

⚙ 철근 콘크리트로 만든 최초 물건은 화분이에요

철근 콘크리트는 프랑스에 사는 정원사 조제프 모니에가 발명했어요. 1865년 화초를 재배하던 모니에는 잘 깨지는 화분을 보면서 튼튼한 화분을 만들고 싶어 했어요. 당시 화분은 진흙을 불에 구워 만들었는데 쉽게 깨졌어요. 모니에는 시멘트와 모래를 섞고 물로 이겨서 콘크리트 화분을 만들었어요. 진흙 화분보다는 단단했지만 모니에가 원하는 수준은 아니었어요. 이후 2년 동안 100가지가 넘는 재료를 섞어가며 튼튼한 화분을 만드는 데 몰두했어요. 어느 날 철사 그물로 형태를 만들고 시멘트를 입혔는데 아주 튼튼했어요. 모니에는 1867년 이 발명을 특허내고 박람회에 출품했어요.

⚙ 철근과 콘크리트는 서로 보완하는 관계예요

철근은 막대 모양의 철재고, 콘크리트는 시멘트에 모래와 자갈, 골재 따위를 적당히 섞고 물에 반죽한 혼합물이에요. 시멘트는 석회석과 진흙, 그리고 적당량의 석고를 섞어서 만들어요. 철근 콘크리트는 단어 그대로 철근을 뼈대로 넣는 콘크리트를 말해요.

철근과 콘크리트는 장단점이 서로 반대예요. 철근은 인장력이 강하나 압축력에 약하고, 콘크리트는 압축력이 강하나 인장력에 약해요. 서로 단점을 보완해서 장점을 키워요. 철근과 콘크리트는 열팽창 계수가 거의 같아요. 철근과 콘크리트가 함께 섞여 굳은 후에도 온도 변화에 반응하는 정도가 비슷해서 서로 잘 붙어 있어요. '신이 건축가에게 내린 선물'이라고 할 정도로 철근 콘크리트는 건물을 지을 때 아주 중요한 역할을 한답니다.

⚙ 고층 건물은 철근 콘크리트가 발명된 이후에 생겼어요

초고층 빌딩이 늘어선 곳을 마천루 또는 스카이라인이라고 해요. 마천루(摩天樓)는 '하늘을 긁을 정도로 높은 건물', 스카이라인(skyline)은 '하늘을 배경으로 한 윤곽'이라는 뜻이에요. 대도시에는 수십~수백 미터 높이 건물이 즐비하게 서 있는 광경이 쉽게 눈에 들어와요. 옛날에는 초고층 빌딩이 없었어요. 건물을 짓는 재료인 나무로는 건물을 높이 올리기 힘들어요.

고층 건물은 철근 콘크리트가 발명된 이후에 생겼어요. 1885년 미국 시카고에 높이 42m, 10층짜리 홈 인슈어런스 빌딩이 생겼어요. 지금 건물과 비교하면 아주 낮지만 당시에는 획기적인 고층 건물이었어요. 철근 콘크리트를 사용한 첫 번째 고층 건물인 홈 인슈어런스 빌딩(1885~1931)을 마천루의 시작으로 봐요.

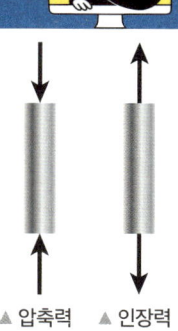

인장력과 압축력

인장력은 양쪽에서 잡아당길 때 생기는 힘, 압축력은 반대로 양쪽에서 밀 때 생기는 힘이에요. 철근은 인장력이 강해서 잘 늘어나고, 콘크리트는 압축력이 강해서 누르는 힘을 잘 견뎌요.

▲ 압축력   ▲ 인장력

열팽창 계수

물질은 온도가 올라가면 부피가 변해요. 금속과 같은 고체는 길이가 얼마나 변하는지 따져요. 열팽창 계수는 길이가 변화는 비율을 가리켜요. 길이 1인 물질이 온도가 1도 변할 때 늘어나는 길이의 양이에요.

1892년, 미국
제시 레노(Jesse Reno, 1861~1947)

에스컬레이터
escalator

움직이는 자동계단

높은 곳으로 편하게, 엘리베이터·케이블카·곤돌라·에스컬레이터

등산을 하든 건물에 올라가든 높은 곳을 향해 걸어가면 힘들어요. 손오공이 타고 다니는 근두운이나 마녀의 빗자루나 알라딘의 양탄자가 나타나서 높은 곳으로 데려줬으면 좋겠어요. 현실에서 마법이 일어나지 않겠지만 엘리베이터, 케이블카, 곤돌라, 에스컬레이터 등 현대 기계 장비가 걷는 수고를 덜어줘요.

에스컬레이터의 개념은 미국에서 특허 업무를 하는 나단 에임스가 1859년 처음 선보였어요. '회전하는 계단'이라는 이름으로 특허를 받았는데, 이듬해 에임스가 세상을 떠나는 바람에 실물로 제작되지는 않았어요.

움직이는 계단, 에스컬레이터

실제로 작동하는 에스컬레이터는 1892년 미국 발명가 제시 레노가 발명했어요. 계단 형태가 아니라 25° 경사에 무한궤도처럼 생겼어요. 레노가 발명하기 전에 엘리베이터가 선보였어요. 레노는 자신의 발명품을 '경사진 엘리베이터'라고 불렀어요.

몇 달 뒤 조지 휠러(1833~?)라는 사람도 움직이는 계단에 관한 특허를 냈어요. 찰스 시버거(1857~1931)는 휠러의 특허권을 사들인 후 엘리베이터 제조 회사인 오티스와 제휴해 1899년 에스컬레이터 시제품을 만들었어요. 시버거는 엘리베이터에 계단을 뜻하는 라틴어 'scala'를 붙여 '에스컬레이터'라고 이름 붙였어요. 시버거와 오티스가 만든 에스컬레이터는 1900년 프랑스 파리 세계박람회에서 1등 상을 받아요. 오티스는 1910년과 1911년 레노와 시버거의 특허권을 사들여 본격적으로 에스컬레이터 보급에 나섰어요.

⚙ 에스컬레이터는 컨베이어 벨트의 한 종류예요

컨베이어 벨트는 물건을 연속해서 운반하는 띠 모양의 기계를 말해요. 에스컬레이터는 물건 대신 사람이 타고 계단처럼 경사진 점이 일반 컨베이어 벨트와 달라요. 내부에 모터가 작동해 바퀴가 돌고 바퀴에 연결된 체인이 따라 돌면서 계단을 움직여요.

엘리베이터와 마찬가지로 에스컬레이터도 도르래 원리를 적용해요. 추가 따로 달려 있지는 않고 내려가는 계단이 올라가는 계단을 위한 평형추 역할을 해요. 속도는 안전을 고려해 1분에 30m 안팎으로 맞춰요. 보통 1시간에 5000~8000명을 실어 나를 수 있어요.

> **세계에서 가장 긴 에스컬레이터**
>
> 미드 레벨 에스컬레이터는 기네스북에 오른 세계에서 가장 긴 에스컬레이터예요. 홍콩 센트럴과 미드 레벨을 잇는데, 에스컬레이터 20개와 무빙워크 3개로 연결해요. 길이는 800m이고, 지상 입구에서 도착 지점까지 높이 차이는 135m에 이르러요.
> 중국 후난성 장자제 톈먼산 관광 에스컬레이터는 892m 구간을 12개 에스컬레이터로 연결해요. 에스컬레이터 작동 구간은 692m예요.

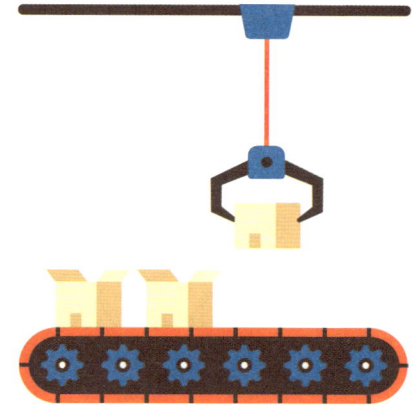

▲ 컨베이어 벨트 시스템

무한궤도

무한궤도는 차바퀴의 둘레에 걸어놓은 강철로 만든 철판 벨트 장치를 말해요. 지면과의 접촉면이 커서 험한 길, 비탈길도 갈 수 있어요. 탱크, 장갑차, 불도저 따위에 이용돼요. 캐터필러라고도 해요.

> 1901년, 영국
> 허버트 세실 부스(Hubert Cecil Booth, 1871~1955)

진공청소기
vacuum cleaner

기압 차이를 이용한
먼지 수집

최초의 진공청소기는 마차에 싣고 다니는 커다란 기계 형태였어요

청소는 인간의 피할 수 없는 운명이에요. 청소하지 않고 살 수는 있지만 지저분한 환경과 건강에 미치는 악영향을 감수해야 해요. 청소를 빠르고 깨끗하게 하도록 도와주는 제품은 발명품 역사에 꾸준하게 등장했어요. 진공청소기도 그중 하나예요.

진공청소기를 만들려는 시도는 19세기 중반부터 꾸준히 있었어요. 당시에는 바람을 불어서 먼지를 모으는 청소기가 있었는데, 먼지 모으기가 쉽지 않아서 청소 효과가 크지 않았어요. 상업화에 성공한 진공청소기는 1901년 영국 발명가 허버트 세실 부스가 만들었어요. 세실 부스는 수건을 입에 대고 공기를 빨아들였을 때 먼지가 수건에 걸리는 현상을 보고 빨아들이는 방식을 적용하기로 했어요. 부스가 만든 청소기는 요즘 볼 수 있는 작은 가정용 모델이 아니라 마차에 싣고 다니는 커다란 기계 형태였어요. 상점이나 호텔 등 큰 건물에서 주로 사용했어요. 부스의 청소기는 먼지로 인한 전염병을 예방하는 역할도 했답니다.

진공청소기는 토네이도의 원심력에서 원리의 실마리를 얻었어요

가정에서도 쓸 수 있는 작은 진공청소기는 1907년 미국인 제임스 스팽글러(1848~1915)가 만들었어요. 스팽글러가 만든 청소기는 판매용 제품으로는 만들지 못했어요. 친척인 윌리엄 후버(1849~1932)가 스팽글러 청소기의 특허권을 사들여서 제품으로 만드는 데 성공했어요.

1930년 미국에 사는 에드워드 욘커라는 사람은 토네이도를 보고 사이클론 시스템을 발명했어요. 원심력은 물체가 돌 때 바깥쪽으로 밀려나려고 하는 힘을 말해요. 원심력을 이용해서 바깥쪽으로 더러운 먼지를 모으는 방식이에요. 먼지 봉투를 사용하지 않아서 위생적이고 먼지 때문에 구멍이 막히지 않아서 빨아들이는 힘이 약해지지 않아요.

진공청소기의 원리

공기는 눈에 보이지 않지만 작은 분자로 이뤄져 있어요. 크기가 같은 공간에 공기 분자가 많이 모여 있으면 압력이 높아요. 적게 모여 있으면 압력은 낮답니다. 공기 분자는 활발하게 움직이기 때문에 빡빡하게 많이 모인 곳(압력이 높은 곳)에서 한산한 곳(압력이 낮은 곳)으로 이동하는 성질을 보여요. 바람이 부는 것이나 사람이 숨을 쉬는 것도 압력 차이 때문에 생기는 공기의 흐름이에요.

청소기 안에서 펌프가 공기를 빼내 진공 상태를 만들면 공기가 줄어들어서 압력이 낮아져요. 바깥쪽의 압력이 높은 공기는 안쪽으로 흘러 들어가요. 공기 중에 있는 먼지도 같이 따라 들어가게 되고, 청소기 안에서는 먼지를 걸러내는 작업이 이뤄져요.

진공

진공은 공기나 물질이 전혀 존재하지 않는 공간을 말해요. 지구상에서는 완전한 진공 상태를 만들기가 쉽지 않아요. 공기가 우리를 누르는 힘을 대기압이라고 하는데, 일반적으로 대기압보다 압력이 낮으면 진공이라고 해요.

공기가 없는 우주는 완전한 진공이에요. 진공 상태에서는 공기가 거의 없으므로 습기, 미생물, 곰팡이 등이 번식하지 못해요. 진공 포장을 하면 음식물을 오랫동안 보관할 수 있죠. 진공 포장은 폴리에틸렌 따위의 플라스틱 필름으로 만든 자루에 식품 등을 넣고 공기 펌프로 공기를 빼내고 밀봉해요.

1909년, 프랑스
에두아르 베네딕투스(Edouard Benedictus, 1873~1930)

안전유리
laminated glass

깨져도 흩어지지 않는다

⚙ **유리 2장 사이에 셀룰로이드 막을 넣은 안전유리**

자동차 앞 유리는 윈드실드 또는 윈드스크린이라고 불러요. 바람을 막는 유리라는 뜻이에요. 초창기 자동차에는 윈드실드가 없었어요. 운전자는 헬멧과 고글을 쓰고 차를 탔어요. 윈드실드가 생기면서 자동차를 타고 다니기는 편해졌지만 다른 문제가 생겼어요. 사고가 나면 깨진 유리에 더 크게 다쳤어요.

프랑스 과학자 에두아르 베네딕투스는 길을 가다가 자동차 사고를 목격했어요. 깨진 유리에 탑승자가 다친 모습을 보고 충격을 받은 베네딕투스는 안전한 유리를 만들어 사고가 났을 때 덜 다치게 하자고 마음먹었어요. 베네딕투스는 당시 셀룰로이드(플라스틱)와 관련 있는 발명품을 연구했어요. 셀룰로이드를 이용하면 안전한 유리를 만들 수 있겠다고 생각했어요. 오랜 기간 연구했지만 성과가 없어서 거의 포기하다시피 했어요.

어느 날 실험실에 고양이 한 마리가 들어왔어요. 고양이가 뛰어다니는 바람에 플라스크 여러 개가 떨어졌어요. 다 깨졌는데 유독 하나는 금만 갔을 뿐 멀쩡했어요. 오래전에 셀룰로이드를 담았던 플라스크였어요. 셀룰로이드가 마르면서 유리에 막을 형성해 플라스크가 산산이 조각나지 않은 거예요. 연구를 계속한 베네딕투스는 1909년 깨지지 않는 유리 특허를 냈어요. 2년 후인 1911년에는 유리 2장 사이에 셀룰로이드 막을 넣은 안전유리를 만들고 '트리플렉스'라고 이름 붙였어요. 안전유리는 자동차 유리뿐만 아니라 여러 분야에 쓰여요.

자동차 앞에는 접합 유리를, 옆이나 뒤에는 강화 유리를 쓰는 이유

안전유리는 종류가 여러 가지예요. 베네딕투스가 만든 유리는 접합 유리예요. 판유리 두 장 이상 사이에 플라스틱 필름을 넣어 만들어요. 금은 가지만 잘 부서지지 않아요.

강화 유리는 급하게 냉각해서 만들어요. 충격에 강하고 열에 잘 견뎌요. 부서질 때 작고 둥글둥글하게 잘려서 파편 피해를 줄여요.

자동차 앞뒤 유리는 종류가 달라요. 사고가 났을 때 승객이 튀어 나가지 않도록 자동차 앞에는 접합 유리를 주로 써요. 옆이나 뒤는 사고가 났을 때 잘게 부서지도록 강화 유리를 써서 승객이 쉽게 탈출할 수 있도록 해요.

유리가 잘 깨지는 이유

유리는 단단한 대신 유연하지 않아서 깨지기 쉬워요. 유리는 누르는 힘에는 강하지만 잡아당겨 늘리는 힘에는 약해요. 유리에 강한 힘을 주면 힘을 받는 부분은 눌리고 반대편은 늘어나요. 늘어나는 힘에 약하기 때문에 유리가 깨지게 돼요.

방탄유리

안전유리에서 한발 더 나아가서 방탄유리는 아예 깨지지 않도록 만든 제품이에요. 방탄유리도 안전유리와 원리는 크게 다르지 않아서, 유리와 유리 사이에 특수 필름과 플라스틱 등을 넣어 만들어요. 더 두꺼운 유리를 여러 장 겹쳐서 완성해요. 방탄 성능에 따라 등급은 달라져요. 보통 5m 거리에서 총탄을 3~5발 정도 막아내면 방탄유리라고 봐요. 두꺼운 방탄유리는 두께가 10cm를 넘기도 해요.

1937년, 미국
실번 골드먼(Sylvan Goldman, 1898~1984)

카트 cart

물건을 더 사게 하는 묘책

🔴 쇼핑 도구의 시작은 쇼핑백이에요

쇼핑은 물건을 사는 과정이자 물건을 담는 행위예요. 여러 물건을 편리하게 담고 다니려면 쇼핑 카트는 꼭 있어야 해요. 사는 사람은 편하게 여러 개를 담을 수 있으면 좋고, 파는 사람은 사는 사람이 물건을 많이 담기 원해요.

사는 사람과 파는 사람의 이해가 맞아떨어져서 쇼핑 도구는 계속해서 발전했어요. 가장 먼저 나온 규격화된 쇼핑 도구는 종이 쇼핑백이에요. 미국 미네소타에서 식료품 가게를 운영하는 월터 도이브너(1887~1980)가 1912년에 만들었어요. 손님이 한 번에 많이 사게 할 방법을 고민하다 종이 쇼핑백을 발명했어요. 종이 쇼핑백은 가볍고 가격이 싸고 많은 물건을 담을 수 있었어요. 도이브너는 특허를 내고 봉투 하나를 5센트에 판매했어요. 3년 만에 100만 개가 넘는 쇼핑백이 팔려나갈 만큼 큰 성공을 거뒀어요.

🔴 쇼핑 카트의 발명 당시 이름은 '접이식 바구니 운반기'였어요

쇼핑 문화가 발달하면서 종이 쇼핑백으로도 물건을 담기에 부족했어요. 슈퍼마켓에서는 바구니를 제공했어요. 어느 때부터인가 튼튼한 철제 바구니가 나오기 시작했어요. 물건을 안전하게 담기 좋았지만 무거워서 한 바구니 이상 담기는 힘들었어요. 실번 골드먼은 미국 오클라호마에서 피글리 위글리라는 대형 슈퍼마켓 체인점을 운영했어요. 골드먼은 사람들이 바구니가 꽉 차면 쇼핑을 끝내는 모습을 보면서, 어떻게 하면 더 사게 할까 고민했어요.

어느 날 골드먼은 접이식 의자를 보고 아이디어가 떠올랐어요. 접이식 의자에 바퀴를 달고

바구니를 2단으로 배치하면 짐을 많이 실을 수 있겠다 생각하고 직원과 함께 제작에 들어가 실제 제품으로 완성했어요. 1937년 발명 당시 이름은 아이디어를 그대로 표현한 '접이식 바구니 운반기'였어요. 쇼핑 카트가 인기를 끌자 골드먼은 아예 쇼핑 카트 회사를 차렸답니다. 쇼핑 카트는 미국 대형 마트에 없어서는 안 될 시설로 자리 잡았어요. 요즘처럼 커다란 바구니 하나가 들어 있는 형태 역시 골드먼이 1949년 개발했어요. 카트에 달린 유아용 의자도 1950년대에 나왔어요.

쇼핑 카트 수납의 비밀

쇼핑 카트는 많은 짐을 실을 수 있지만 공간을 많이 차지해요. 고객들이 끌고 다닐 때는 문제가 없지만 다 쓴 카트를 모아놓기가 쉽지 않았어요. 미국 발명가 올라 왓슨(1896~1983)은 쇼핑 카트를 겹치는 방법을 개발했어요. 바구니 뒤쪽에 경첩을 달아 접히게 만들고 모양을 앞쪽으로 갈수록 살짝 가늘어지게  설계해서 앞 카트에 뒤 카트가 쏙 들어가게 했어요. 요즘에도 이 방식을 이용한답니다.

1938년, 미국
체스터 칼슨(Chester Carlson, 1906~1968)

복사기 copier

정전기를 이용한
무한 복제

🔧 복사기는 습식 복사기에서 시작해요

분신술은 자기 몸이 여러 개 나타나도록 하는 기술이에요. 복사기는 문서를 똑같이 찍어내는 기계예요. 분신술로 똑같은 내용의 종이가 여러 장이 생기는 거 같아요.

증기 기관을 만든 제임스 와트(1736~1819)는 사업을 하면서 수많은 편지를 주고받았어요. 편지 사본을 만들어서 따로 보관했는데 손이 많이 가는 번거로운 작업이었어요. 1780년 와트는 얇은 종이에 진한 잉크를 써서 편지를 쓰고 위에 종이를 덮어서 물에 적시고 롤러로 밀었어요. 편지에 남은 잉크가 덮은 종이에 묻어 나오면서 복사가 됐어요. 이런 방식을 습식 복사라고 해요. 제임스 와트 혼자 쓰던 방법인데 주위에 알려지면서 정식 제품으로 만들었어요. 이후 물 대신 화학 약품을 사용하는 등 습식 복사 방식은 계속해서 발전해요.

🔧 현대식 복사기는 건식 복사기예요

1938년 체스터 칼슨은 물이나 액체류를 쓰지 않는 건식 복사기를 발명했어요. 공과대학을 졸업한 칼슨은 전기부품 회사에서 일했는데 문서나 도안을 자주 복사했어요. 먹지를 사용하는 방식이 너무 불편해서 복사기 개발을 시작했어요. 건식 복사에 성공한 칼슨은 여러 회사에 제품으로 만들자고 제안했지만 모두 거절당했어요.

간신히 인화지 회사 할로이드와 함께 연구하게 됐고 1950년 '제록스 A'라는 제품을 내놓았지만, 자동 방식이 아니어서 널리 쓰이지는 않았어요. 제록스라는 이름은 라틴어로 '마른'과 '쓰기'를 뜻하는 제로그래픽(xerographic)에서 나온 말이에요. 1959년 나온 제록스 914는 일반

용지를 사용하는 자동 고속복사기였어요. 제록스 914가 나오면서 본격적으로 사무실에서 복사기를 사용하기 시작했어요.

복사의 기본 원리는 정전기예요

복사는 어떤 물질에 빛을 쪼이면 빛을 받은 부분은 전기가 잘 통하고 받지 않은 부분은 전기가 통하지 않는 원리를 이용해요. 복사기 안에는 알루미늄 원통이 있어요. 유리판에 종이를 얹고 빛을 쪼이면 거울에 반사되어 원통에 비춰요. 빛이 닿은 부분은 정전기가 없어져요. 글씨가 있는 부분에만 정전기가 남아요. 원통 위에 탄소 가루(토너)를 뿌리면 정전기가 남은 곳에 가루가 붙어요. 뜨거운 롤러로 누르면 토너가 종이에 붙어서 떨어지지 않아요. 글씨가 종이에 남는 거예요.

복사기 vs 프린터

문서에 글씨를 출력하는 목적은 같지만 복사기는 있는 문서를 복제하고, 프린터는 새로운 문서를 출력하는 점이 달라요.

프린터에는 도트 프린터, 잉크젯 프린터, 레이저 프린터, 3D 프린터 등 여러 종류가 있어요. 레이저 프린터는 레이저가 지나간 자리에 정전기가 생겨서 토너가 달라붙어요. 뜨겁게 달군 드럼에 돌리면 토너가 고정돼요. 속도가 빠르고 잉크가 번지지 않아서 선명하게 찍혀요.

복사기는 레이저 프린터와 원리가 비슷해요.

정전기

흐르지 않고 머물러 있는 전기를 말해요. 물체가 서로 마찰할 때 주로 생겨요. 물체에 있는 아주 작은 덩어리인 전자가 두 물체 사이를 오가면서 쌓여서 전기를 만들어요. 한도를 넘어가면 순식간에 전기가 흘러요. 정전기는 건조할 때 잘 일어나요. 겨울에 이불에 스치면 불꽃이 튀면서 따끔거리거나, 플라스틱 빗으로 머리를 빗을 때 머리카락이 쭈뼛 서는 현상도 정전기예요.

정전기는 불꽃도 함께 생겨서 위험한 상황에 빠뜨리기도 해요. 기름을 다루는 주유소에서는 기름을 넣기 전에 정전기 방지 패드에 손을 대라고 해요.

정전기는 그리스 철학자 탈레스가 기원전 600여 년 전에 발견했어요. 호박에 털을 문지른 후에 털에 먼지가 끌리는 현상을 보고 기록으로 남겼어요.

1950년, 미국
프랭크 맥나마라(Frank X. McNamara, ?)

신용 카드
credit card

현금 없는 세상을 위하여

1888년 소설에 처음 등장한 신용 카드 개념

요즘은 지갑을 들고 다니지 않는 사람이 많아요. 신용 카드 한 장만 챙기면 교통 카드로 이용하고 거의 모든 상점에서 현금 없어도 계산할 수 있어요. 요즘에는 아예 신용 카드도 들고 다니지 않아요. 스마트폰 안에 결제 기능을 갖추기도 하고, 앱을 이용해 바코드나 큐아르 코드를 보여주고 계산해요.

신용 카드 개념은 1888년 미국 소설가 에드워드 벨라미(1850~1898)가 쓴 《뒤를 돌아보면서: 2000년에서 1887년까지》에 처음 나와요. 국가가 개인에게 신용을 주고 개인은 신용 카드를 가지고 동네 공공 창고에서 필요한 물품을 산다는 내용이에요. 요즘 신용 카드 활용 방법과 크게 다르지 않아요.

외상 거래에서 시작된 카드 결제 문화

예로부터 물건이나 서비스를 먼저 이용하고 돈을 나중에 내는 방식은 생활 속에서 자연스럽게 일어나는 일이었어요. 동네에서 가게 주인과 친분이 있으면 돈을 나중에 주겠다고 하고 물건을 먼저 가져갔어요. 이런 행위를 '외상'이라고 해요. 외상 거래가 잦은 가게 주인은 외상 장부를 만들어 관리하기도 했어요. 작은 가게뿐만 아니라 큰 업체들도 외상 거래를 해요. 믿을 만한 단골을 확인할 목적으로 표식을 나눠줬어요. 표식을 가진 사람은 물건을 먼저 가져가고 돈은 나중에 내도 됐어요.

⚙ 현대적인 신용 카드의 시작, '다이너스클럽 카드'

　　현대적인 방법으로 외상 거래를 체계화한 사람은 미국인 사업가 프랭크 맥나마라예요. 어느 날 맥나마라는 지갑을 놔두고 온 줄도 모르고 뉴욕 한 식당에서 저녁 식사를 하다가 곤란한 상황을 겪어요. 이 일을 계기로 현금 없이 결제할 방법을 찾던 맥나마라는 동업자와 함께 1950년 카드를 하나 만들어요. 계약된 식당 여러 곳에 그 카드를 보여주면 돈은 나중에 모아서 지급하는 방식이에요. 처음에는 주변 아는 사람들을 상대로 카드를 발급했는데, 소문이 퍼지면서 회원 수가 많이 늘어났어요. 맥나마라는 이 카드에 '다이너스클럽 카드'라고 이름 붙여요.

　　초창기 신용 카드는 종이였어요. 결제 방식이 수작업으로 이뤄져서 불편했어요. 1971년 미국 컴퓨터 제조 회사 아이비엠(IBM)에서 마그네틱 띠를 읽는 기계를 개발하면서 마그네틱 띠를 두른 신용 카드가 나와요. 결제가 빨라지고 편해지면서 신용 카드가 널리 퍼졌어요. 요즘에는 보안을 강화한 아이시(IC)칩을 넣은 카드를 사용해요.

⚙ 개인 신분을 확실하게 증명하는 얼굴 결제와 자동차 결제

　　신용 카드의 근본 취지는 신용, 즉 '믿고 맡긴다'예요. 개인 신분을 확실하게 증명할 수단이 있다면 신용 카드 역할을 해요. 사람의 얼굴은 확실한 증명 수단이에요. 성형 수술을 해서 얼굴을 자주 바꾸지 않는 이상 개인의 얼굴 형태는 변하지 않아요. 스마트폰도 얼굴을 인증 수단으로 써요. 얼굴을 결제 수단으로 쓰면 지갑이나 스마트폰, 신용 카드도 필요 없어요. 얼굴 인식을 적극적으로 사용하는 중국에서는 얼굴 결제도 널리 퍼지고 있어요. 얼굴 결제는 매우 편리하지만 개인을 감시하는 수단으로 악용하는 위험성도 따라요.

　　자동차도 결제 정보만 미리 입력해놓으면 자동차 자체가 거대한 신용 카드가 돼요. 주유소, 주차장, 드라이브 스루 등 자동차를 타고 주로 이용하는 곳에 들어가기만 하면 자동으로 결제가 이뤄져요. 차에서 내리지 않아도 되고 번거로운 결제 과정을 거치지도 않아요.

에어백
airbag

목숨을 구하는
공기 쿠션

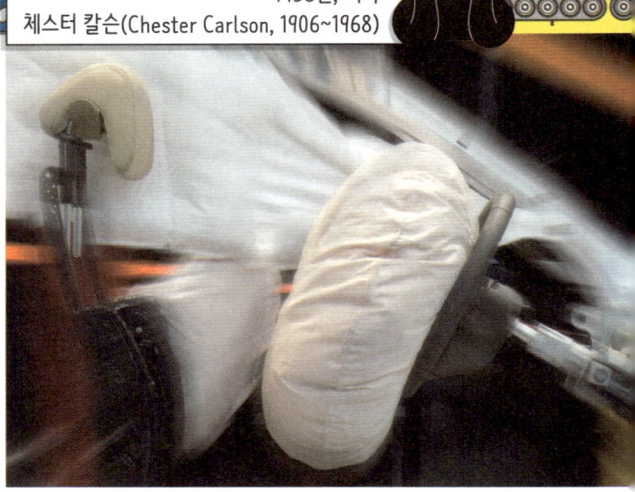

1938년, 미국
체스터 칼슨(Chester Carlson, 1906~1968)

⚙ 공기는 눈에 보이거나 만져지지 않아요

실체를 직접 느끼기 힘든 존재이지만 공기는 모아두면 위력을 발휘해요. 공기가 들어 있는 튜브를 몸에 두르면 물 위에 편하게 뜰 수 있어요. 풍선이나 공에 공기를 넣으면 가지고 놀 수 있게 탱탱해져요. 공기를 가득 채운 매트를 깔면 높은 곳에서 떨어지는 사람을 구할 수 있어요.

에어백은 자동차가 달리다가 충돌할 때 부풀어서 탑승자를 보호해요. 안전벨트만 사용할 때보다 부상 위험을 더 줄여요. 에어백은 이름 그대로 '공기(air)'가 들어 있는 '주머니(bag)'예요. 충돌하면 순간적으로 공기가 차올라 쿠션 역할을 해요.

⚙ 에어백은 1950년대 초반 개발됐어요

에어백 특허 출원은 1951년에 시작됐어요. 1953년에는 헤트릭의 특허가 등록돼요. 헤트릭은 가족과 함께 차를 타고 가다 급제동 상황에 자녀가 차 안에서 부딪힐 뻔한 경험을 한 후 탑승자를 충돌에서 보호할 장비의 필요성을 느껴요. 해군에서 일할 당시 봤던 어뢰 추진에 사용하는 압축 공기에 영감을 받아, 자동차가 충돌할 때 탑승자에게 전해지는 충격을 줄이는 공기 주머니를 개발해요. 안전에 유용한 장비였지만 자동차 회사들은 큰 관심을 보이지 않아요.

승용차에 에어백이 달리기 시작한 때는 1970년대 초반이에요. 포드는 실험용 에어백 자동차를 1971년에 만들었어요. 지엠은 1973년에 올즈모빌 토로나도 모델에 에어백을 달아 처음으로 일반인을 대상으로 판매했어요. 1980년대 들어 자동차 회사들이 앞다퉈 에어백을 달기 시작하면서 에어백은 빠르게 필수 안전 장비로 자리 잡아요.

운전자와 동승자, 보행자도 보호하는 에어백

초창기 에어백은 운전석에만 달렸어요. 지금은 동승석과 측면, 측면 전체, 무릎, 운전석과 동승석 사이, 머리, 지붕 등 여러 곳에 다양한 에어백을 설치해요.

에어백은 탑승자뿐만 아니라 보행자도 보호해요. 보행자가 자동차와 충돌하면 보닛 쪽으로 넘어지면서 주로 머리를 다치게 돼요. 보행자 에어백은 보닛에서 에어백이 튀어나와서 보행자의 머리 부상을 막아요.

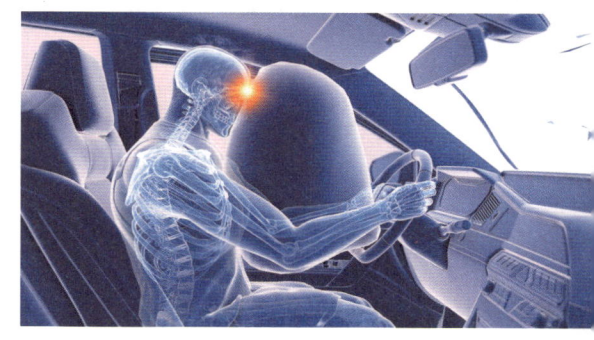

안전하지만 위험한 에어백

에어백의 기본 원리는 폭발이에요. 충돌 사고에서 탑승자를 보호하지만, 폭발력 때문에 에어백에 다치기도 해요. 간혹 달리는 차 안에서 대시 보드에 다리를 올려놓기도 하는데, 그 상태에서 에어백이 터지면 큰 부상을 당할 수 있어요.

2차 부상을 일으키지 않도록 에어백은 계속해서 발전했어요. 초기 에어백은 충격에 부푼 후 공기가 빠지지 않았어요. 다친 탑승자가 에어백에 눌린 상태로 있어 다치거나 질식하는 위험이 따랐어요. 체구가 작은 어린이는 팽창하는 에어백에 큰 상처를 입기도 했어요. 이후 팽창하는 힘을 줄인 에어백이 나왔어요. 그다음에는 충돌 상황과 탑승자의 상태를 파악해 폭발 강도를 2단계로 조절하는 에어백으로 발전했어요. 최신 에어백은 더 많은 정보를 분석해 에어백을 터트릴지 말지, 폭발 압력을 어느 정도로 할지 판단해요.

에어백의 작동 원리

자동차가 충돌하면 센서가 에어백에 신호를 보내요. 회로에 전류가 흐르면서 가스 발생 장치가 폭발하고, 에어백 장치 안에 있던 화학 물질이 반응해 질소 가스가 생기면서 에어백이 부풀어요. 에어백 작동 시간은 0.03~0.05초로 순간적으로 일어나요. 팽팽하게 부푼 공기주머니가 탑승자를 충격에서 보호해요.

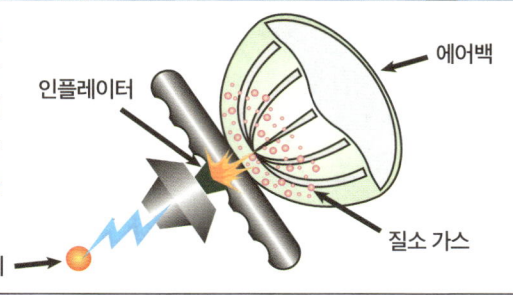

1958년, 네덜란드
모리스 가초니더스(Maurice Gatsonides, 1911~1998)

과속 단속 카메라
speed enforcement camera

안전한 도로를 위한
파수꾼

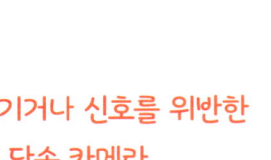

제한 속도를 넘기거나 신호를 위반한 차를 찍는 과속 단속 카메라

적정 속도에 맞춰 달리면 좋겠지만 현실은 그렇지 않아요. 빨리 달리고 싶은 욕구, 급한 마음, 신호에 걸리지 않으려는 조바심 등 여러 이유로 제한 속도를 넘기는 차들이 많아요. 달리는 자동차는 에너지가 커요. 어딘가에 부딪히면 에너지가 충격으로 바뀌어서 위험한 상황이 발생해요. 위험을 줄이기 위해서 적정 속도를 지키도록 과속 단속 카메라를 운영해요. 제한 속도를 넘기거나 신호를 위반한 차를 찍어서 벌금을 물려요.

과속 단속 카메라를 발명한 자동차 레이서

과속 단속 카메라는 네덜란드 자동차 레이서인 모리스 가초니더스가 발명했어요. 1950년대 자동차 경주 선수로 활동하던 가초니더스는 기록을 단축하기 위해서 자신의 운전 속도를 측정할 도구가 필요했어요. 승패를 좌우하는 코너에서 속도를 높일 목적이었어요.

당시 사람이 초시계로 시간을 재는 허술한 측정 방식 때문에 경기에서 불리한 결과가 나오는 상황도 가초니더스의 개발 욕구를 자극했어요. 가초니더스는 카메라를 이용해 속도를 측정하기로 했어요. 도로에 하얀 선을 긋고 0.5초, 0.7초 간격으로 달리는 모습을 촬영한 뒤 사진 속 차의 위치를 파악해서 평균 속도를 구했어요. 속도 측정 카메라의 활용성에 주목한 가초니더스는 1958년 회사를 차리고 '가초미터'라는 속도 감지 카메라를 만들었어요. 오늘날 과속 단속 카메라의 시초예요.

과속 단속 카메라는 고정식과 이동식 2종류예요

공중에 고정해서 찍는 고정식은 바닥에 일정한 간격을 두고 감지기를 깔아요. 속도는 일정한 시간 동안 달린 거리를 가리키므로, 두 감지기 사이를 지나는 시간을 측정해서 속도를 파악해요. 일정 속도 이상이 되면 카메라가 사진을 찍어요.

카메라를 받침대에 세워놓고 찍는 이동식 카메라는 레이저와 도플러 효과를 이용해요. 레이저를 쏴서 차에 부딪혀 돌아올 때 파장이 변화는 양을 측정하면 속도를 알아낼 수 있어요.

긴 구간에서 제한 속도를 지키게 하는 구간 단속

과속 단속 카메라가 있어도 운전자가 카메라 앞에서만 천천히 달리면 과속을 막는 효과가 떨어져요. 구간 단속은 긴 구간에서 제한 속도를 지키게 하는 효과를 내요. 수 킬로미터에 이르는 긴 구간 시작점과 도착점에 단속 카메라를 설치해요. 차가 진입하는 시간과 빠져나가는 시간을 측정하면 평균 속도가 나와요. 운전자는 제한 속도를 지킬 수밖에 없어요.

속도 제한

도로에는 속도를 제한하는 표지판이 있어요. 도로 여건에 맞게 적정한 속도로 달리라고 알려주는 신호예요. 학교 앞 도로 바닥의 30이라는 숫자가 동그라미 안에 쓰여 있어요. 어린이 보호 구역이니 시속 30km를 넘기지 말라는 뜻이에요. 어린이가 다니는 길에서 빨리 달리면 위험하니 속도를 줄이라는 표시예요.
독일 고속도로 아우토반에는 속도 제한이 없는 구간이 있어요. 전체 1만 3000km 중 3분의 2에 해당해요. 무제한 구간에서는 과속 단속 카메라 걱정 없이 마음껏 달려도 돼요.

도플러 효과

빛이나 소리는 물결치듯 파동을 일으키며 나아가요. 소리나 빛이 움직이는 물체에 부딪히면 파동의 모양도 바뀌어요. 예를 들면, 사이렌을 울리며 다가오는 차의 소리는 듣는 거리에 따라 소리가 달라져요. 이동식 카메라에서 쏜 레이저가 움직이는 차에 부딪혀 돌아올 때 파동이 달라져요. 이 차이를 이용해 속도를 계산해요.

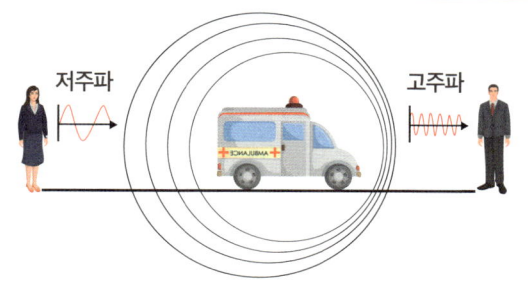

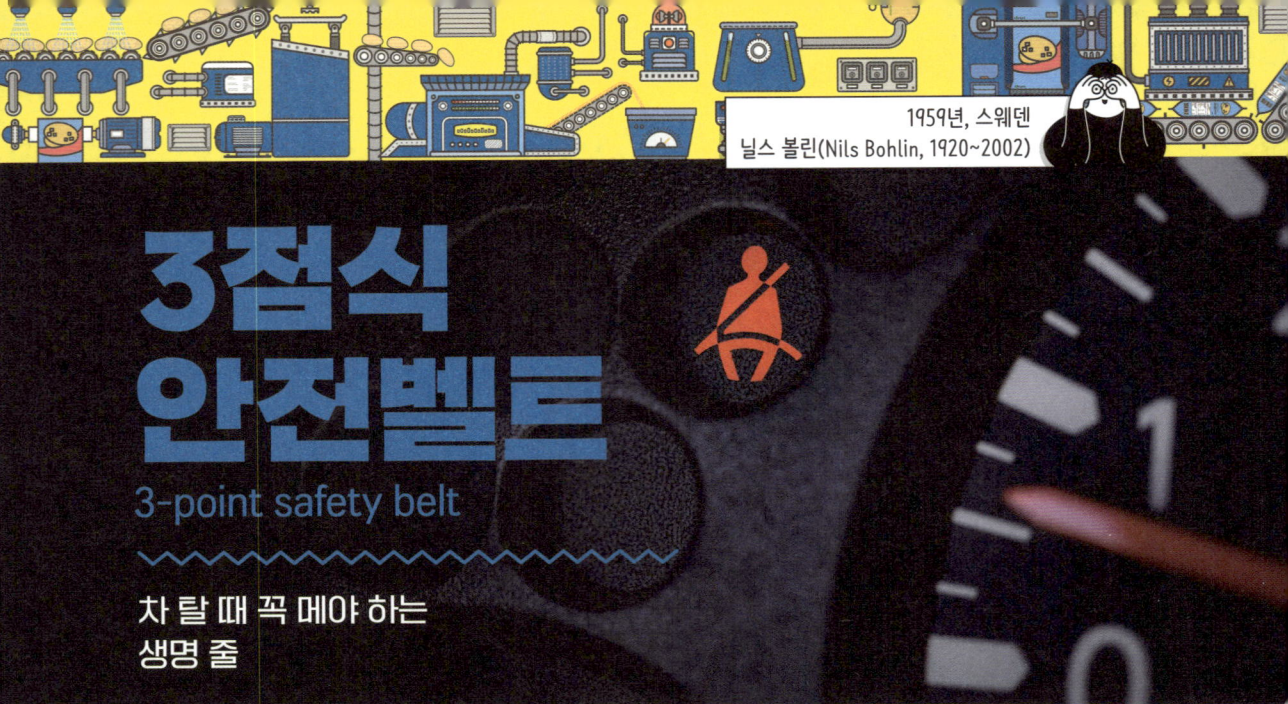

1959년, 스웨덴
닐스 볼린(Nils Bohlin, 1920~2002)

3점식 안전벨트
3-point safety belt

차 탈 때 꼭 메야 하는
생명 줄

⚙ 안전벨트는 탑승자에게 전달되는 운동 에너지를 줄여줘요

롤러코스터를 타면 출발하기 전에 꼭 할 일이 있어요. 안전벨트를 매거나 안전 바를 걸쳐야 해요. 상하좌우로 빠르게 움직이고 거꾸로 뒤집히기도 하는 롤러코스터에서 떨어지지 않으려면 안전벨트가 꼭 필요해요. 자동차를 탈 때도 마찬가지예요. 평상시에는 롤러코스터처럼 불규칙하게 움직이지는 않지만, 사고가 나면 차의 움직임이 어떻게 변할지 몰라요. 법 규정에도 모든 도로에서 뒷좌석까지 다 착용하도록 정해놨어요.

달리는 물체는 운동 에너지가 생겨요. 무게와 속도 제곱에 비례하는데, 자동차는 무겁고 빨라서 운동 에너지가 커요. 충돌하면 운동 에너지가 차 안에 전달돼요. 안전벨트는 먼저 충돌 시 탑승자에게 전달되는 운동 에너지를 줄여요. 그다음 차 내부 구조물과 사람의 충돌을 막아요. 안전벨트를 매지 않으면 착용했을 때보다 죽을 위험이 11배나 높아져요.

⚙ 안전벨트는 처음에 비행기에서 썼어요

안전벨트는 비행기의 아버지로 불리는 엔지니어 조지 케일리(1773~1857) 경이 19세기 중반 글라이더에 타는 조종사를 고정하기 위해 만들었어요. 맨 처음 특허를 받은 안전벨트는 1885년 미국인 에드워드 클래혼(1856~1936)이 발명했어요. 이동 수단 전용은 아니고 물체에 사람을 고정하거나, 높은 곳에서 줄에 매달려 일하는 작업자의 안전을 위해서 만들었어요.

자동차에서 안전벨트는 1902년 전기 경주 차에 처음 쓰였어요

자동차에는 1902년 에너지 기술 회사 베이커에서 만든 토르페도 전기 경주 차에 처음 안전벨트가 쓰였어요. 회사 설립자 월터 베이커(1868~1955)는 엔지니어와 함께 타고 속도 테스트를 하다 사고를 당하지만 안전벨트 때문에 둘 다 목숨을 건져요. 1930년대까지 안전벨트는 비공식적으로 일부 경주 차 운전자가 사용했어요.

안전벨트의 진화

1930년대 들어 몇몇 자동차 회사가 2점식 안전벨트를 선택 장비로 선보였어요. 2점식 안전벨트는 허리를 조이는 방식이에요. 지지하는 곳이 두 군데라 2점식 벨트라고 해요. 1940년대 후반부터 일부 업체들이 2점식 안전벨트를 기본 장비로 채택했어요.

2점식 안전벨트는 상체를 보호하기에는 미흡해요. 허리를 감싸고 어깨까지 이어지는 3점식 안전벨트는 스웨덴 회사 볼보에서 1959년 개발했어요. 볼보는 항공기 안전 기술자인 닐스 볼린에게 개발을 맡겼어요. 3점식 안전벨트는 볼보 아마존과 PV544 모델에 달려 나왔어요. 이후 3점식 안전벨트의 우수성이 알려지면서 다른 자동차 회사도 도입했어요. 3점식 안전벨트는 지금까지도 표준 장비 자리를 지키며 자동차의 중요한 안전 장비로 쓰여요. 3점식 안전벨트 형태는 변하지 않았지만 기술은 발전했어요.

프리텐셔너 기능은 충돌을 감지하면 순간적으로 벨트를 되감아서 탑승자의 몸을 시트에 단단히 고정해요.

로드 리미터는 조였던 벨트를 풀어요. 계속해서 꽉 조이면 오히려 다칠 수 있어서, 반대 방향으로 풀어 충격을 줄여요.

안전벨트와 에어백을 하나로 합친 제품도 있어요. 자동차 회사 포드에서 개발한 안전벨트 에어백은 사고가 나면 안전벨트에서 에어백이 부풀어 탑승자를 보호해요.

안전벨트의 작동 원리

안전벨트는 평소에는 느슨하다가 급정거할 때는 고정돼서 움직이지 않아요. 안전벨트 본체 속에는 톱니가 돌아가면서 벨트를 풀었다 당겼다 해요. 톱니에는 무게추가 달려서 차가 앞으로 쏠리면 무게추도 관성에 의해 앞으로 이동해요. 무게추에 달린 멈춤 쇠가 톱니를 잠가서 벨트가 고정돼요.

1964년, 일본
일본국유철도

고속 철도
high-speed rail

철로 위로 내려온 비행기

🛠 자동차·비행기와는 달리 기차는 기반 시설을 갖추면 속도를 높일 여지가 있어요

서울에서 부산까지 갈 때 차를 타면 4시간, 기차를 타면 2시간 30분, 비행기를 타면 1시간이 걸려요. 빨리 갈수록 남은 시간을 다른 일을 하는 데 투자할 수 있어요. 이동 수단의 속도를 높이면 시간을 아끼는 데 도움이 되지만 무작정 빠르게 할 수 없어요. 속도가 올라가면 위험하기도 하고, 빠른 속도로 달릴 시설을 갖춰야 해요. 자동차와 비행기는 일상 영역에서 높일 수 있는 속도에 어느 정도 한계가 따라요. 기차는 달라요. 기반 시설만 받쳐준다면 속도를 높일 여지가 커요. 기차는 장거리를 달리는 주요 이동 수단이었지만, 자동차가 대중화되고 비행기가 발달하면서 인기가 떨어졌어요. 기차가 속도를 높이기 시작하면서 고속 철도가 나왔고 기차의 경쟁력이 높아졌어요.

🛠 세계 최초로 상용 서비스를 시작한 고속 철도, 일본 신칸센

나라마다 고속 철도 기준이 달라요. 보통 시속 200km 이상으로 달리면 고속 철도라고 해요. 기술 발달로 고속 철도의 속도가 빨라져서 시속 250km 이상을 기준으로 삼기도 해요.

1964년 도쿄 올림픽 개최에 맞춰 일본 도쿄와 신오사카 사이 515.4km 구간에 고속 열차가 달리기 시작했어요. 속도는 시속 210km였어요. 이전까지는 특급 열차로 6시간 40분이 걸리는 거리였는데 4시간으로 줄었어요. 개량 사업을 거친 이듬해에는 3시간 10분으로 더 단축됐어요. 이후 프랑스, 독일, 중국 등 세계 여러 나라에서 고속 철도를 도입했어요. 기술은 계속 발달해서 현재 바퀴 달린 고속 열차로 시속 350km 이상 속도를 내는 수준으로 발전했어요. 우리나라에는 2004년 케이티엑스(KTX)라는 이름으로 고속 철도 시대가 열렸어요. 최고 시속은 300km이고, 서울에서 부산까지 걸리는 시간은 2시간 15분이에요.

일본 신칸센

세계에서 가장 빠른 고속 철도, 테제베

기차는 레일 위를 달려요. 바퀴가 레일과 맞닿아서 속도를 무한정 올릴 수는 없어요. 자기 부상 열차는 자력으로 열차를 공중에 뜨게 한 뒤 달려요. 바퀴의 저항이 없어서 속도를 더 높일 수 있어요. 일본의 자기 부상 열차는 주행 테스트에서 시속 603km를 기록했어요. 현재 바퀴 달린 고속 열차의 최고 속도 기록은 프랑스 테제베(TGV)가 세웠어요. 시속 575km까지 속도를 냈답니다.

열차 속도 개념

평균 속도 운행 거리를 운행 시간으로 나눈 속도. 정차 시간은 포함하지 않음
표정 속도 정차 시간을 포함한 평균 속도
최고 속도 최대한 빨리 달릴 수 있는 속도
균형 속도 곡선을 통과할 때 발생하는 원심력의 영향을 받지 않을 때 속도
설계 속도 차량의 추진 성능과 주행 안정성을 확보한 상태에서 열차가 주행 가능한 최고 속도
최고 운행 속도 상업적으로 운행이 가능한 최고 속도

공기 저항과 터널 미기압파를 줄이는 기차의 유선형 앞부분

고속 철도 차량 앞부분은 얇고 길어요. 매끈하게 생겨서 보기 좋은 차량도 있지만, 새 부리처럼 이상하게 생긴 차량도 눈에 띄어요. 물고기나 새 부리처럼 앞부분은 곡선이고, 뒤쪽으로 갈수록 뾰족하게 만드는 유선형 앞부분은 공기 저항과 터널 미기압파를 줄이려는 목적이에요.
터널 미기압파는 소음의 한 종류예요. 차량이 터널을 지날 때 압축된 공기가 빠져나오면서 나는 소리예요. 공기가 압축되는 현상을 줄이기 위해 차량 앞쪽을 가늘고 길게 설계해요.

1990년, 일본
마즈다 자동차(Mazda)

지피에스 내비게이션
GPS navigation

길을 대신 찾아주는
지도 비서

⚙ 자동차용 내비게이션은 길을 찾아주는 장치예요

힘든 일은 누가 대신해줬으면 좋겠어요. 번거로운 집안일은 누가 해줬으면 좋겠고, 어려운 시험은 누가 대신 봐줬으면 싶고, 일이 많을 때는 누가 도와줬으면 하는 생각이 간절하게 들곤 해요. 기술이 발달한 현대 사회에는 이런 바람을 들어주는 기구나 장치가 많이 나왔어요. 빨래나 설거지를 대신해주는 세탁기와 식기세척기, 복잡한 계산을 대신에 하는 계산기, 일할 때 능률을 올려주는 컴퓨터 등이 있어요..

길 찾기가 어려울 때는 내비게이션이 대신 찾아줘요. 화면에 지도가 나와서 가는 길을 찾아주고 알려줘요. 내비게이션은 지피에스를 이용해서 현재 위치를 파악해요. 파악한 위치를 토대로 속도를 계산하고 목적지까지 가는 길도 찾아내요.

⚙ 1920년대 루트 파인더에서 2000년대 스마트폰까지, 자동차용 내비게이션의 역사

자동차용 내비게이션의 역사는 1920년대로 거슬러 올라가요. 1920년 손목시계처럼 생긴 장치에 작은 지도 두루마리를 끼워 넣어 손으로 돌리면서 보는 '루트 파인더'가 나왔어요.

1930년에는 자동차 대시 보드에 설치하는 이테르 아브토(Iter Avto) 제품이 선보였어요. 두루마리 종이 지도가 들어 있어서 차 속도에 맞춰 지도가 움직이는 방식이에요.

현대식 내비게이션의 시초는 1981년 혼다 자동차가 만든 일렉트로 자이로케이터예요. 자이로스코프와 필름 형태 지도를 사용해서 길을 표시했어요.

1985년에는 미국 자동차 용품 회사 이택에서 전자 지도를 이용한 내비게이션을 선보였어요. 카세트테이프에 지도 정보를 담았고, 전자 나침반과 바퀴에 부착한 센서를 이용해 도착 지점을 예측하는 추측 항법을 사용했어요.

1980년대 중반 위성을 이용해 위치를 파악하는 지피에스가 민간에 개방되면서 내비게이션도 큰 전환점을 맞이해요.

1990년에는 마즈다 유노스 코스모 모델에 지피에스를 이용한 내비게이션이 처음 달려 나와요.

2010년을 전후해 스마트폰 보급이 늘면서 스마트폰이 내비게이션 역할을 하는 기기로 인기가 높아졌어요.

내비게이션 기술의 진화

3D 화면을 구현해 현실감을 높이고, 증강 현실을 이용해 실제 도로에 각종 정보를 띄워요. 음성 인식 기술을 도입해 목소리로 작동해요. 운전자뿐만 아니라 자동차도 내비게이션 정보를 활용해요. 터널이 나오면 자동차가 알아서 열린 창문을 모두 닫고, 커브 길이 나오면 미리 속도를 줄여서 안전하게 달려요. 지형의 높고 낮은 정보를 이용해 연료를 적게 소모하도록 속도와 힘을 조절해요. 자동차가 알아서 달리는 자율 주행차 시대가 오면 내비게이션의 역할은 더욱더 커질 거예요.

지피에스(GPS)

지피에스(GPS, global positioning system)는 '전 지구 위치 파악 시스템'이에요. 지구 밖에는 24개의 지피에스 인공위성이 돌고 있어요. 인공위성에서 발신하는 정보를 받아 지구 위에서 위치를 파악할 수 있어요. 폭격할 때 정확성을 높일 목적으로 미국에서 군사용으로 개발했다가 민간 부문에 개방했어요.

내비게이션을 비롯해 지도 제작, 대형 토목 공사, 레저 활동 등 다양한 분야에 쓰여요. 우리가 손에 쥐고 쓰는 스마트폰에도 지피에스가 들어 있어요.

못다 한 아이디어 ❸

새로운 발명품이 미래 사회를 앞당겨요

🔩 세탁기가 필요 없는 옷

　세탁기는 편하지만 세제를 써야 하고 물을 많이 사용해서 환경에 좋지 않은 영향을 미쳐요. 전기로 돌아가기 때문에 에너지를 낭비해요. 옷이 더럽지 않다면 굳이 세탁하지 않아도 돼요. 옷감에 특수한 코팅을 하거나 오염 물질이 달라붙지 못하게 하는 구조를 이용해서 때가 타지 않는 옷을 만들어요. 옷감의 특수한 물질이 알아서 때를 분해하거나 햇볕을 쬐면 때가 사라지는 등 세탁이 필요하지 않은 옷을 개발하려는 시도가 꾸준히 이어지고 있어요. 인류 최대 발명품인 세탁기가 언젠가는 사라질지도 몰라요.

🔩 로봇 청소기

　자동화 시대를 맞이해서 진공청소기도 사람이 직접 들고 다니지 않아도 되는 제품이 나와요. 로봇 청소기는 2001년 스웨덴 가전 회사 일렉트로룩스에서 트릴로바이트라는 제품을 처음 내놓았어요. 가격이 비싸고 성능이 기대 이하여서 널리 퍼지지는 않았어요. 지금은 기술이 발달해서 성능이 우수한
다양한 로봇 청소기가 나와요. 로봇 청소기는 알아서 돌아다니면서 청소해요. 센서가 청소할 공간의 면적과 시간을 파악해서 가장 효율적인 동선으로 이동하며 먼지를 빨아들인답니다.

🔩 점자 스마트워치

　점자를 활용한 전자 기기도 나와요. 스마트워치도 그중 하나예요. 이전에 나온 제품의 크고 비싼 단점을 보완해 우리나라 업체가 개발했어요. 액정 화면 자리에 24개 점자 핀이 달려서 기능에 따라 핀이 올라와 점자를 형성해요. 스마트폰과 블루투스로 연결해 메신저와 알림 등을 점자로 읽어줘요. 내비게이션이나 타이머, 스톱워치 기능도 사용할 수 있어요. 점자 스마트워치 외에도 태블릿이나 피시, 스마트폰에도 점자를 결합한 제품이 나와요.

상하좌우로 움직이는 엘리베이터

엘리베이터는 위아래로만 움직인다고 생각하지만 방향에는 제한이 없어요. 기술이 복잡해서 현실화되지 못할 뿐이에요. 상하좌우로 움직이는 엘리베이터는 2010년대 중반 개념이 나왔고 실용화가 진행 중이에요. 상하좌우로 움직이는 엘리베이터는 케이블에 매달려 오르내리지 않고, 모터가 달려서 기차 레일 위를 달리듯이 상하좌우로 이동해요. 적은 대수로 여러 대를 설치하는 효과를 내서 건물 구조나 건축 방법에도 큰 변화를 줄 수 있어요. 기다리는 시간도 줄어들어요. 2005년에 나온 영화 〈찰리와 초콜릿 공장〉에는 케이블 없이 상하좌우로 이동하는 유리 엘리베이터가 나와요. 영화가 현실이 될 날도 머지않았어요.

자율 주행 쇼핑 카트

이제는 쇼핑 카트를 끌고 다니지 않아도 돼요. 자동차 분야에 자율 주행 기술이 발달하듯 쇼핑 카트에도 자율 주행 기술을 적용해요. 쇼핑 카트가 고객에게 물건 위치를 안내하거나 알아서 주변을 따라다녀요. 담긴 물건을 파악해 결제 금액도 알려줘요. 쇼핑을 마치면 알아서 보관 장소로 돌아간답니다.

증강 현실 내비게이션

증강 현실은 실제 상황에 가상 환경을 재현하는 기술이에요. '포켓몬고'라는 증강 현실 게임을 하면 현실을 비추는 게임기 화면에 캐릭터가 나와요. 마치 현실 속에 게임 캐릭터가 살아 움직이는 듯한 착각에 빠져요. 증강 현실 내비게이션은 도로에 정보를 표시해서 보여줘요. 일반 내비게이션은 장치 화면에서 길을 보여주지만, 증강 현실은 유리 밖으로 보는 실제 시야에 지도 정보를 표시해서 길을 안내해요.

더 건강하게

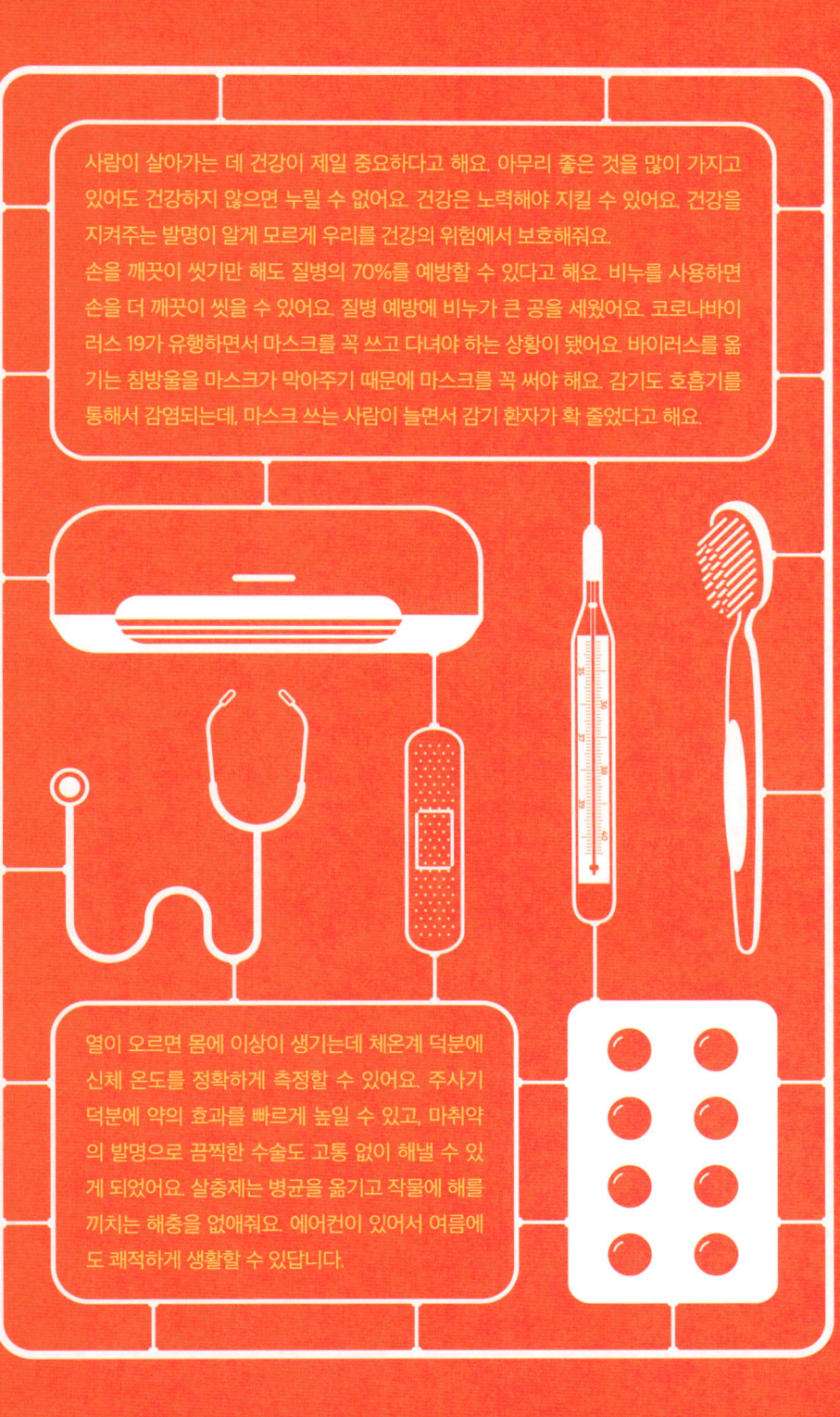

사람이 살아가는 데 건강이 제일 중요하다고 해요. 아무리 좋은 것을 많이 가지고 있어도 건강하지 않으면 누릴 수 없어요. 건강은 노력해야 지킬 수 있어요. 건강을 지켜주는 발명이 알게 모르게 우리를 건강의 위험에서 보호해줘요.
손을 깨끗이 씻기만 해도 질병의 70%를 예방할 수 있다고 해요. 비누를 사용하면 손을 더 깨끗이 씻을 수 있어요. 질병 예방에 비누가 큰 공을 세웠어요. 코로나바이러스 19가 유행하면서 마스크를 꼭 쓰고 다녀야 하는 상황이 됐어요. 바이러스를 옮기는 침방울을 마스크가 막아주기 때문에 마스크를 꼭 써야 해요. 감기도 호흡기를 통해서 감염되는데, 마스크 쓰는 사람이 늘면서 감기 환자가 확 줄었다고 해요.

열이 오르면 몸에 이상이 생기는데 체온계 덕분에 신체 온도를 정확하게 측정할 수 있어요. 주사기 덕분에 약의 효과를 빠르게 높일 수 있고, 마취약의 발명으로 끔찍한 수술도 고통 없이 해낼 수 있게 되었어요. 살충제는 병균을 옮기고 작물에 해를 끼치는 해충을 없애줘요. 에어컨이 있어서 여름에도 쾌적하게 생활할 수 있답니다.

1596년, 영국
존 해링턴(John Harington, 1561~1612)

수세식 변기
toilet bowl

위생적인 배설물 처리

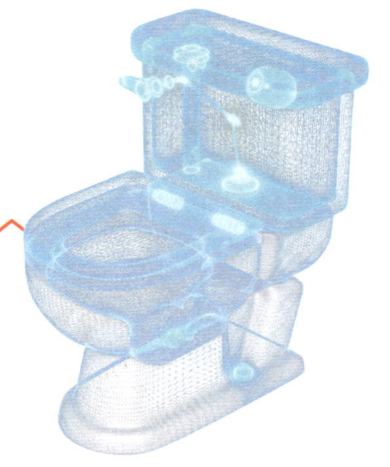

🔧 전 세계 학교의 3분의 1에는 화장실이 없어요

　미국의 컴퓨터 소프트웨어 회사 마이크로소프트 전 회장이자 세계에서 가장 부자로 알려진 빌 게이츠는 화장실 개선에 수년 동안 계속해서 큰돈을 쏟아붓고 있어요. 배설물로 인한 위생과 질병 문제가 여전히 심각해서 해결하고자 하는 노력이에요. 전 세계 인구 중 45억 명이 화장실이 없거나 배설물을 안전하게 관리하기 힘든 환경에 살아요. 야외에서 볼일을 보는 인구도 9억 명이나 돼요. 18억 명은 대변에 오염될 가능성이 높은 물을 식수로 사용해요. 전 세계 학교의 3분의 1에는 화장실이 없어요. 첨단 과학 기술이 발달한 시대에 살고 있지만 여전히 화장실 문제는 현재 진행형이에요.

🔧 1596년에 만들어진 현대적인 수세식 변기

　현대적인 수세식 변기는 1596년 영국인 존 해링턴 경이 만들었어요. 물통과 몸통으로 이뤄진 구조였고 물을 탱크로 보내는 손잡이와 배설물을 분뇨통으로 흘려보내는 밸브를 갖췄어요. 해링턴 경은 변기를 2개 만들어 하나는 여왕에게 바치고 다른 하나는 자기 집에 설치했어요.

　1775년 영국에 사는 시계 제조공인 알렉산더 커밍(1733~1814)은 수세식 변기 특허를 냈어요. 해링턴 경이 만든 것과 비슷했지만 S 트랩을 갖췄어요. 트랩은 하수관이나 배수관에 설치하는 휨관이에요. 배수 파이프를 U자형으

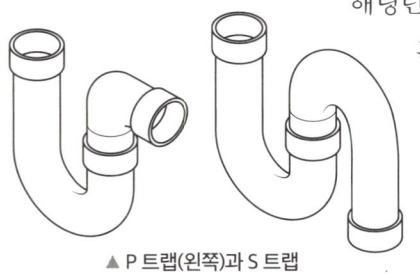

▲ P 트랩(왼쪽)과 S 트랩

로 구부러지게 만든 S 트랩에는 물이 계속 차 있어서 냄새가 올라오지 않아요. 악취를 막는 중요한 역할을 하는데 요즘 수세식 변기에도 쓰여요.

1778년 영국인 발명가 조지프 브라마(1748~1814)는 커밍스가 만든 변기에 밸브 장치를 더한 제품을 내놨어요. 브라마의 변기는 큰 인기를 끌었어요. 실용적인 현대식 수세식 변기의 시초로 인정받아요.

WC 유래

화장실을 나타내는 말은 여러 가지가 있는데 WC도 그중 하나예요. 눈에 익숙하지만 어떤 말의 약자인지는 잘 몰라요. 존 해링턴 경은 변기를 만들고 '물을 쓰는 방(Water Closet)'이라고 이름 붙였어요. 줄여서 WC라고 표시해요.

두루마리 휴지

화장실과 휴지는 떼려야 뗄 수 없는 관계예요. 화장실용으로 포장된 화장지를 발명한 사람은 미국인 기업가 조지프 가예티(1827~?)예요. 1857년 상자에서 뽑아 쓰는 화장지를 만들었어요. 두루마리 휴지는 좀 더 뒤에 나왔어요. 1891년 미국에 사는 평범한 회사원인 세스 휠러(1838~1925)가 특허를 받았어요. 긴 종이에 작은 구멍을 뚫어 자르는 선을 만들고 둘둘 말아 두루마리 휴지를 완성했어요. 화장실에 쓰는 휴지를 사는 행동을 창피하게 여기는 분위기 때문에 두루마리 휴지가 처음 나왔을 때는 큰 관심을 끌지 못했어요. 수세식 화장실 보급이 늘면서 두루마리 휴지도 널리 쓰이기 시작했어요.

사이펀 원리

변기에서 흘러내려가는 물은 거꾸로 된 U자형 관을 따라 흘러요. 변기에 물이 한꺼번에 내려가면 U자형 관에 물이 몰리면서 압력이 높아져요. 공기의 압력까지 더해져서 물은 U자형 관을 따라 위로 한 번 올라갔다가 내려가요. 더러운 물은 모두 흘러가고 마지막 깨끗한 물만 다시 조금 남아요. 사이펀 원리는 압력 차이를 이용해서 물을 위쪽으로 흐르게 해요. 높은 곳에 있는 물을 공기가 누르면서 밀어내요. 어항의 물을 뺄 때도 사이펀 원리를 활용해요.

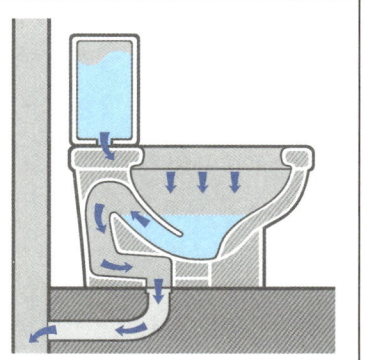

(칫솔) 1780년대, 영국
윌리엄 애디스(William Addis, 1734~1808)

(치약) 1881년, 미국
워싱턴 셰필드(Washington Sheffield, 1827~1897)

칫솔 & 치약
toothbrush & toothpaste

매일 피할 수 없는
인류의 과제

기원전 3500~3000년경에 사용한 나뭇가지 칫솔

무언가를 먹으면 꼭 이를 닦아야 해요. 제대로 닦지 않거나 자주 빼먹으면 충치가 생겨서 치과에 가야 하는 불행한 일이 발생해요. 이를 어떻게 하면 편하게 잘 닦을 수 있는지는 인류가 늘 고민하는 문제였어요.

오랜 옛날부터 사람들은 여러 가지 방법을 이를 닦았어요. 기원전 3500~3000년경 이집트와 바빌로니아에서는 나뭇가지 끝을 다듬어 칫솔로 사용했다고 해요. 칫솔이라기보다는 이쑤시개에 가까웠어요. 이 밖에도 손가락이나 천 등 여러 도구를 이용해 이를 닦았답니다. 막대에 털이 달린 칫솔 형태는 15세기 중국에서 쓰기 시작했어요. 동물 뼈에 멧돼지 털을 심어 칫솔로 사용했어요.

칫솔이 제품으로 선보인 때는 1780년대예요

영국에 사는 윌리엄 애디스라는 사람은 감옥에 갇힌 후 이를 닦을 방법을 늘 고민했어요. 어느 날 밥 먹고 남은 고기 뼈를 보고 좋은 생각이 떠올랐어요. 빗자루에서 뽑은 털을 뼈에 꽂아 칫솔을 완성했어요. 감옥에서 나온 애디스는 멧돼지 털을 사용해 칫솔을 만들어서 팔았어요. 동물 털로 만든 칫솔은 비싸서 널리 쓰이지 못했어요. 1938년 듀폰이라는 회사에서 나일론을 이용한 값싼 칫솔모를 개발했어요. 가격이 내려가면서 칫솔은 빠르게 팔려나갔어요.

치약의 재료는 다양했어요

기원전 5000여 년 전 이집트 사람들은 달걀이나 굴 껍데기, 돌이나 동물 뼈 등을 갈아서 이를 닦았어요. 고대 로마에서는 오줌을 사용했다고 해요. 오줌 속에 들어 있는 암모니아 성분이 이에 묻은 불순물을 녹인다고 여겨서예요. 중국에서는 버드나무를 깎아서 이쑤시개처럼 사용했는데, 가지 안에 소독 효과를 내는 성분이 들어 있대요. 소금이나 모래도 치약 대용으로 쓰였어요.

칫솔질도 알아서 하는 전동 칫솔

전동 칫솔은 솔이 달린 부분이 전기의 힘으로 회전하면서 이를 닦아요. 이에 갖다 대기만 하면 알아서 닦이므로 수동식 칫솔과 비교해 매우 편해요. 전동 칫솔은 1954년 스위스에서 필리프-귀 웅 박사가 만들었어요. 손발이 부자연스러운 노인이나 장애인 또는 교정기를 낀 사람을 위한 제품이었어요. 사용하려면 콘센트에 연결해야 했어요. 요즘처럼 휴대해서 쓰는 전동 칫솔은 미국의 대기업 제너럴 일렉트릭에서 1960년대에 개발했어요.

튜브 치약보다 먼저 발명된 튜브 물감

튜브 물감은 1841년 미국인 초상화가 존 랜드(1801~1873)가 발명했어요. 튜브 물감이 나오기 전까지는 물감을 갖고 나갈 방법이 마땅치 않아서 야외에서 그림 그리기가 쉽지 않았어요. 자유롭게 그림을 그릴 수 있게 되면서 미술 사조의 하나인 인상주의가 탄생하는 계기가 됐어요. 튜브 물감이 나온 이후 크림이나 치약을 담는 시도가 이어져서 튜브 제품이 나오기 시작했어요.

불소

치약이 충치를 예방하는 효과는 불소 덕분이에요. 음식을 먹으면 세균 때문에 프라그라는 물질이 생겨요. 프라그는 치아를 파괴해요. 불소는 세균이 프라그를 만들지 못하게 막아줘요.

1790년, 프랑스
니콜라 르블랑(Nicolas Leblanc, 1742~1806)

비누 soap

깨끗한 생활의 시작

⚙ 솝과 비누의 이름 유래

비누는 영어로 솝(soap)이라고 불러요. 고대 로마 시대에 사포(Sapo) 언덕에서 짐승을 태워 신에게 제사를 지냈어요. 태울 때 생긴 기름과 재가 섞이면서 강으로 흘러 들어갔어요. 강가에서 빨래하던 여인들은 이 물질을 이용하면 빨래가 잘 된다는 사실을 발견했어요. 사포 산에서 내려오는 이 물질을 soap이라고 불렀어요.

우리말 비누는 더러움을 날려버린다는 '비루(飛陋)'에서 유래했어요. 비누의 역할을 아주 잘 나타내는 말이에요.

⚙ 인간의 평균 수명을 20년이나 늘린 비누

코로나바이러스가 유행하는데 감기 환자가 확 줄었어요. 마스크를 쓰고 손을 잘 씻어서 그래요. 손만 잘 씻어도 질병의 90%는 걸리지 않는다고 해요. 손 씻을 때 사용하는 비누의 역할이 얼마나 큰지 알 수 있어요.

비누의 역사는 기원전 2800여 년 전 메소포타미아 시대로 거슬러 올라가요. 수메르인이 산양 기름과 나무의 재를 끓여서 비누를 만들었다고 해요. 비누를 처음으로 기록한 책은 1세기경 학자 플리니우스가 쓴 《박물지》예요. 갈리아인이 발명했고 수지와 재로 만든다고 적어놨어요. 이후 여러 종류의 비누가 나왔지만 소수 계층만 사용하는 사치품이어서 널리 퍼지지 못했어요.

현대식 비누는 1790년 프랑스 외과 의사이자 화학자인 니콜라 르블랑이 만들었어요. 소금과 석회석, 숯을 이용해 비누 재료인 소다를 싼값에 만드는 방법을 알아냈어요. 이후 비누가 널

리 퍼졌어요. 비누 사용이 늘면서 유럽에서는 사람들의 평균 수명이 20년이나 길어졌다고 해요.

비누의 성분과 원리

비누는 기름을 알칼리 성분과 섞어서 만들어요. 이렇게 만든 비누는 물과 기름에 둘 다 친한 성분이 돼요. 원래 물과 기름은 잘 섞이지 않아요. 손에 기름때가 묻으면 물로 씻어서는 잘 없어지지 않아요. 비누로 씻으면 기름과 친한 성분이 있어서 기름때가 떨어져 나가요. 비누는 물하고도 친하므로 떨어져 나간 기름때가 물에 씻겨 나가요.

물에 뜨는 비누

아이보리 비누는 생활용품 회사 프록터 앤 갬블(P&G)의 대표 상품이에요. 아이보리 비누는 물에 뜨는 비누의 시초예요. 그전까지 나온 비누는 무거워서 물에 가라앉았어요. 목욕통이나 야외에서 사용하다가 빠뜨리면 찾기가 쉽지 않았어요.

아이보리 비누는 한 직원의 실수에서 비롯됐어요. 기계를 오래 가동하는 바람에 비누에 공기가 많이 들어간 불량품이 나온 거예요. 처리 방법을 고심하던 중 물에 뜨는 비누로 소개해 큰 인기를 끌었어요. 이 제품이 아이보리 비누랍니다.

비누 거품이 생기는 이유

거품은 고체나 액체에 공기가 섞여서 생겨요. 비누의 성분은 물과 기름에 둘 다 친해요. 달리 말하면 물과 친하고 친하지 않은 성질을 둘 다 가진 거예요. 성분을 이루는 작은 요소의 한쪽은 물과 친하고 다른 쪽은 물과 친하지 않아요. 물과 친한 쪽은 물과 맞닿으려고 하려고 하고, 친하지 않은 쪽은 물과 멀어지기 위해 공기 쪽으로 향하려고 해요. 물과 친하지 않은 쪽이 공기를 둘러싸면서 거품이 생겨요.

백신 vaccine

이에는 이, 병에는 병균

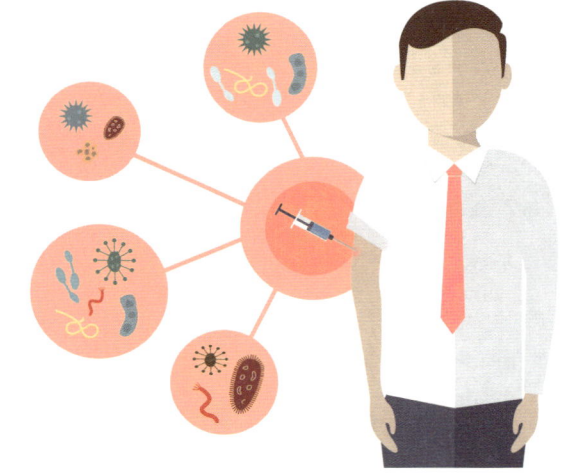

1796년, 영국
에드워드 제너(Edward Jenner, 1749~1823)

⚙ 사람은 죽을 때까지 10여 종류의 예방주사를 맞아요

사람은 태어난 이후 여러 차례 예방주사를 맞아요. 종류는 10여 개에 이르러요. 큰 전염병이 돌 때도 백신을 맞아야 한다고 해요. 코로나바이러스가 유행하면서 백신을 맞고 있어요. 병에 걸리지 않으려면 백신을 맞아야 하나 봐요. 해마다 독감이 유행할 때쯤이면 백신을 미리 맞으라고 해요. 백신은 우리 몸에서 어떤 역할을 할까요?

⚙ 인류가 정복한 최초이자 유일한 전염병, 천연두

인류는 아직 전염병을 정복하지 못했어요. 새로운 전염병은 계속해서 생겨나요. 인류가 최초로 정복한 전염병은 천연두예요. 천연두는 천연두(=두창) 바이러스가 원인이 되어 일어나는 전염병이에요. 바이러스 종류는 소두창과 대두창 두 종류예요. 대두창에 감염되면 열이 오르고 발진이 생기는데, 병에 걸린 사람 중 30%는 목숨을 잃어요. 천연두는 우리나라에서는 1960년, 세계에서는 1977년 소말리아 환자를 끝으로 사라졌어요. 세계보건기구는 1980년 5월 천연두가 지구상에서 완전히 사라졌다고 발표했어요. 천연두는 최초이자 유일하게 인류가 정복한 전염병이에요. 여전히 수많은 전염병이 인류를 위협해요.

천연두와 우두는 비슷한 병인데, 천연두는 사람에게 우두는 소와 사람에게 걸리는 병이에요. 영국 과학자인 에드워드 제너는 소젖을 짜는 여인들이 우두에 걸렸지만 천연두에는 걸리지 않는다는 사실을 알아냈어요. 당시 천연두에 걸리면 10명 중 4명은 죽었어요. 1796년 제너는 여인에게서 채취한 우두 분비물을 어린이에게 접종했어요. 6주 뒤에 그 어린이에게 천연두에 걸린 사람의 분비물을 접종했지만 어린이는 천연두에 걸리지 않았어요. 우두를 이용해 천연두를 이겨낸 거예요. 제너의 우두 접종법을 종두법이라고 불러요.

백신은 죽거나 독성이 약한 병균이에요

백신의 원리는 기원전부터 알았지만 실제로 이용하기까지는 시간이 걸렸어요. 백신이라는 이름을 처음 사용한 사람은 루이 파스퇴르(1822~1895)예요. 1880년경 파스퇴르는 닭 콜레라균을 며칠 놔둔 뒤에 닭에 주사했더니 닭이 병에 걸리지 않은 사실에 주목했어요. 독성이 약해진 콜레라균이 면역력을 키워준 거예요. 파스퇴르는 약해진 병균을 백신(vaccine)이라고 이름 붙였어요. vacca는 라틴어로 소를 뜻해요. 제너가 소를 이용해 우두 접종한 업적을 기념하기 위해 붙였어요.

백신은 가짜 병균이라고 할 수 있어요. 약해진 병원균이 우리 몸에 들어오면 병을 일으키지는 못하지만, 우리 몸은 진짜 병원균으로 판단해서 미리 대비해요. 백신으로 면역력을 키우면 실제 병원균이 몸에 침입했을 때 면역 체계가 반응해서 병원균을 없애버려요.

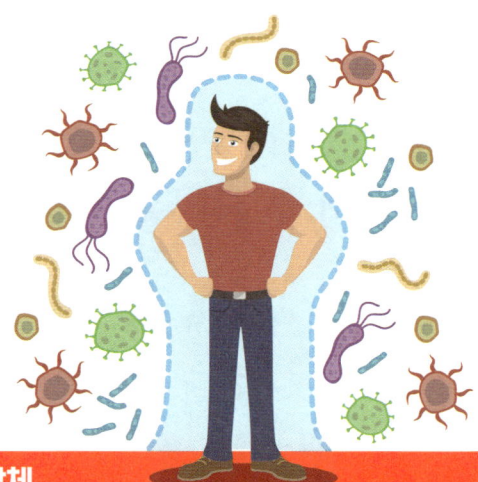

면역 반응, 항원과 항체

면역 반응 우리 몸은 외부에서 새로운 물질이 들어오면 이겨내기 위해 스스로 힘을 키워서 싸워요. 이 과정을 면역 반응이라고 해요.

항원 항원은 면역 반응을 일으키거나 항체를 만들도록 하는 이물질이에요. 나쁜 침입자라고 보면 돼요.

항체 항체는 특정한 박테리아나 바이러스, 즉 항원을 인식하는 단백질이에요. 침입자를 막는 경호원 역할을 해요. 위험한 상황에 닥치면 우리 몸은 항체를 만들어서 위험에서 신체를 보호해요.

청진기
stethoscope

소리로 판단하는
몸의 건강

1816년, 프랑스
르네 라에네크(René Laennec, 1781~1826)

⚙ 심장과 폐의 소리를 들을 수 있는 청진기

사람 속을 볼 수 없기 때문에 병을 고치는 일은 쉽지 않아요. 사람 몸에서 정보를 최대한 얻어야 해요. 몸속에서 나는 소리도 병을 고치는 데 아주 중요한 단서로 작용한답니다. 청진기는 몸속에서 나는 소리를 크게 듣는 간단한 도구예요. 심장과 폐의 소리를 들어 환자의 상태를 파악할 수 있어요. 의료 기술이 발달해서 사람 몸속을 훤히 볼 수 있는 시대가 되었지만 청진기는 여전히 기초 장비로 중요한 역할을 해내요. 청진기는 '의사의 눈'이라고 불러요.

⚙ 사람 몸에서는 심장 뛰는 소리, 피가 흐르는 소리, 숨 쉬는 소리 등 여러 가지 소리가 들려요

오랜 옛날부터 의사들은 소리에 관심을 보였어요. 귀로 듣는 청진은 고대 그리스부터 사용한 오래된 방법이에요. 환자 몸에 직접 귀를 갖다 대고 소리를 들으며 진단했어요. 청진은 환자 몸에 직접 귀를 갖다 대야 해서 불편하고, 살이 많이 찐 환자의 소리는 듣기가 쉽지 않았어요. 여자 환자를 진찰할 때는 민망한 상황이 벌어졌어요.

청진기는 도구의 필요성을 느낀 프랑스 의사 르네 라에네크가 1816년 발명했어요. 라에네크가 만든 청진기는 지름 2.5cm, 길이 25cm 크기였고 속이 빈 나무통 형태였어요. 놀이터에서 아이들이 나무 막대를 각자 귀에 대고 이야기 나누는 모습을 보고 영감을 얻었어요. 심장병을 앓는 환자의 가슴에 종이를 말아 갖다 대니 소리가 뚜렷하게 들렸어요. 원리를 알아낸 라에네크는 나무로 청진기를 만들었어요. 두 귀로 듣는 청진기는 1852년 미국 뉴욕에 사는 내과 의사

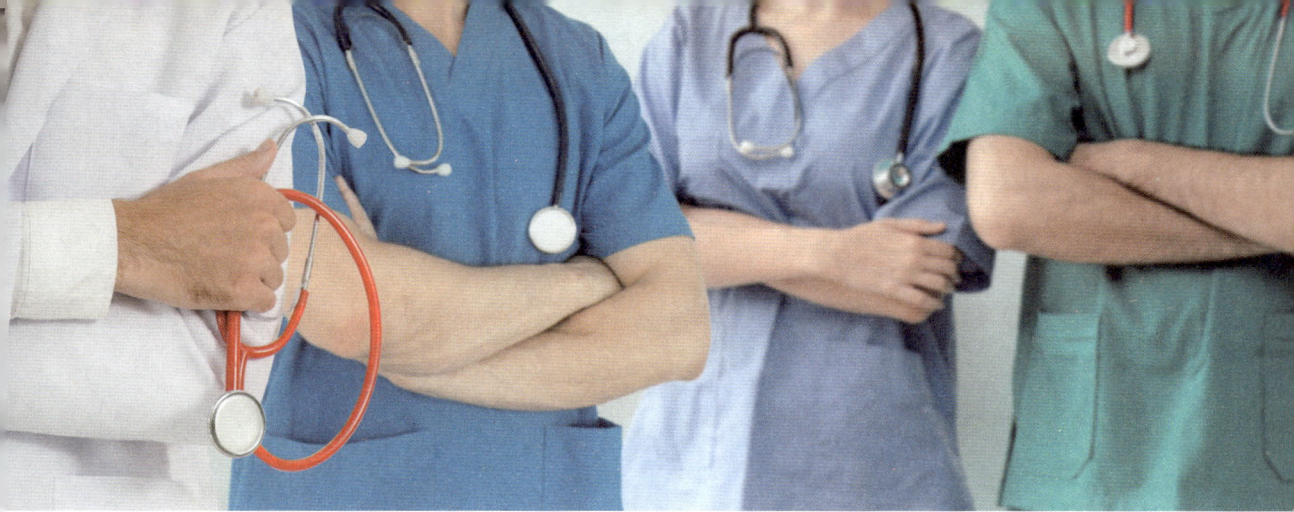

조지 필립 캐먼(1800~1882)이 발명했어요. 이후 의사를 대표하는 장비로 자리 잡았어요.

⚙ 첨단 청진기

귀로 듣지 않고도 환자의 상태를 알 수 있는 장비들이 나오면서 청진기의 활용도는 예전보다 떨어졌어요. 요즘에는 첨단 청진기가 나와서 진료 활동을 돕고 있어요. 전자 청진기는 환자의 심박 수를 녹음하고 재생하고 컴퓨터로 전송해요. 엘시디(LCD, 액정표시장치) 창이 달려서 눈으로 정보를 확인하거나, 스마트폰과 연동돼 정보를 편하게 볼 수도 있어요.

⚙ 손으로 두드리는 타진

타진은 손으로 두드려 보는 진찰이에요. 몸통을 손가락으로 두드려 소리나 반응을 보고 환자의 상태를 살폈어요. 오스트리아 의사 레오폴드 아우엔부르거(1722~1809)가 18세기에 발명했어요. 어렸을 때 술통에 남은 술을 확인할 때 손으로 두드리는 모습을 보고 생각해낸 방법이에요. 수박을 살 때 두드려서 상태를 확인하는 방법도 같은 원리예요.

청진기 원리

몸속에서 발생하는 소리를 모으는 집음부가 있어요. 소리는 진동을 통해 전달돼요. 몸에서 나는 소리가 떨림판을 울리면 진동이 튜브를 타고 전달돼 귀꽂이 부분을 통해 진찰하는 사람 귀로 들려요.

마스크
mask

공기와 인간 사이
안전 장벽

1836년, 영국
줄리어스 제프리스(Julius Jeffreys, 1800~1877)

✦ 우리 몸을 보호해주는 마스크의 활약

코로나바이러스가 전 세계를 휩쓸었어요. 감염되지 않으려면 손을 잘 씻고 마스크를 쓰라고 해요. 집에 있을 때 빼고는 온종일 마스크를 쓰고 다녀야 해요. 마스크는 바이러스 전파를 막아요. 침이나 콧물 등이 기침할 때 튀어서 바이러스를 전파하기도 하는데, 마스크가 감염을 막아요. 바이러스가 손을 통해 입으로 전달되는 과정도 차단해요.

몇 년 전부터 미세 먼지가 자주 발생하면서 마스크를 써야 하는 날이 늘었어요. 미세 먼지가 발생하기 전에도 황사 때문에 종종 공기 중에 먼지가 많아지곤 했어요. 마스크를 쓰면 숨 쉴 때 이물질이 몸에 들어오지 못하도록 막아줘요. 사람은 숨을 쉬어야 살 수 있는데, 깨끗한 공기를 들이마셔야 해요. 마스크는 이물질을 걸러내는 필터예요. 일종의 공기 정화 기능인 거예요.

겨울에는 추위를 막기 위해 마스크를 써요.

마스크는 재료와 용도에 따라 여러 종류예요. 만드는 재료에 따라 면이나 부직포 마스크로 나뉘고, 용도에 따라 보건용이나 방진 마스크로 구분해요.

✦ 보호용 마스크는 고대 그리스 때 만들어졌어요

보호용 마스크의 기원은 고대 그리스로 거슬러 올라가요. 당시 전쟁 때는 연기를 피워 적의 힘을 뺐어요. 그리스인들은 연기를 걸러내기 위해 스펀지를 썼대요. 로마에서는 광산에서 먼지를 걸러내기 위해 동물 방광을 이용했다는 이야기가 있어요. 요즘 쓰는 마스크와 비슷한 제품은 1836년 영국 의사 줄리어스 제프리스(1800~1877)가 발명했어요. 폐 질환 환자의 호흡을 돕기 위해 공기 온도와 습도를 조절할 목적으로 만들었어요. 이름도 '호흡기(Respirator)'라고 붙였어요.

🌀 미세 먼지가 날릴 때 쓰는 보건용 마스크는 보통 3겹으로 되어 있어요

보건용 마스크는 보통 3겹으로 돼 있어요. 겉감과 안감 사이에 정전기 필터를 넣어요. 정전기 필터는 가느다란 섬유인데 조직이 조밀하고 치밀해서 먼지를 걸러요. 정전기를 띠어서 작은 입자를 붙들어요.

필터는 여러 형태로 우리 생활에 쓰여요. 우리 눈에 잘 띄지 않지만 필터는 곳곳에 있어요. 깨끗한 공기가 필요한 곳에는 필터를 설치해요. 자동차나 집에서 사용하는 에어컨에도 필터를 넣어요. 필터에 먼지가 쌓이면 걸러내는 능력이 떨어져서 청소하거나 갈아줘야 해요.

미세 먼지가 날릴 때 쓰는 마스크는 주로 보건용이에요. 보건용은 KF80, KF94, KF99가 있어요. KF는 'Korea Filter'의 약자로 식품의약품안전처에서 인증했다는 뜻이에요. 80은 0.6μm 크기 입자를 80%, 94는 0.4μm 크기 입자를 94%, 99는 0.4μm 크기 입자를 99% 이상 걸러요. μm(마이크로미터)는 길이의 단위이고 1000분의 1mm를 가리켜요.

마스크의 도시

1918년 미국에서 스페인 독감이 시작됐는데, 전 세계에서 5000만 명 이상 목숨을 잃었어요. 샌프란시스코에서는 독감이 퍼지지 않도록 마스크를 강제로 쓰라고 했어요. 샌프란시스코는 이 사건으로 '마스크의 도시'라는 별명을 얻었어요.

우리 몸의 필터, 코털

콧구멍의 내부는 점막으로 둘러싸여 있고, 섬모라고 불리는 작은 털이 콧구멍을 보호해요. 우리 몸에서는 코털이 필터 역할을 하는 거예요. 숨을 쉴 때 몸으로 들어오는 공기 안에 있는 이물질을 걸러요. 공기 속에는 먼지를 비롯해 곰팡이, 세균 등 다양한 물질이 섞여 있어요. 사람이 하루에 들이마시는 공기의 양은 1만 리터나 돼요. 코털은 크기가 5μm 정도 되는 비교적 큰 입자를 걸러요. 코털이 걸러내지 못하는 작은 입자는 마스크가 담당해요.

1840년대, 미국

마취
anesthesia

통증 없는 세상 속으로

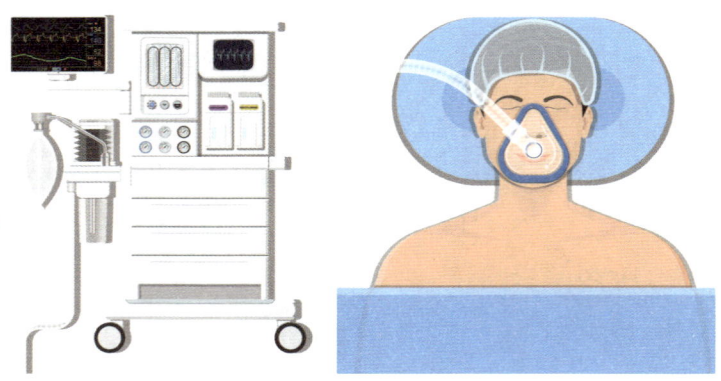

⚙ 19세기 초반에 사용하기 시작한 마취제

마취제는 비교적 최근인 19세기 초까지 나오지 않았어요. 이전까지는 자연에서 얻은 마약성 물질을 이용하거나, 얼음이나 찬물로 치료할 부위를 일시적으로 마비시키거나, 환자의 머리를 때려 잠시 기절시킨 후에 수술하는 등 여러 방법을 썼어요. 근본적인 해결책이 될 수 없어서 고통을 받느니 죽겠다는 사람도 나왔어요. 실제로 수술 중에 쇼크로 죽는 사람도 있었대요.

마취는 호흡기로 약품을 투여하는 흡입 마취와 혈관에 약제를 넣는 정맥 마취로 나뉘어요. 주사기는 1853년에 나왔기 때문에 흡입 마취가 먼저 발달했어요. 이후 아산화질소, 에테르, 클로로포름 등 여러 마취제가 개발됐어요. 세 가지 중 현재까지 사용하는 마취제는 아산화질소예요.

⚙ 웃음가스로 불리던 아산화질소

영국 화학자 험프리 데이비(1778~1829)는 1799년 아산화질소를 마시면 웃음이 나온다는 사실을 발견했어요. 데이비는 아산화질소를 '웃음가스'라고 불렀어요. 웃음가스는 사교 모임에서 주로 썼어요.

1844년 미국 치과의사 호러스 웰스(1815~1848)는 사교 모임에 갔다가 웃음가스를 마신 사람이 의자에 부딪혀 다쳤는데도 통증을 느끼지 못하고 계속 웃기만 하는 모습을 봤어요. 웰스는 통증을 줄일 수 있겠다고 생각해서 웃음가스를 치과 치료에 썼어요.

환각제로 쓰이던 에테르

또 다른 치과의사인 윌리엄 모튼(1819~1868)은 하버드 대학교수인 찰스 잭슨(1805~1880)에게서 마취 효과를 내는 에테르를 소개받아요. 이를 뽑는 데 에테르를 사용해서 효과를 확인한 후, 1846년 마취제로 사용해 환자 목의 종양을 제거하는 공개 수술을 해요. 수술이 성공을 거두면서 에테르가 마취제로 널리 쓰여요.

모튼 이전에 외과 의사 크로퍼드 롱(1815~1878)은 당시 환각제로 쓰이던 에테르에 주목해요. 에테르를 마취제로 사용해 수술에 성공했지만 외부에 알리지 않았어요. 웰스, 모튼, 잭슨, 롱 네 사람 사이에는 누가 먼저냐를 놓고 치열한 다툼이 있었지만 뚜렷한 결론이 나지는 않았어요.

독성 물질이 발견된 클로로포름

영국인 산부인과 의사 제임스 심슨(1811~1870)은 에테르가 구토를 일으키는 등 산모에게 맞지 않아서 새로운 마취제를 찾아요. 클로로포름이라는 물질을 찾아내 산모가 애를 낳을 때 전신 마취제로 썼어요. 클로로포름은 1831년부터 여러 과학자들에게 발견되었다고 알려져 있어요.

1853년 마취과 의사 존 스노우(1813~1858)가 빅토리아 여왕 출산 때 클로로포름을 사용했어요. 수술이 성공하면서 클로로포름이 마취제로 널리 쓰이기 시작했어요. 여러 증상과 실험에서 발암성이 발견되어 지금은 많은 나라에서 화장품과 의약품 사용에 금지하고 있어요.

수면 마취 vs 국소 마취 vs 전신 마취

수면 마취 정맥 주사를 통해 잠들게 하는 방법이에요. 환자 스스로 숨도 쉬고 무의식중에 외부 자극에 반응하기도 해요.

국소 마취 마취제를 이용하여 수술할 자리만 부분적으로 마취하여 통증을 느끼지 못하게 하는 방법이에요. 환자는 의식을 잃지 않은 상태예요. 국소는 전체 가운데 어느 한 곳을 뜻해요.

전신 마취 주로 외과 수술을 할 때 마취제를 써서 행해요. 기도나 정맥을 통해 들어온 마취제가 혈액을 타고 뇌로 이동하면, 뇌 기능이 일시적으로 약해져요. 뇌가 둔해지면서 의식과 감각이 없는 상태가 돼요. 중추 신경계를 마비시켜요. 척추동물의 중추 신경계는 신경 계통이 집중되어 있는 뇌와 척수예요. 환자는 감각을 느끼지 못해요. 호흡도 할 수 없어서 인공호흡 장치를 사용해요.

1853년, 프랑스/영국
샤를 프라바츠(Charles Pravaz, 1791~1853),
알렉산더 우드(Alexander Wood, 1817~1884)

주사기
syringe

아프지만 빠른 효과

⚙ 주사는 피부에 바르거나 먹는 약보다 몸에 흡수되는 속도가 빨라요

"약으로 먹으면 안 될까요?" 주사기에 대한 공포가 커서 약으로 먹었으면 좋겠다는 생각을 누구나 한 번쯤은 해봐요. 주사기에 대한 기억은 대부분 좋지 않을 거예요. 따끔하게 아픈 기억밖에 나지 않아요. 주사를 맞으면 아프지만 장점이 있어요. 피부에 바르거나 먹는 약보다 몸에 흡수되는 속도가 빨라요. 몸 안에 약물을 직접 넣기 때문이에요.

오늘날 쓰는 주사기의 시초는 1853년 프랑스 외과 의사 샤를 프라바츠와 스코틀랜드 의사 알렉산더 우드가 각각 발명했어요. 이들이 주사기를 만들기 전인 1844년, 아일랜드 의사 프란시스 린드(1801~1861)가 속이 빈 주사기 바늘을 만들었어요. 린드의 바늘에 주입기를 결합해 프라바츠와 우드의 주사기가 등장한 거예요. 초창기 주사기는 은이나 구리를 비롯한 금속이나 상아로 만들었어요.

유리 주사기는 20세기 초에 나왔어요. 1946년에는 겉 통과 밀대의 규격을 통일했어요. 주사기를 한꺼번에 소독할 수 있고 바늘만 갈아 끼우면 되는 등 편리해졌어요.

1956년에는 위생 문제를 해결하기 위해 플라스틱으로 만든 일회용 주사기가 나왔어요.

⚙ 아프지 않은 주사기도 있어요

주사기는 효과가 빠르지만 아프다는 단점이 있어요. 아프지만 않다면 주사 공포가 없어질 거예요. 아프지 않게 주사를 놓기 위한 연구는 끊임없이 이뤄지고 있어요. 눈에 보이지 않는 작은 돌기를 모아서 피부에 구멍을 내 약물을 투여하는 주사기, 미세한 약물 줄기를 아주 빠르게

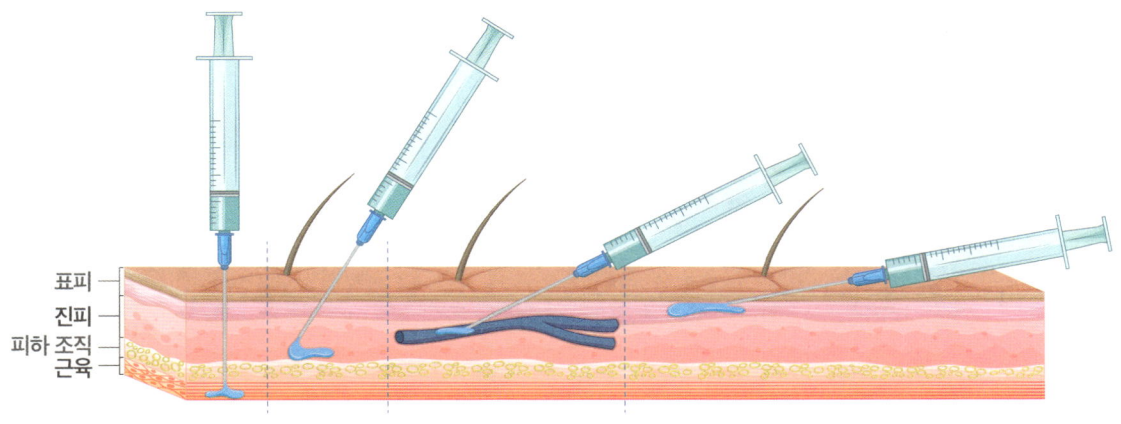

쏘아서 피부에 침투시키는 주사기 등 여러 가지 통증 없는 방식이 개발되고 있어요.

주사는 신체 여러 곳에 놓아요

주사는 근육, 피하, 정맥, 피내 주사로 나뉘어요. 사람의 피부는 아래쪽부터 근육, 피하 조직, 진피, 표피로 나뉘어요. 근육 주사는 근육 조직에 주사해요. 피하 주사는 피부 안쪽 피하 조직에 놓는 주사를 말해요. 정맥 주사는 핏줄인 정맥에 주사해요. 피내 주사는 진피층에 놓는 주사예요.

같은 바늘 다른 용도, 바늘과 침

주사기 바늘은 약물을 몸에 넣기 위한 도구라서 속이 빈 파이프처럼 생겼어요. 끝에는 절단면이 있는데 대각선으로 잘린 모양이에요.
한의원에 가면 침을 맞아요. 주사기 바늘처럼 뾰족하지만 자세히 보면 모양이 달라요. 침은 약물과는 상관없어서 속이 꽉 차 있어요. 굵기도 주사기 바늘보다 얇고 끝부분이 대칭을 이루며 가운데가 뾰족하게 생겼어요.

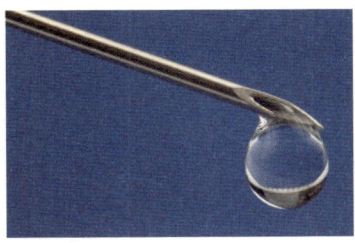 

◀ 바늘(왼쪽)과 침

1867년, 영국
토머스 클리포드 올버트(Thomas Clifford Allbutt, 1836~1925)

체온계 thermometer

숫자로 측정하는
인간의 몸 상태

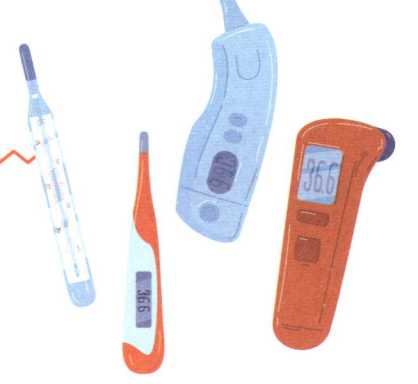

✿ 온도계에서 발전한 체온계

온도계는 1592년 갈릴레오 갈릴레이가 만들었어요. 둥근 유리 공에 달린 유리관을 수면에 세워 수면 변화를 관찰해서 온도를 측정했어요. 눈금이 없어서 온도가 높은지 낮은지 정도만 파악했어요.

1612년경 이탈리아 물리학자 산토리오 산토리오(1561~1636)가 눈금이 달린 온도계를 발명했어요. 산토리오는 의과대학 교수이기도 했는데, 온도계를 체온계로 사용했어요. 온도계 크기가 크고 체온 측정 시간이 오래 걸려서 불편했어요.

체온계는 계속해서 발전했는데, 간편하게 신체 온도를 재는 체온계는 1867년 영국 의사 토머스 클리퍼드 올버트 경이 만들었어요. 길이는 15cm 정도여서 들고 다니기 간편했고 5분 만에 체온을 잴 수 있었어요.

✿ 고막에서 나오는 에너지를 측정하는 귀 체온계

사람의 평균 체온은 대략 37°C예요. 1~2°C만 높아져도 몸에 이상이 생기기 때문에 몸이 아플 때 체온 측정은 매우 중요해요. 예전에는 체온을 잴 때 수은 온도계를 주로 썼어요. 유리 막대처럼 생긴 온도계를 입안이나 겨드랑이 사이에 넣고 체온을 쟀는데, 수은이 팽창할 때까지 시간이 걸려서 불편했어요. 요즘에는 귓속에서 넣어서 순간적으로 재는 귀

체온계를 주로 써요.

귀 체온계는 나사(NASA) 기술을 응용해서 만들었어요. 별이나 행성의 온도는 직접 가서 잴 수 없어요. 열에너지는 전기장과 자기장이 변하며 전달되는 파동인 전자기파로 방출돼요. 나사 온도계는 전자기파를 측정해서 별의 온도를 재요. 귀 체온계는 고막에서 나오는 에너지를 측정해요. 입이나 코 속 점막에 체온계를 갖다 대지 않아도 돼요.

이마를 향해 체온을 재는 이유

코로나바이러스가 유행하면서 체온을 잴 일이 많아졌어요. 요즘에는 귓속에 넣을 필요도 없이 이마나 손목 쪽에 체온계를 향하고 버튼을 누르기만 하면 체온을 잴 수 있어요. 어떤 체온계는 화면을 바라보기만 해도 돼요. 비접촉식 체온계는 몸에서 방출되는 적외선을 센서로 감지해서 온도를 측정해요.

비접촉식 체온계는 주로 이마의 열을 재요. 이마 밑에는 측두동맥이 흐르는데, 몸의 체온 조절을 담당하는 뇌의 시상하부와 연결돼요. 체온에 가장 민감하게 반응하기 때문에 이마 온도를 재요. 우리가 열이 날 때 이마를 먼저 만져보는 이유도 측두동맥이 흘러서 그래요.

사우나에 들어가도 체온이 변하지 않는 이유

대중목욕탕의 사우나에서 온도계를 보면 공기 온도가 100℃가 넘기도 해요. 몇 분 버티다 보면 몸도 뜨거워진 기분이 들지만 체온을 재보면 정상 체온을 벗어나지 않아요. 정상 체온을 유지하는 비결은 땀이에요. 땀이 증발하면서 열을 빼앗아 체온을 올라가지 않게 해요. 습도가 너무 높으면 땀으로도 체온 조절이 제대로 안 되기 때문에 사우나 안에서 시간이 좀 지나면 견디기 힘들어져요.

체온이 35℃ 이하로 떨어지면 신체 기능이 둔해지기 시작해요

건강한 사람의 체온은 37℃ 전후예요. 인간의 평균 체온을 알아낸 사람은 독일 의사 칼 분더리히(1815~1877)예요. 2만 5000명의 체온을 수백만 번 측정해서 1851년 37℃ 전후라는 사실을 밝혀냈어요.
생활 속에서는 주로 체온이 올라서 아픈 일을 겪어요. 체온은 낮아도 안 돼요. 쌀쌀한 날에 물에 빠지거나 산에 고립됐을 때 목숨을 잃는 이유도 체온 영향이 커요. 체온이 35℃ 이하로 떨어지면 신체 기능이 둔해지고 면역력이 떨어져요. 30℃에는 의식을 잃고 27℃가 되면 목숨을 잃어요.

손톱깎이 nail clippers

빗면과 지레의 협업

1881년, 미국
유진 헤임(Eugene Heim, ?),
셀레스틴 매츠(Celestin Matz, ?)

⚙ 손톱(또는 발톱)은 사람에게만 있지는 않아요

동물과 달리 사람은 손톱을 깎아줘야 해요. 동물은 야생에서 살면서 자연스럽게 발톱이 닳아요. 사람은 그렇지 않아서 그냥 놔두면 계속 자라요. 기네스북에 오른 가장 긴 사람의 손톱 길이는 6m에 가까워요. 손톱깎이가 널리 쓰이기 시작한 지는 100년도 채 되지 않아요. 그전에는 가위나 칼로 손톱을 잘랐어요.

⚙ 우리 몸에서 손톱의 역할

자주는 아니지만 손톱을 깎는 일이 귀찮아서 '손톱은 꼭 있어야 할까?'라는 생각을 종종 해요. 손톱은 손끝을 보호해줘요. 물건을 집거나 정교한 작업을 할 때 힘을 모으고 피부를 지탱하는 기능도 해요. 손톱 자체로도 물건을 집는 미세한 행동을 할 수 있어요. 바이러스와 박테리아가 몸으로 들어가지 않도록 막는 역할도 해요. 별것 아닌 존재처럼 보이지만 아주 많은 일을 한답니다.

⚙ 현대식 손톱깎이는 1881년 특허를 기준으로 해요

손톱을 다듬는 도구는 많아서 손톱깎이를 누가 발명했다고 특정하기는 쉽지 않아요. 여러 발명가가 좀 더 편한 손톱깎이를 만들기 위해 손톱 깎는 도구를 개선했어요. 현대식 손톱깎이는 등록된 특허를 보고 추정해요. 1881년 유진 헤임과 셀레스틴 매츠가 등록한 발명품을 요즘 쓰는 손톱깎이의 시초로 봐요. 이후에도 수많은 손톱깎이 특허가 등록돼요. 윌리엄 바세트라는 미국인이 1947년 트림이라는 회사를 세우고 손톱깎이를 대량생산하면서 본격적으로 널리 퍼졌어요.

손톱깎이는 구조가 간단하지만 30~40개 공정을 거쳐 만들어요. 수만 번 움직여도 탄성을 잃지 않고 날이 정확하게 맞물려야 제 성능을 발휘하기 때문이에요.

'777', 손톱깎이와 비행기 상표

쓰리쎄븐은 국산 손톱깎이 제조업체예요. 손톱깎이 세계 점유율 1위 기업이에요. 쓰리쎄븐은 7자가 3개 연달아 있는 상표예요. 쓰리쎄븐은 1994년 미국에 '777'을 상표 출원했어요. 그런데 이미 미국 보잉사에서 1990년 '777'이라는 비행기 상표를 등록해서 쓰고 있었어요. 거대 비행기회사와 중소 손톱깎이 회사의 상표 분쟁은 골리앗과 다윗의 싸움으로 비교됐어요. 쓰리쎄븐은 보잉 777이 나오기 전인 1986년부터 미국에 '777' 상표로 수출하고 있었어요. 결국 쓰리쎄븐이 먼저 쓴 권리를 인정받아 보잉사와 상표를 공동으로 사용하는 방향으로 결론이 났어요.

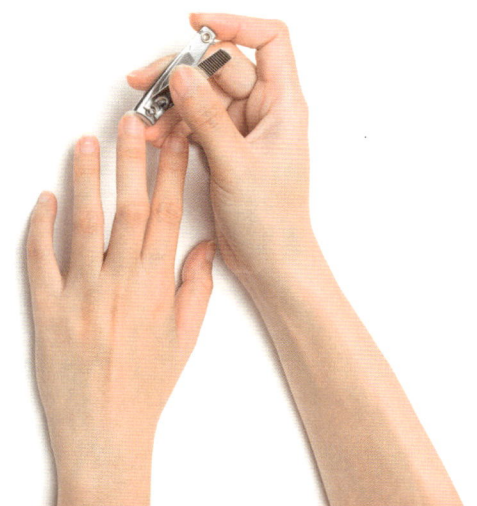

지렛대의 원리와 빗면의 원리를 이용한 손톱깎이

지렛대의 원리 손톱깎이는 금속 조각 2개가 V자 형태로 맞물려 있어요. 손에 받치는 두툼한 부분이 몸통이고, 엄지손가락으로 누르는 부분이 지렛대예요. 손톱을 깎을 때는 엄지손가락으로 지렛대 끝부분을 눌러요. 이 부분이 힘을 주는 힘점이에요. 지렛대의 힘점 반대쪽 끝부분이 몸통을 누르면서 몸통 끝에 달린 날이 손톱을 자르게 돼요. 이때 지렛대가 몸통을 누르는 부분이 힘이 작용하는 작용점이에요. 지렛대와 몸통이 연결된 부분이 받침점 역할을 해요. 지렛대 부분을 작은 힘으로 조금만 눌러도 날 부분에 큰 힘이 작용해서 쉽게 손톱을 깎을 수 있어요. (지렛대의 원리는 '캔 뚜껑 & 병뚜껑' 참고)

빗면의 원리 손톱을 그냥 잡아 뜯으면 꿈쩍도 안 하지만 손톱깎이를 사용하면 쉽게 잘려요. 빗면의 원리를 이용해서 그래요. 손톱깎이의 날을 자세히 보면 끝부분은 가늘고 위로 갈수록 두꺼워져요. 뾰족한 쐐기처럼 날의 면이 비스듬한 경사를 이뤄요. 손톱을 자를 때 날의 빗면이 손톱 면과 맞닿은 채로 파고드는 과정은 물건을 빗면으로 끌어 올리는 작용과 비슷해요. 날의 빗면으로 끌어 올리는 힘이 빗면의 수직 방향으로 작용해 손톱을 밀어내요. 마치 도끼로 장작을 자르듯이 손톱이 잘려요. (빗면의 원리는 '지퍼' 참고)

1895년, 독일
빌헬름 뢴트겐(Wilhelm Röntgen, 1845~1923)

엑스레이=엑스선
x-ray

수술하지 않고
인간의 속을 보다

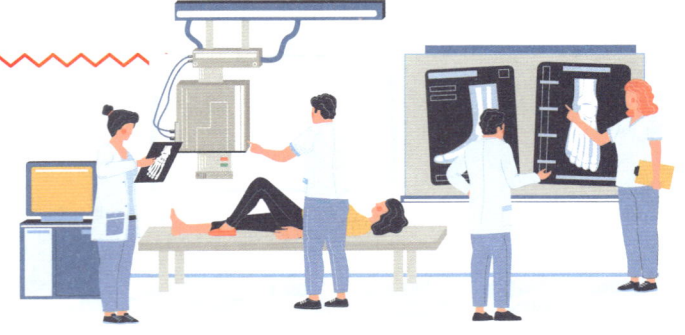

엑스레이 사진에 뼈가 잘 보이는 이유

넘어지거나 부딪혀서 뼈에 금이 가거나 부러지면 깁스를 해요. 깁스는 석고 가루를 굳혀서 단단하게 만든 붕대예요. 깁스를 하기 전에 엑스레이부터 찍고, 치료 과정 중에도 뼈가 제대로 붙는지 확인하기 위해 엑스레이 촬영을 꼭 하고 넘어가요. 엑스레이가 없었으면 뼈가 제대로 붙고 있는지 알기 힘들어서 갑갑할 거예요.

엑스레이 사진을 보면 유독 뼈만 하얗고 선명해요. 엑스레이가 잘 통과하면 어둡게, 덜 통과하면 밝게 나와요. 몸속 조직에 따라 엑스레이를 투과하는 양이 달라서 밝고 어두운 차이가 생겨요. 뼈는 엑스레이가 다른 조직보다 덜 통과해서 밝게 나온답니다.

엑스레이를 발견한 뢴트겐은 1901년에 최초의 노벨물리학상을 받았어요

엑스레이는 독일 물리학자 빌헬름 뢴트겐이 발견했어요. 1895년 11월 8일, 뢴트겐은 진공관 실험을 하면서 빛이 나올 수 없도록 밀봉한 진공관 밖에서 형광 물질이 빛나는 현상을 발견했어요. 마침 진공관 맞은편에 백금 시안화 바륨을 바른 종이가 있었는데, 광선이 화학적 변화를 일으키는 현상도 일어났어요. 뢴트겐은 사진을 인화하는 원리를 떠올렸어요. 당시 사진은 셀룰로이드처럼 불투명한 판에 빛의 세기에 따라 반응이 달라지는 물질을 칠한 후 빛을 쪼여 만들었어요. 사진 원리를 토대로 계속 연구하면서 아내의 손에 엑스레이를 통과했는데 뼈의 형태가 뚜렷하게 드러났어요.

1896년 논문을 발표하면서 엑스레이가 세상에 널리 알려졌어요. X는 모른다는 의미를 나타내는 알파벳이에요. 뢴트겐은 발견한 광선을 엑스레이(엑스선)이라고 이름 붙였어요.

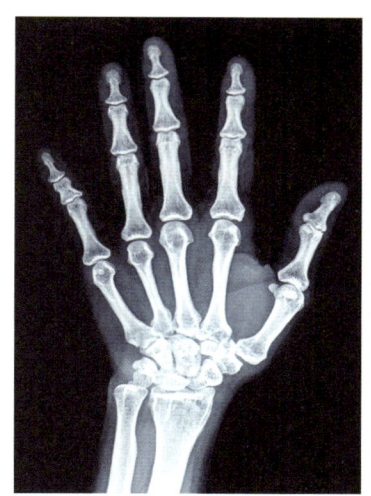

엑스레이 검색기

엑스레이는 병원에서만 쓰지는 않아요. 공항이나 항만에 가면 엑스레이를 이용해서 짐 검사를 해요. 짐을 일일이 다 열어보지 않고도 속에 위험한 물건이 들어 있는지 확인해요. 산업 분야에서도 물건을 자르거나 분해하지 않고 내부 상태를 검사할 때 엑스레이를 사용해요.

시티와 엠아르아이

엑스레이로 확인할 수 없는 증상이나 부위는 시티나 엠아르아이를 찍어요.

시티(CT, computed tomography) 컴퓨터 단층 촬영으로 엑스레이의 일종이에요. 엑스레이가 평면으로 보여 준다면, 시티는 단면(잘라낸 면)을 촬영해서 더 자세히 검사 부위를 볼 수 있어요.

엠아르아이(MRI, magnetic resonance imaging) 자기 공명 영상이에요. 엑스레이의 이온화 방사선 대신 자석에서 나오는 자장을 이용해서 인체에 무해해요. 검사에 필요한 각도를 선택하여 영상을 촬영하는 장점이 있지만 비용이 비싸며 촬영 시간이 오래 걸려요.

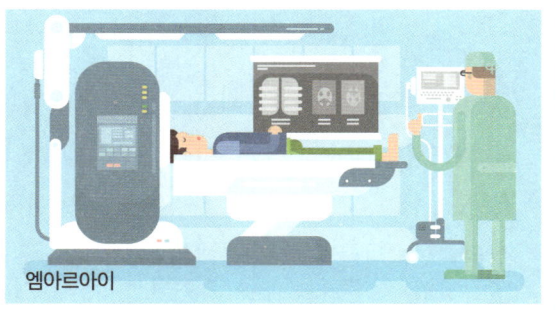

엠아르아이

1897년, 독일
펠릭스 호프만(Felix Hoffmann, 1868~1946)

아스피린 aspirin

인류를 구원한
3대 의약품

⚙ 세계 가장 많이 팔린 약품, 아스피린

두통은 예나 지금이나 인류를 괴롭히는 증상이에요. 과거와 달리 요즘에는 두통약을 먹으면 고통을 줄일 수 있어요. 두통약을 대표하는 약은 아스피린이에요. 지구상에서 하루에 먹는 아스피린의 양은 1억 알이 넘어요. 1년에 600억 알 이상 사용된다고 해요. 아스피린은 두통 해소 외에도 여러 가지 효과를 내서 다양한 용도로 쓰여요. 1950년에 세계 가장 많이 팔린 약품으로 기네스북에 올랐고 지금도 기록을 유지해요. 독일에서는 폭스바겐 자동차, 로켓과 더불어 3대 발명품으로 인정받아요.

⚙ 아스피린의 성분은 버드나무와 관련 있어요

버드나무는 예로부터 진통을 줄이는 데 쓰였어요. 3000여 년 전에 만든 파피루스에는 이집트인이 버드나무를 치료에 이용한 기록이 나와요. 2500여 년 전 의학의 아버지 히포크라테스도 버드나무 잎으로 만든 차를 치료약으로 썼다고 해요. 버드나무의 의학적 효능은 1763년 영국 목사 에드워드 스톤(1702~1768)이 재발견해요. 19세기 들어 과학자들은 버드나무의 효능이 살리실산이라는 화학 물질에서 나온다는 사실을 알아냈어요. 이후 화학자들은 살리실산을 대량으로 만들었어요. 살리실산은 부작용이 심해서 복용하는 사람의 고통이 심했어요.

⚙ 고통 없는 진통제, 아스피린

독일의 제약 회사 바이엘에서 일하던 화학자 펠릭스 호프만(1868~1946)은 류머티즘으로 힘들어하는 아버지의 부탁을 받고 고통 없는 진통제를 개발하기로 마음먹어요. 1897년 부작용을 줄인 아세틸살리실산 개발에 성공해요. 바이엘은 이 약에 '아스피린'이라는 이름을 붙였어요. 아세틸살리실산의 앞 글자 'a'와 버드나무의 학명인 스피라이아 *Spiraea*를 합쳐서 만들었다고 알려져 있어요. 1899년 아스피린은 정식으로 팔리기 시작했어요. 1918년 스페인 독감이 유럽에 퍼졌을 때 아스피린의 효능이 널리 알려졌어요. 독감 치료제는 아니었지만 합병증을 누그러뜨리는 효과를 냈어요.

⚙ 아스피린의 다양한 효과

아스피린은 통증을 줄이고 열을 낮추는 효과 외에도 염증을 완화하고 심혈관 질환과 암을 예방하는 데 도움을 줘요. 아직도 약효는 다 밝혀지지 않았어요. 약효 외에도 옷의 얼룩을 없애거나 피부를 좋게 하거나 비듬을 없애거나 꽃의 수명을 늘리는 등 다양한 효과를 내요.

⚙ 시판 후 약 72년 후에 아스피린이 약효를 내는 과정을 밝혀 노벨생리의학상을 받았어요

아스피린은 약효를 인정받아 약으로 나왔지만, 정작 어떤 작용이 일어나서 약효를 내는지 몰랐어요. 나온 지 한참 지난 1971년 영국 약리학자 존 베인(1927~2004)은 약효를 발휘하는 과정을 밝혀냈어요. 아스피린이 사람 몸 안에서 통증이나 염증을 일으키는 프로스타글란딘이라는 물질이 생기지 않도록 막는다는 사실을 알아냈어요. 존 베인은 공로를 인정받아서 1982년 노벨생리의학상을 받았어요.

세계 3대 의약품

통증을 줄이는 아스피린, 세균을 죽이는 효과를 내는 페니실린, 진통을 큰 폭으로 덜어내는 모르핀이 세계 3대 의약품이에요. 인류를 질병과 고통에서 구했어요.

1902년, 미국
윌리스 캐리어(Willis Carrier, 1876~1950)

에어컨 air conditioner

공기를 다스리는
인공 장치

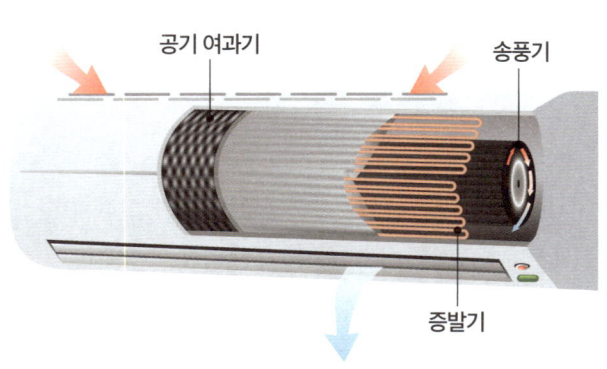

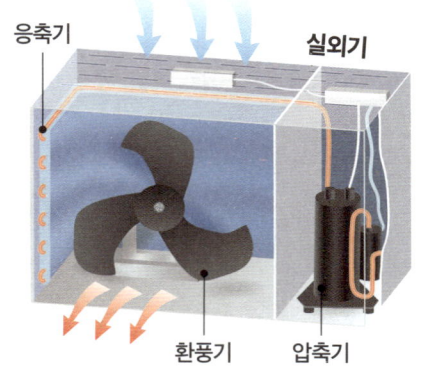

⚙ 에어컨은 공기 조절 장치라는 뜻이에요

　에어컨은 '공기 조절 장치'(에어컨디셔너)를 줄여 부르는 말이에요. 단순히 찬 공기만 내보내는 데 그치지 않고 습기를 없애거나 공기를 깨끗하게 하는 등 여러 가지 일을 해요. '세계에서 가장 위대한 발명품'이라고 부를 만큼 에어컨은 우리 생활에 큰 영향을 미쳤어요. 날이 더우면 활동하기가 힘들어지고 질병도 빨리 퍼져요. 날씨가 더운 곳에서는 살기 어려워서 도시가 발달하지 못해요. 에어컨이 발명되면서 더운 날에도 실내에서 쾌적하게 활동할 수 있게 됐어요.

⚙ 에어컨을 발명한 사람은 윌리스 '캐리어'예요

　1876년 미국에서 태어난 캐리어는 코넬 대학교에서 기계공학을 배운 후에 기계설비 회사에 들어갔어요. 어느 날 캐리어는 길을 걷다가 안개 낀 기차 승차장에서 에어컨 아이디어를 얻어요. 물이 안개로 변할 때 열을 흡수해 온도가 낮아진다는 사실을 알아낸 거예요. 에어컨은 처음에 습기를 없애기 위해 만들었어요. 1902년 한 인쇄소에서 공장 안에 온도와 습도가 높아 인쇄가 제대로 안 된다며 캐리어가 일하는 회사에 온도와 습도 조절 장치를 만들어달라고 의뢰했어요. 인쇄소가 있던 뉴욕은 바다 옆이라 습도가 높았어요. 캐리어는 1902년 7월 17일 에어컨 개발에 성공해요. 1906년 에어컨 특허를 낸 캐리어는 1915년 자신의 이름을 딴 에어컨 회사를 설립해요. 지금도 에어컨 회사 하면 캐리어를 떠올려요.

에어컨 덕분에 사막에도 도시가 발달했어요

에어컨은 초창기에는 주로 공기 상태를 조절해야 하는 공장에 쓰였어요. 1920년대 들어 백화점이나 극장, 호텔, 병원 등 사람이 많이 모이는 대형 시설에서 사용하기 시작했어요. 1930년대 중후반에는 비행기와 자동차에도 에어컨을 도입했어요. 일반 가정에는 1950년대 중반부터 보급됐어요.

에어컨이 생기기 전 대도시는 사시사철 따뜻하거나 서늘한 곳, 또는 난방으로 추위를 극복할 수 있는 한대 지역에 주로 생겼어요. 에어컨이 발명되면서 동남아 지역이나 미국 남부 등 사막이나 더운 지역에도 대도시가 발달했어요. 인류의 생활 영역이 넓어진 거예요. 리콴유 싱가포르 전 총리는 에어컨이 없었다면 싱가포르가 생기지 못했다고 말했어요.

병도 주고 약도 주는 에어컨

에어컨 덕분에 인류의 삶은 크게 달라졌어요. 무엇보다 질병으로 인해 죽는 사람이 크게 줄었어요. 실내 온도를 적정 수준으로 낮춰 더위 때문에 일어나는 질병을 막았어요. 에어컨을 잘 쓰면 건강에 좋지만 온도를 너무 많이 낮추고 찬바람을 오래 쐬면 냉방병에 걸려요. 냉방병은 실내외 온도 차이에 신체가 잘 적응하지 못해서 생겨요. 증상은 감기와 비슷해요.

에어컨의 작동 원리

물질은 고체·액체·기체 상태로 존재하는데, 상태가 변할 때 열을 흡수하거나 내보내요. 물이 끓어서 수증기가 되려면 뜨거운 열을 가해야 해요. 반대로 수증기가 식어서 물이 되려면 열을 내보내야 해요. 액체가 증발해서 기체로 될 때는 주변의 열을 흡수해요. 몸에 묻은 물이 마를 때 시원하게 느껴지는 이유도 몸의 열을 가져가서 그래요. 에어컨에는 냉매(=냉동제) 가스가 있어요. 가스를 강제로 응축해서 액체로 만든 다음 팽창하도록 하면 기체로 변하면서 주변의 열을 뺏어서 온도가 내려가요.

1941년, 스위스
파울 헤르만 뮐러(Paul Hermann Mülle, 1899~1965)

살충제 pesticide

해충을 죽이는
해로운 물질

🛠 사람이나 자연에 해를 끼치는 곤충을 해충이라고 해요

해충에는 모기, 파리, 바퀴벌레, 이, 벼룩 등이 있어요. 해충이 나쁜 이유는 전염병을 옮겨서예요. 해충은 인류 역사에도 큰 영향을 미쳐요. 전염병이 돌아서 인류 전체가 공포에 떤 적도 있어요. 식량 생산에 지장을 줘서 굶주림에 시달리기도 해요. 전쟁의 승패를 전염병이 좌우하기도 해요. 인류는 전염병을 옮기는 해충을 없애기 위해 끊임없이 고민하고 연구했어요.

🛠 살충제의 시초는 디디티예요

'다이클로로-다이페닐-트라이클로로에테인'이라는 화학 물질인데 줄여서 디디티(DDT)라고 불러요. 디디티는 오스트리아 화학자 오트마 자이들러(1850~1911)가 1874년에 만들어냈어요. 자연 물질은 아니고 새롭게 만든 화학 물질이에요. 만들 당시에는 살충 효과가 있는지 몰랐어요. 화학 물질 살충제가 쓰이기 전에는 국화과 화초인 제충국을 살충제 원료로 사용했어요.

디디티에서 살충 효과를 발견한 사람은 스위스 화학자 파울 헤르만 뮐러예요. 제충국과 비슷한 효과를 내는 물질을 찾던 중 디디티가 곤충의 신경을 마비시키는 효과를 낸다는 사실을 1939년에 알아냈어요. 1941년 디디티 살충제 특허를 냈고, 이듬해 디디티 살충제는 제품으로 나왔어요. 디디티는 제2차 세계대전 당시 벌레를 퇴치해 전쟁을 유리하게 이끄는 데 큰 공을 세웠어요. 전쟁이 일어나면 해충이나 전염병이 큰 영향을 미쳐요. 전쟁이 끝난 후 디디티는 살충제로 일반에게 판매됐어요. 디디티 덕분에 농작물 생산량도 늘었어요. 디디티의 살충 효과를 발견한 뮐러는 1948년 공로를 인정받아 노벨의학상을 타기도 했어요.

요즘 쓰는 살충제

가정용 살충제는 피레스로이드계가 대부분이에요. 제충국이라는 식물에서 피레트린 성분이 나오는데 곤충을 마비시키는 효과를 내요. 제충국은 19세기 유고슬라비아에서 한 여인이 제충국 주변에 곤충이 죽어 있는 모습을 보고 살충 성분이 들어 있다는 사실을 알아냈어요. 살충제에 쓰는 피레트린은 인공 합성해서 만들어요.

보통은 뿌리는 분무형(스프레이) 살충제를 많이 써요. 버튼을 누르면 금속 통 속에 있는 살충제가 나와요. 스프레이 살충제는 석유, 액화 석유 가스, 살충 성분으로 되어 있어요. 석유는 살충 성분을 녹여요. 액화 석유 가스는 살충 성분을 기체화해서 공중에 잘 뿌려지도록 해요.

용도 발명으로 밝혀진 디디티의 유해성

기적의 물질로 여기던 디디티는 사용량이 늘어나면서 유해성이 드러났어요. 생물 몸에 쌓여 부작용을 일으켰고, 결국 사람 몸에까지 침투했어요. 생태계를 파괴하는 주범이 됐어요. 1970년대 이후에는 대부분 국가에서 사용을 금지했어요.

디디티가 처음 나왔을 때는 살충 성분이 있는지 몰랐어요. 수십 년이 흐른 뒤 디디티를 이용해 살충제를 만들었어요. 이미 알려진 물질에서 새로운 성질을 발견하는 발명을 용도 발명이라고 해요. 발명이 발명을 낳은 것이에요. 디디티는 용도 발명의 대표 사례로 꼽혀요.

살충제의 원리와 내성

살충제가 해충이나 곤충의 몸속에 들어가면 날개 근육을 마비시켜요. 곤충은 더는 날 수 없어요. 호흡에 관여하는 근육도 마비시켜서 질식해서 죽게 만들어요.

살충제를 맞은 곤충은 내성이 생겨요. 내성은 견디는 힘을 말해요. 내성이 생기면 더 강한 살충제를 써야 해충이 죽어요.

못다 한 아이디어 ❹

대유행의 역사

⚙ 전염병 대유행의 역사

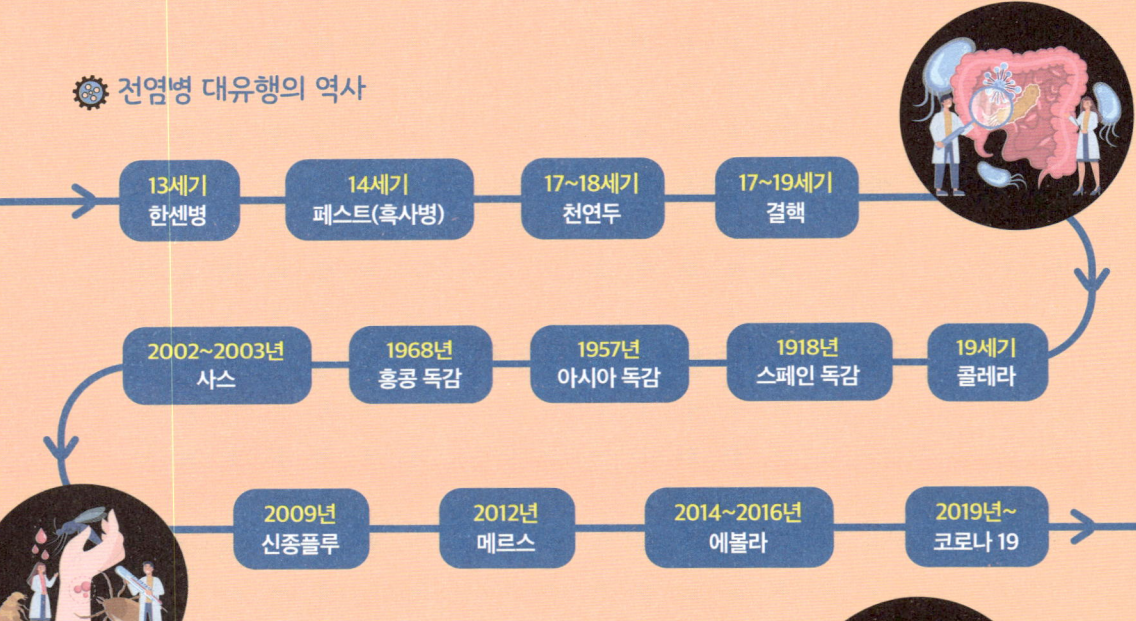

13세기 한센병 → 14세기 페스트(흑사병) → 17~18세기 천연두 → 17~19세기 결핵 → 19세기 콜레라 → 1918년 스페인 독감 → 1957년 아시아 독감 → 1968년 홍콩 독감 → 2002~2003년 사스 → 2009년 신종플루 → 2012년 메르스 → 2014~2016년 에볼라 → 2019년~ 코로나 19

⚙ 대기 오염 사건과 질병 전염병 대유행의 역사

　　대유행이 오면 큰 피해가 생기지만 극복하기 위한 노력도 힘을 받아요. 새로운 발명품이 나오거나 이미 나온 발명품이 유용하게 쓰여요. 마스크가 없었다면 코로나바이러스를 극복하기 쉽지 않았을 테고, 각종 백신이 없었다면 건강하게 살기 힘들었을 거예요. 질병이나 대기 오염은 큰 피해를 주는 동시에 발명의 계기를 제공했어요.

• **벨기에 뮤즈 계곡 사건**(1930년)　벨기에 뮤즈 계곡에는 커다란 공업 단지가 생겼어요. 1930년 12월 1일부터 5일까지 계곡에 바람이 불지 않아서 공장에서 나온 오염 물질이 계곡에 가득

찼어요. 오염 물질과 안개가 결합한 스모그는 높이 100m, 폭 1km, 길이 30km에 이를 정도로 컸어요. 6000여 명이 몸에 이상 증상을 보였고, 63명이 목숨을 잃었어요.

- **런던 스모그**(1952년) 매연과 안개가 결합한 스모그가 시내에 퍼졌어요. 석탄과 석유 등 화석 연료를 너무 많이 사용해서 일어난 결과예요. 스모그의 영향으로 1만 2000여 명이 목숨을 잃었어요.
- **로스앤젤레스 스모그**(1954년) 자동차가 빠르게 늘어나면서 배기가스가 햇빛의 자외선과 반응해 스모그가 발생했어요. 스모그가 눈과 코, 호흡기 등을 자극했어요.

백 년 동안 사랑받아온 응급 처치, 일회용 반창고

큰 병이 유행해서 많은 사람의 목숨을 앗아가지만, 일상생활에서는 굳이 병원에 가지 않아도 되는 작은 상처나 통증이 생기는 경우가 대부분이에요. 베이지색 비닐(요즘엔 캐릭터도 인쇄되고, 모양과 색이 다양해요)에 구멍이 송송 뚫린 일회용 반창고는 간편하게 응급 처치할 수 있는 도구예요.

일회용 반창고를 처음 만든 사람은 미국인 얼 딕슨(1892~1961)이에요. 딕슨의 아내는 요리에 서툴러서 칼에 베이거나 뜨거운 물에 데곤 했어요. 거즈와 반창고로 상처를 싸매주다가, 딕슨은 자신이 없을 때를 대비해서 아내 혼자 상처를 치료할 반창고를 만들기로 해요. 딕슨은 치료용 거즈와 테이프를 만드는 존슨 앤드 존슨이라는 회사에 다녔어요. 회사에서 가져온 반창고를 일정한 크기로 자른 다음에 거즈를 붙여서 일회용 반창고를 만들었어요.

존슨 앤드 존슨은 1920년 딕슨이 발명한 일회용 반창고를 상품으로 제작했어요. 접착 면에 붙일 씌우개는 나일론과 비슷한 크리놀린 천을 찾아내서 해결했어요. 테이프 조각이라는 '밴드'와 구급용이라는 '퍼스트 에이드'를 합쳐서 '밴드 에이드'라는 이름을 붙였어요. 일회용 반창고는 큰 인기를 끌었어요. 발명된 지 100년이 지난 지금도 일회용 반창고는 변함없이 사랑받아요.

5부

다 함께 즐겁게

발명은 무엇인가 필요할 때 생겨난 결과라고 해요. 사람은 누구나 즐겁고 행복한 시간을 보내고 싶어 해요. 즐기려는 마음은 끝없이 솟아나서 새로운 즐거움을 찾기 때문에 놀고 즐기는 발명이 발달해요.

아주 간단한 구조여서 이런 것도 발명인가 싶겠지만, 미끄럼틀도 발명에서 시작한 놀이 기구예요. 축구공이나 배드민턴 셔틀콕은 발명에서 나온 놀이 도구예요. 농구는 운동 자체가 발명이랍니다. 자전거도 편하게 다니기 위해서 만든 발명품이에요. 사진은 생활의 일부예요. 우리가 즐겨 사용하는 에스엔에스에는 사진이 필수예요. 사진도 발명이에요. 음악을 들을 때 필요한 엠피스리 플레이어, 밖에 소리가 새지 않고 자신만 음악을 들을 수 있게 하는 헤드폰과 이어폰, 만화를 비롯해 프로그램을 볼 수 있는 텔레비전, 멋진 상상의 세계로 안내하는 영화 등 일상을 즐기도록 하는 발명은 수없이 많아요. 컴퓨터나 콘솔 게임기를 이용해서는 재미난 게임을 즐겨요.

(망원경) 1608년, 네덜란드
한스 리퍼세이(Hans Lippershey, 1570~1619)

(현미경) 1590년, 네덜란드
얀센 부자(Hans Janssen, ? / Zacharias Janssen, 1580~1683)

망원경 & 현미경
telescope & microscope

빛과 렌즈를 이용한
눈의 확장

⚙ 멀리 있는 물체를 가까이 볼 수 있게 하는 망원경

뮤지컬 보러 갔는데 무대에서 먼 자리에 앉았거나, 전망대에 올라갔을 때는 눈의 한계를 절실히 느껴요. 슈퍼 히어로의 초능력이 눈에 생겨서 멀리 봤으면 좋겠어요. 다행히 공연장에는 관람용 망원경을 준비해 가거나 빌리면 돼요. 전망대에 가면 대부분 커다란 망원경이 있어요. 망원경은 멀리 있는 물체를 가까이 볼 수 있게 하는 도구예요. 사람 눈의 약점을 보완해준답니다.

⚙ 수정 렌즈를 이용한 망원경

망원경은 1608년 네덜란드에서 안경을 만들던 한스 리퍼세이가 발명했어요. 당시 네덜란드에는 유리나 보석을 가공하는 기술이 발달했어요. 리퍼세이는 우연히 볼록 렌즈와 오목 렌즈를 겹쳐 보다가 두 렌즈 사이 간격을 벌리면 멀리 있는 교회 첨탑이 가까이 보이는 현상을 발견했어요(리퍼세이의 아들 또는 조수가 그랬다는 얘기도 있어요). 이 원리를 이용해 수정 렌즈를 이용한 망원경을 만들었어요. 리퍼세이 말고도 네덜란드에는 망원경을 개발하는 사람이 나왔어요.

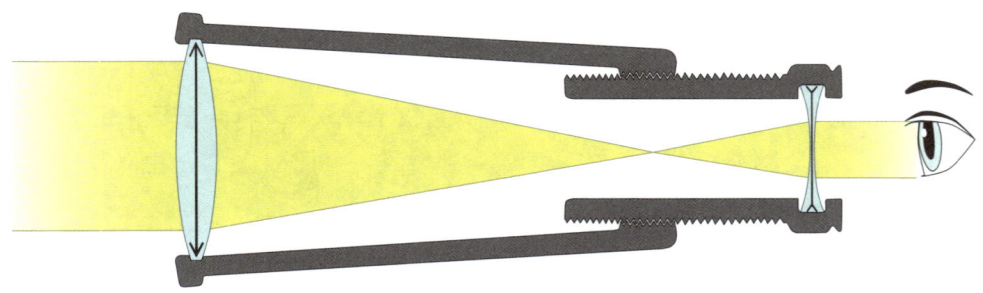

🔬 물체를 확대해서 크게 볼 수 있게 하는 현미경

현미경은 망원경과 비슷하면서 달라요. 1590년 네덜란드에서 안경을 만들던 얀센 부자가 만들었어요. 관 3개와 볼록 렌즈 2개를 사용했어요. 관을 접으면 3배, 펴면 10배 정도로 확대해서 볼 수 있어요. 물체가 커 보이기는 했지만 흐릿해서 실제로 널리 쓰이지는 않았어요. 현미경을 관찰과 연구에 사용한 사람은 영국 물리학자 로버트 훅(1635~1705)이에요. 1660년 현미경을 이용해 세포를 관찰하는 데 성공해요.

🔬 현미경의 원리

현미경은 물체에 가까운 쪽인 대물렌즈가 확대된 상을 만들고, 눈으로 보는 접안렌즈가 다시 한 번 확대해서 물체가 크게 보이도록 해요.

갈릴레오 갈릴레이와 굴절 망원경

리퍼세이가 망원경을 만들었다는 소식을 들은 갈릴레오 갈릴레이는 1609년 30배 이상 크기로 볼 수 있는 망원경을 제작해요. 리퍼세이의 망원경은 3~4배 크게 보는 데 그쳤지만, 갈릴레이의 망원경은 천체를 관측할 수 있어요. 달 표면의 산맥, 목성의 위성, 은하수, 태양의 흑점 등 천체를 관측하는 성과를 거둬요. 급기야 갈릴레이는 지구가 돈다는 지동설을 주장해요. 망원경이 우주관을 바꿔놓는 계기가 된 거예요.

갈릴레이가 만든 망원경은 굴절 망원경이에요. 빛 덕분에 사람은 눈으로 물체를 볼 수 있어요. 굴절 망원경은 렌즈 2개를 겹쳐놓은 구조예요. 대상을 바라보는 대물렌즈가 빛을 모아요. 빛은 렌즈에서 꺾여서 한 점에 모이면서 상이 맺혀요. 눈 쪽에 있는 접안렌즈는 상을 크게 보이도록 해요.

굴절

빛이 공기 중에서 다른 물질을 지날 때 꺾이는 현상이에요. 빛이 통과하는 물질에 따라 속도가 달라져서 굴절 현상이 생겨요. 강물의 깊이가 실제보다 얕아 보여요. 빛이 공기 중으로 나오면 더 빨라져서 꺾여서 그래요.

1790년, 프랑스
콩데 드 시브락(Comte De Sivrac, ?)

자전거 bicycle

인간 엔진 사용하는 친환경 이동 수단

상주자전거박물관

⚙ 자전거의 엔진은 사람이에요

　자동차나 기차, 비행기는 빠르고 편한 이동 수단이에요. 이들 이동 수단은 달릴 때 연료가 필요해요. 연료가 없다면 꼼짝없이 서 있어야 해요. 자전거는 자동차나 비행기보다 속도는 느리지만 연료가 들지 않아요. 타는 사람이 튼튼하면 얼마든지 달릴 수 있어요. 사람이 엔진인 셈이에요. 연료를 사용하지 않아 친환경적이고 연료비가 들지 않는 경제적인 이동 수단이에요.

⚙ 자전거의 발달

- **셀레리페르(Celeripere)** 자전거는 1790년 프랑스 귀족 콩데 드 시브락이 만들었어요. 셀레리페르라고 불렀는데 '빨리 달리는 기계'라는 뜻이에요. 축 2개에 바퀴를 고정한 형태인데 목마처럼 생겼어요. 발로 차서 달려야 하고 방향도 바꿀 수 없어요. 이동 수단보다는 놀이 기구로 많이 쓰였어요.
- **드라이지네(Draisine)** 방향을 바꿀 수 있는 자전거는 독일 남작 칼 폰 드라이스(1785~1851)가 1818년 만들었어요. 드라이지네라고 불렀는데 '빠른 발'이라는 뜻이에요. 앞바퀴에 방향을 바꿀 수 있는 방향타를 달았어요. 발판인 페달이 없어서 발로 땅을 차서 달지만 시속 15km까지 속도를 올릴 수 있었다고 해요.
- **벨로시페드(Vélocipède)** 페달이 달린 자전거는 1835년 영국에 사는 커크패트릭 맥밀런(1812~1878)이 만들었어요. 요즘 자전거처럼 체인이 달려 있지는 않아요. 페달을 앞뒤로 저으면 뒷바퀴가 돌아가는 구조예요. 1861년 프랑스에서 대장간을 운영하는 피에르 미셔 부자는

앞바퀴에 페달을 달아서 힘을 직접 앞바퀴에 전달해 돌게 하는 자전거를 만들었어요. '빠른 발'을 뜻하는 벨로시페드라고 불렀어요.

- **오디너리(Ordinary) 또는 빅휠(Big Wheel) 또는 패니파딩(Penny-farthing)** 1871년 영국 발명가 제임스 스탈리(1830~1881)는 앞바퀴가 크고 뒷바퀴는 작은 빅 휠 자전거를 개발했어요. 빅 휠은 자전거 역사상 가장 아름다운 자전거로 꼽혀요. 앞바퀴가 크면 같은 한 바퀴라도 달리는 거리가 늘어나 속도가 빨라지는 원리를 이용했어요. 모양은 아름다웠지만 안장 위치가 높아서 타고 내리기 힘들고 넘어지기라도 하면 다칠 위험이 컸어요.
- **세이프티(Safety)** 요즘과 비슷한 자전거 세이프티는 1874년 영국인 해리 로슨(1852~1925)이 만들었어요. 앞뒤 바퀴 크기가 비슷하고 두 바퀴 사이에 페달을 설치해 체인으로 뒷바퀴를 굴리는 형태예요.

▲ 오디너리 자전거

접이식 자전거

자전거는 유용한 이동 수단이지만 갖고 다니기는 쉽지 않아요. 어디 먼 곳에 가서 타려면 자동차에 싣고 가야 해요. 자동차에 실으려면 외부에 랙을 설치해서 고정해야 해요. 접이식 자전거는 작게 접혀서 자동차 트렁크에 넣을 수 있어요. 굳이 랙을 설치하지 않아도 돼요. 접이식 자전거는 최신 기술처럼 보이지만 아이디어는 이미 19세기 후반에 나왔어요. 1888년 미국 발명가 에미 라타(1849~1925)가 특허를 받았어요. 이후 여러 발명가가 접이식 자전거에 도전해 1890년대 중반 상업화한 모델이 나와요.

굳이 사지 않아도 이용할 수 있는 공유 자전거

자전거는 편리하지만 목적지에 도착한 후에 세워놓을 곳이 마땅치 않아요. 자물쇠를 채워놓아도 잃어버리기 쉬워요. 가까운 거리를 자전거로 이동하고 다른 이동 수단으로 갈아타려면 자전거를 보관하기가 모호해요. 공유 자전거 또는 공공 자전거는 이런 문제를 해결해요. 굳이 자전거를 소유하지 않아도 비용을 내고 자전거를 빌려 탈 수 있어요. 목적지에서 반납해도 되므로 이동하기도 자유로워요.

1826년, 프랑스
조제프 니세포르 니엡스(Joseph Nicéphore Niépce, 1765~1833)

사진 photography

빛으로 그리는 그림

⚙️ 사진은 빛의 반응을 이용해요

사진을 뜻하는 포토그래피(photography)라는 말은 1839년 영국 과학자 존 허셜(1792~1871)이 처음 사용했어요. 포토그래피는 '빛으로 그림을 그리다'는 뜻이에요. 단어의 뜻처럼 사진의 기본 원리는 빛의 반응이에요. 빛과 화학 물질을 이용해 상을 만들어내요.

⚙️ 사진의 역사

- **헬리오그래피** 처음 사진을 찍은 사람은 프랑스 발명가 조제프 니세포르 니엡스예요. 1826년 자신이 발명한 카메라로 정원을 찍었어요. 무려 8시간이나 걸렸어요. 천연 아스팔트를 바른 판을 카메라 오브스쿠라에 달아 세계 최초로 바깥 풍경을 사진에 담았어요. 촬영한 후 판을 라벤더유로 씻어내면 햇빛을 받은 부분은 굳어서 그대로 남고 나머지 부분은 씻겨 내려가요. 햇빛을 받아 남은 부분이 이미지를 형성하는 거예요. 니엡스는 자신의 방식을 '헬리오그래피'라고 이름 붙였어요.
- **다게레오타이프** 니세포르가 사진을 찍었다는 소식을 들은 프랑스인 루이 자끄 다게르(1787~1851)는 니엡스에게 함께 사진을 연구하자고 제안해요. 다게르는 니세프와 달리 은으로 도금한 동판과 요오드를 사용했어요. 은판 사진술이라고 하는데, 다게르는 자신의 방식에 '다게레오타이프'라고 불렀어요. 니세포르 방식보다 사진을 찍는 시간은 줄어서 7분이 걸렸어요. 1839년 다게레오타이프 방식을 완성한 후 과학 아카데미에 발표해요.
- **코닥 롤필름 카메라** 초창기 사진기는 매우 컸어요. 사진은 찍는 시간도 오래 걸리고 종이에 나

타내는 인화 작업도 불편하고 번거로웠어요. 셀룰로이드 필름이 개발되면서 사진 찍기도 편해지고 인화도 쉬워졌어요. 코닥이라는 회사에서 필름을 내놓으면서 사진은 대중화가 빠르게 진행돼요. 코닥을 세운 조지 이스트먼(1854~1932)은 돌돌 말린 롤필름을 발명했어요. 1888년 코닥은 롤필름을 넣은 카메라를 만들었어요.

자신의 모습을 찍는 셀카

자기 자신을 찍는 사진을 셀카 또는 셀피라고 해요. 소셜 네트워크 서비스(SNS)가 발달하면서 자신의 모습을 찍어서 올리는 문화가 자리 잡았어요. 2013년 옥스퍼드 대학교가 올해의 단어로 셀피를 선정했을 만큼 익숙하고 흔한 말이 됐어요. 스마트폰에는 기본적으로 전면부에 카메라가 있어서 손쉽게 화면을 보면서 자기 얼굴을 찍을 수 있어요. 셀카를 편하게 찍을 수 있는 셀카봉도 나왔어요. 최초의 셀카는 1839년 네덜란드 태생의 미국 화학자 로버트 코닐리어스(1809~1893)가 찍었다고 해요.

▲ 최초의 셀카. 1839년 코닐리어스가 스스로를 찍은 사진

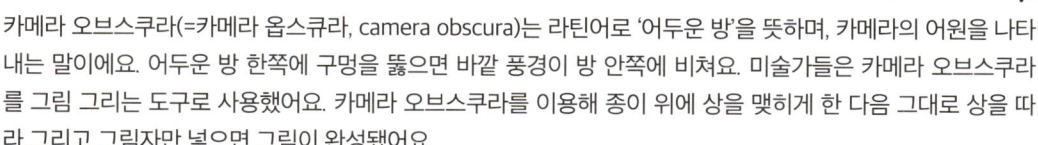

카메라 오브스쿠라

카메라 오브스쿠라(=카메라 옵스큐라, camera obscura)는 라틴어로 '어두운 방'을 뜻하며, 카메라의 어원을 나타내는 말이에요. 어두운 방 한쪽에 구멍을 뚫으면 바깥 풍경이 방 안쪽에 비쳐요. 미술가들은 카메라 오브스쿠라를 그림 그리는 도구로 사용했어요. 카메라 오브스쿠라를 이용해 종이 위에 상을 맺히게 한 다음 그대로 상을 따라 그리고 그림자만 넣으면 그림이 완성됐어요.

카메라 오브스쿠라는 레오나르도 다빈치(1452~1519)가 최초로 기록을 남겼어요. 카메라 오브스쿠라의 원리는 기원전 2000여 년경 아리스토텔레스 시대부터 알았어요. 16세기 르네상스 시대에 직육면체 상자로 만든 카메라 오브스쿠라가 등장했어요. 카메라 오브스쿠라에 맺힌 상을 손으로 그리지 않고 얻어내는 방법을 연구하려는 노력이 사진의 발명으로 이어졌어요.

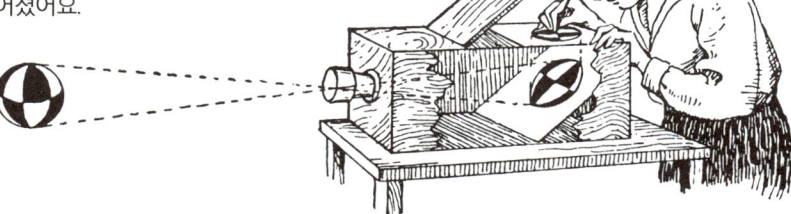

19세기 중반, 영국
발명자 불명

셔틀콕 shuttlecock

시속 330km
가장 빠른 공

⚙ 셔틀콕에 오리털이나 거위 털만 쓰는 이유

네트를 사이에 두고 하는 운동 경기는 여러 가지예요. 배구, 테니스, 탁구, 족구, 배드민턴 등. 이 중에서 배드민턴은 유일하게 동그란 공을 사용하지 않아요. 셔틀콕이라는 전용 공을 써요. 셔틀(shuttle)은 왔다 갔다 한다는 뜻이고, 콕(cock)은 닭을 뜻해요. 닭털을 꽂은 공이 네트 사이를 왔다 갔다 하는 모양에서 유래했어요.

셔틀콕은 가죽을 씌운 반구형 머리에 깃털이 둘러싼 형태예요. 길이는 대략 7cm, 무게는 5g 정도, 날개는 14~16개예요. 날개를 나일론이나 플라스틱으로 만든 셔틀콕도 있어요. 날개로 쓰는 깃털의 종류와 모양에 따라 셔틀콕이 날아가는 특성도 달라져요. 배드민턴 규칙이 정해지기 전에는 닭털, 양모, 털실 등 여러 가지 소재를 사용했어요. 요즘에는 주로 오리털이나 거위 털로 만드는데, 국제 대회에는 거위 털 제품만 써요. 거위 털이 내구성과 성능이 우수해서 그래요. 동물 보호를 위해 국제 대회에서 인조 깃털 셔틀콕을 사용할 수 있게 했어요.

⚙ 온도가 올라가면 셔틀콕이 날아가는 속도도 빨라지는 이유

온도는 배드민턴에 영향을 미치는 요소예요. 셔틀콕은 공기 저항을 많이 받아요. 공기 저항은 온도에 따라 달라져요. 밀도는 어떤 물체를 이루는 요소의 빡빡한 정도를 가리키는데,

공기는 온도가 올라가면 밀도가 낮아져요. 공기를 이루는 분자가 활발하게 움직이면서 퍼져서 그래요. 온도가 올라가면 공기 저항도 작아져서 셔틀콕이 날아가는 속도도 빨라져요. 1℃ 올라가면 2~3cm 정도 더 나가요. 셔틀콕에는 번호가 적혀 있는데, 속도를 나타내요. 온도 변화에 따라 알맞은 셔틀콕을 골라 쓰라는 표시예요.

배드민턴의 유래

배드민턴이 시초에 관해서는 여러 설이 있어요. 1820년대 인도에서 유행한 푸나라는 놀이를 정설로 봐요. 푸나는 공에 새 깃털을 꽂아서 손이나 방망이로 쳐서 넘기는 놀이예요.
영국군 장교가 푸나를 보고 본국에 돌아가 경기로 만들었어요. 영국에 사는 뷰포트 공작이 게임을 열심히 했는데, 자신의 영지에서 게임을 열곤 했어요. 게임 이름을 자신의 저택 이름을 따서 배드민턴이라고 불렀다고 해요.

구기 종목 중에서 공 속도가 가장 빠른 셔틀콕

공으로 하는 운동은 빠르게 판단해서 공을 차거나 쳐내야 해요. 야구에서 타자가 공을 칠 때까지 주어지는 시간은 대략 0.4초 정도예요. 투수가 야구공을 던졌을 때 타자가 판단할 수 있는 시간은 0.19초이고, 0.23초 안에 배트를 휘둘러야 해요. 엄청난 집중력과 빠른 순발력이 필요해요. 야구공은 빨라야 시속 150km예요.
배드민턴 셔틀콕은 시속 330km로 날아가요. 0.1초 만에 받아내야 해요. 셔틀콕은 순간 속도가 시속 330km가 넘어요. 무게가 5g 정도에 불과해서 순간적으로 엄청난 속도를 내요. 동그란 공 중에서는 골프공이 시속 300km를 넘겨요. 그다음은 테니스공과 탁구공이 시속 250km 정도예요.
셔틀콕은 순간 속도가 빠르지만 그만큼 속도가 빠르게 줄어들어요. 깃털의 결 때문에 회전이 발생해 빠르게 날아가지만 멀리 가지는 못해요. 셔틀콕 전체가 받는 공기 저항이 커서 빠르게 직선으로 날아가다가 속도가 확 줄어서 포물선을 그리며 떨어지는 특성을 보여요.

1855년, 미국
찰스 굿이어(Charles Goodyear, 1800~1860)

축구공 soccer ball

수학으로 만들고
과학으로 찬다

⚙ 최초의 축구공은 고무로 만들었어요

선사 시대부터 돌멩이나 둥그런 물체는 공으로 쓰였어요. 고대 그리스에서는 마른 풀을 뭉쳐서 사용하고, 중세 때는 소나 돼지 방광을 이용했어요. 털 뭉치를 그대로 사용하거나 가죽으로 싸서 공을 만들기도 했어요. 1839년 미국의 화학자 찰스 굿이어는 가황 고무를 발명했어요. 가황 고무는 생고무에 유황을 넣고 가열하여 탄력성이 있어요. 찰스 굿이어는 1855년에 가황 고무를 사용해 축구공을 만들었어요. 1872년 잉글랜드 축구 협회가 축구공은 가죽으로 만들어야 한다는 규정을 내놨어요. 이후 축구공은 가죽으로 만들었어요. 가죽 축구공은 비가 오면 물이 스며들었어요. 1986년 피파 월드컵부터 인조 합성 가죽으로 만든 축구공을 사용해요.

⚙ 월드컵 축구 대회 공인구의 조각 수

여러 조각 가죽을 이어 붙여서 만들기 때문에 축구공은 완전하게 둥글지 않아요. 지금도 완벽하게 둥그런 축구공은 없어요. 공이 둥글수록 공기 저항에 균형을 유지해서, 공을 찼을 때 정확하게 목표한 지점으로 날아가요. 1960년대 이전에는 길쭉한 12조각, 18조각으로 만들었어요. 1960년대 들어 오각형 12장과 육각형 20장을 조합한 32조각 공이 나왔어요.

공인구는 구기 종목에서 위원회나 커미셔너가 공식적으로 사용을 인정한 공을 말해요. '산티아고'라 부른 최초 공인구는 1963년 아디다스가 만들었어요. 1966년 잉글랜드 월드컵에서 공인구를 실험하고 1970년 멕시코 월드컵부터 32조각으로 만든 공인구 '텔스타'를 정식으로 사용해요. 2006년 독일 월드컵 때는 14조각, 2010년 남아공 월드컵 때는 8조각, 2014년 브라질 월드컵에는 6조각으로 줄었어요. 공 모양은 더 구형에 가까워졌어요.

공의 움직임이 변하는 바나나킥과 무회전킥

축구공은 둥글게 생긴 데다가 바람을 가르며 나아가므로 회전이나 공기의 영향에 따라 진행 방향이 달라져요. 바나나킥은 바나나처럼 공이 휘어지며 나아가요. 공의 한쪽을 강하게 차면 회전하며 나아가는데, 축구공을 둘러싼 공기 흐름의 변화가 생겨요. 회전하는 쪽은 공기 흐름에 거슬러 압력이 높아지고, 반대쪽은 흐름과 일치해 압력이 낮아져요. 공이 압력이 낮은 쪽으로 이동하면서 휘는 현상이 발생해요. 이런 현상을 '마그누스 효과'라고 해요.

무회전킥은 공의 아랫부분을 차서 회전이 일어나지 않게 하는 방법이에요. 공기가 공의 위아래로 갈리면서 뒤쪽에 소용돌이가 발생해요. 이런 현상을 '카르만 소용돌이'라고 해요. 소용돌이의 움직임이 일정하지 않아서 공의 움직임도 불규칙해져요.

프리킥 할 때 공격 선수와 수비 선수의 거리를 9.15m로 정한 이유

경기 중에 선수가 반칙하면 상대편에 공을 찰 기회를 줘요. 프리킥이라고 하는데, 차는 선수와 수비벽 사이에 9.15m 거리를 둬요. 프리킥 속도는 빠를 때는 시속 150km에 이를 정도로 엄청나요. 맞으면 선수가 다쳐요. 공이 휘는 마그누스 효과는 9.15m부터 발생해요. 수비수가 다치지 않도록 공이 휘는 지점인 9.15m에 수비벽을 세워요.

정다면체와 준정다면체

정다면체는 모양이 같은 정다각형이 각 꼭짓점에서 만나는 면의 개수가 같은 도형을 말해요. 정사면체는 정삼각형 4개를 모아서 만들어요. 정다면체는 정사면체, 정육면체, 정팔면체, 정십이면체, 정이십면체, 이 5개밖에 없어요. 정다면체와 비슷하지만 정다각형을 2개 이상 사용하고 꼭짓점에 모인 면의 개수가 같은 다면체를 준정다면체라고 해요. 정다면체의 꼭짓점을 깎아서 만들어요. 준정다면체는 모두 13개예요. 기원전 300여 년 전 아르키메데스가 발견했어요. 축구공은 정이십면체 꼭짓점을 깎아 만든 준정다면체예요. 정오각형 12개와 정육각형 20개가 모여 있어요.

 정사면체  정육면체  정팔면체  정십이면체  정이십면체

1857년, 프랑스
에두아르 레옹 스콧(Édouard-Léon Scott, 1817~1879)

축음기 gramophone

소리를 보관하는 기계

재생되지 않고 기록만 할 수 있던 초창기 축음기

어떤 제품은 시대에 따라 기능이 발전하고 형태가 완전하게 바뀌어 경험하지 못하기도 해요. 음악을 저장하는 매체는 크게 엘피(LP), 카세트테이프, 시디(CD)로 변해왔어요. 엘피와 카세트테이프는 거의 사라졌고, 엠피스리(엠피스리는 "엠피스리 플레이어" 참고)의 등장으로 시디도 사용이 크게 줄었어요. 사라진 저장 매체는 옛날 영화나 드라마에서나 볼 수 있어요. 종종 옛것을 찾는 유행이 찾아오면 추억을 되살리는 물품으로 다시 등장하기도 해요.

축음기는 '소리를 보관하는 기계'라는 뜻이에요. 원반 또는 원통에 홈을 파서 소리를 기록한 후에 재생하는 장치예요. 축음기는 프랑스 아마추어 발명가인 에두아르 레옹 스콧이 1857년 만들었어요. 그을음을 바른 종이를 감싼 원통을 돌리면, 털이 지나가면서 소리의 진동을 기록했어요. 재생은 되지 않고 기록만 할 수 있어요.

목소리를 녹음하거나 듣는 이야기하는 기계를 발명한 에디슨

재생까지 할 수 있는 기계를 만든 사람은 토머스 에디슨(1847~1931)이에요. 원통에는 구리판에 납과 주석을 섞어 종이처럼 얇게 늘인 석박을 붙여서 회전하면서 소리를 녹음했어요. 다시 돌리면 진동판에 연결된 바늘이 훑고 지나가면서 소리를 냈어요. 소리가 작아서 제대로 쓸 수 없었어요. 성능을 개선하여 1877년 〈메리에게는 어린 양이 한 마리 있네〉라는 노래를 에디슨이 직접 녹음하고 재생하는 데 성공했어요. 특허는 '이야기하는 기계(speaking machine)'로 등록했어요. 에디슨은 음악보다는 목소리를 녹음하거나 듣는 용도로 사용하려고 했어요.

축음기의 표준 저장 장치, 엘피

에디슨이 축음기를 발명한 이후 20년 뒤인 1887년, 독일계 미국인 발명가 에밀 베를리너(1851~1929)가 그라모폰을 개발해 1895년 특허를 받으면서 동그랗게 생긴 음반을 대량 생산하는 길이 열렸어요. 그라모폰 이후 원반형 미디어 시대가 열렸어요. 1948년에는 축음기 표준 저장 장치 중 하나인 엘피가 나와요. 엘피는 축음기 하면 떠오르는 검은색 동그란 원판을 대표해요. 엘피는 '긴 재생(long play)'을 뜻해요. 한 면에 30분 정도 기록할 수 있어요. 이전에는 5분에 불과했으니 당시에는 엄청나게 기록 시간이 늘어난 거예요.

소리를 기록하는 작은 플라스틱 갑, 카세트테이프

표면에 산화 철 따위의 자성 물질을 칠한 긴 띠 모양의 테이프에 음성을 저장해요. 크기가 작아서 공간을 많이 차지하지 않아요. 재생하면 헤드가 정보를 읽은 후 소리를 키우는 과정을 거쳐 스피커로 내보내요. 1928년 자기 테이프가 처음 나왔고, 필립스가 1963년 현대적인 카세트테이프를 개발했어요.

레이저로 저장하고 읽는 시디

시디는 '콤팩트디스크(compact disc)'의 약자예요. 1970년대 후반 네덜란드의 전기 전자 업체 필립스와 일본의 전자 제품 회사 소니가 공동 개발해 1982년 선보였어요. 시디는 빛을 이용해 디지털 정보를 저장해요. 레이저로 시디 표면에 홈을 새겨 정보를 기록해요. 읽을 때도 레이저를 사용하는데, 홈 모양에 따라 반사되는 세기가 달라지는 원리를 이용해요.

1891년, 미국
제임스 네이즈미스(James Nasmyth, 1861~1939)

농구 basketball

바구니에 공 던지기가
스포츠로

🔧 농구는 처음부터 규칙을 정해서 고안해낸 경기예요

　장비와 운동장과 인원. 운동할 때 가장 먼저 고려해야 하는 요소예요. 야구처럼 장비가 많거나 축구처럼 넓은 공간이 필요한 운동은 아무 때나 하기가 쉽지 않아요. 인원도 많아야 해요. 농구는 공과 골대만 있으면 돼요. 정식 경기는 한 팀이 5명이지만, 길거리 농구는 3명이면 충분해요. 실내에서도 할 수 있어요. 규칙도 어렵지 않아요. 언제든 어디서든 가장 쉽게 할 수 있는 운동 중 하나예요.

　농구는 제임스 네이즈미스 박사가 1891년 고안했어요. 자연적으로 발생해 나중에 규칙을 세운 다른 스포츠와 달리 농구는 처음부터 규칙을 정해놓고 시작한 스포츠예요. 네이즈미스 박사는 캐나다 출신 체육 교육가예요. 미국의 매사추세츠 와이엠시에이 훈련 학교에서 일할 때 학생들이 쉽게 배우고 재미있게 즐길 겨울철 실내 운동을 찾다가 농구를 고안했어요. 격렬한 축구와 달리 학생들이 덜 다치게 하려는 목적도 있어요.

　안전하게 즐기기 위해 공은 큰 것을 쓰기로 했어요. 처음부터 농구 골대는 높은 곳에 설치하려고 했대요. 골대는 마침 체육관에 있던 복숭아 바구니를 사용했어요. 농구를 뜻하는 바스켓볼이라는 단어도 바구니(basket)에 공(ball)을 던져 넣는 경기여서 붙인 이름이에요. 첫 경기는 미국 매사추세츠 스프링필드에 있는 와이엠시에이에서 1891년 12월에 열렸어요.

⚙️ 초창기 농구

• **바닥이 막힌 바구니** 처음 고안했을 때는 바구니 바닥이 막혀 있었어요. 골을 넣으면 진행자가

사다리를 타고 올라가 공을 꺼냈어요. 철제 고리에 그물을 단 골대는 1914년에 나왔어요.
- **숫자 제한 없는 선수** 현재 농구는 한 팀에 5명이 뛰어요. 초창기에는 제한이 없어서 한 팀에 수십 명이 뛰기도 했어요. 선수가 너무 많아서 골이 제대로 들어가지 못해 1대 0으로 끝나기도 했답니다.

백보드가 투명한 이유

골대를 달아놓은 네모난 백보드는 투명해요. 초창기에는 불투명한 철판이나 목재를 쓰다가 유리로 바뀌었어요. 백보드가 관중의 시야를 가려서예요. 더 많은 관람객을 끌어들이기 위한 개선책이었어요.

농구공 색이 주황인 이유

대부분 스포츠에 사용하는 공은 하얀색인데 농구공은 주황이에요. 농구 코트의 바닥은 갈색 계열이어서 공과 색이 비슷해요. 하얀색 공을 쓰면 바닥과 색이 대비돼서 눈이 금세 피로해져요. 빠르게 움직이는 공을 계속 봐야 하는 선수들에게 큰 부담이 될 수 있어서, 농구 코트의 바닥과 비슷한 색의 공을 사용한답니다.

공을 골대에 잘 넣는 방법

농구 선수는 여러 가지 기술을 활용해 골 성공률을 높여요. 보통 골이 잘 들어가게 하려면 역회전을 줘야 해요. 손에서 떠나갈 때 손가락과 손목으로 공을 회전시켜요. 공이 회전하지 않으면 백보드에 부딪혔을 때 같은 각도로 튀어 나가서 골대로 들어가기 쉽지 않아요.
회전을 주면 백보드에 부딪히는 순간 생긴 마찰력이 위로 작용하고, 마찰력의 반작용으로 아래쪽으로 큰 힘이 생겨서 공이 골대로 빨려 들어갈 확률이 높아져요. 농구공 겉면에 우툴두툴한 돌기가 있는데, 미끄러짐도 예방하고 회전력을 잘 일으키기 위한 목적이에요.

1895년, 프랑스
뤼미에르 형제(Auguste Marie Louis Nicholas Lumière, 1862~1954 / Louis Jean Lumière, 1864~1948)

영화 cinema

고정된 사진이
움직이는 장면으로

⚙ 영사기를 발명하고 최초의 영화를 찍은 뤼미에르 형제

사진이 발명된 이후 사진을 이어 붙여 움직이게 하는 영상 기술이 등장했어요. 기네스북에 오른 최초 영상은 1888년 프랑스 발명가 루이스 르 프린스(1841~1890)가 만든 〈라운드 헤이 정원〉이에요. 길이가 2.11초에 불과한 짧은 영상이에요. 1889년 토머스 에디슨은 키네토스코프라는 기계를 만들어요. 영상을 촬영하고 볼 수 있는 기계예요. 전망대에 있는 망원경처럼 기계 하나에 1명만 보는 일인용 형태였어요.

영화의 시작은 기준을 어떻게 잡느냐에 따라 달라요. 보통 영화 촬영하는 기계가 있어야 하고, 화면에 비추는 기계, 스크린에 비추는 방식, 돈 받고 공개 상영, 이렇게 네 가지 조건을 만족해야 영화로 인정해요. 진정한 영화의 시작은 발명가였던 뤼미에르 형제가 열었어요. 1895년 뤼미에르 형제는 영사기인 시네마토그래프라는 기계를 발명해요. 많은 사람에게 동시에 영상을 보여주는 장치였어요. 영화를 뜻하는 시네마(cinema)라는 단어도 이 기계에서 비롯됐어요.

공식 세계 최초 영화는 1895년 3월 22일 비공개로 상영한 〈뤼미에르 공장을 나서는 노동자들〉이에요. 가장 유명한 작품은 1896년에 상영한 〈열차의 도착〉이에요. 길이는 50초 정도이고 열차가 정지하는 모습을 찍었어요. 열차가 도착하는 모습을 본 일부 관객은 놀라서 밖으로 뛰쳐나갔다고 해요. 시네마토그래프가 나올 당시 움직임을 촬영하고 재생하는 장치는 여러 개가 나왔어요. 〈열차의 도착〉은 돈을 받고 공개 장소에서 처음 상영한 영화여서 최초의 상업 영화로 인정받아요.

사진을 움직이게 하는 영사기 원리

영사기는 사진을 움직이게 하는 장치예요. 여러 장의 사진을 빠르게 돌려 마치 움직이는 장면처럼 보이게 해요. 종이에 그림을 차례로 그린 후 한꺼번에 넘기면 움직이는 장면처럼 보이는 현상과 비슷한 원리예요.

영국 사진가 에드워드 마이브리지(1830~1904)가 원리를 발견했어요. 경마광이었던 마이브리지는 말이 달릴 때 두 발이 모두 땅에서 떨어지는지 알고 싶었어요. 1878년 말이 달리는 모습을 연속으로 찍기 위해 노력한 끝에 1초에 사진 82장을 찍는 데 성공해요. 이듬해 마이브리지는 연속 촬영된 동물의 움직임을 연속적으로 생생하게 보여주는 주프락시스코프를 발명했어요. 주프락시스코프는 스크린에 영화를 비추는 영사기의 원형으로 인정받아요.

일반 영화관보다 훨씬 큰 스크린에서 보는 영화, 아이맥스

아이맥스(IMAX)는 Image Maximum을 줄인 말이에요. 사람의 눈이 인식할 수 있는 범위를 모두 영상으로 채우는 영화 상영 기법이에요. 캐나다 영화 제작사 아이맥스에서 처음 개발했어요. 아이맥스는 1968년 창립했어요. 전용 카메라와 70mm 전용 필름을 사용해 촬영한 후, 초대형 스크린이 있는 아이맥스 전용관에서 상영해요.

영화는 잔상 현상을 이용해요

사람의 눈에는 방금 본 영상이 사라져도 망막에 잠깐 잔상이 남아서 계속 보는 듯한 착각에 빠져요. 눈의 착시 현상 때문인데, 눈으로 본 장면이 뇌에 잠깐 남아서 그래요. 고정된 이미지를 빠르게 연속해서 보면 끊기지 않고 움직이는 장면으로 느끼게 돼요. 영사기는 찍은 필름을 1초에 24번 보여줘요. 잔상 때문에 계속해서 이어지는 듯이 보이게 된답니다.

(헤드폰) 1909년, 미국
나다니엘 볼드윈(Nathaniel Baldwin, 1878~1961)

(이어폰) 1891년, 프랑스
에르네스트 메르카디에(Ernest Mercadier, 1836~1911)

헤드폰 & 이어폰
headphone & earphone

혼자서 들어요

🔧 나만 크게 들어야 하는 에티켓을 지킬 때 필요한 이어폰과 헤드폰

스마트폰과 이어폰은 단짝이에요. 살 때 아예 이어폰이 제품에 포함돼서 나와요. 최근에는 선 없는 블루투스 이어폰이 인기를 끌어요. 스마트폰이 아니더라도 음악 재생 기능을 갖춘 제품에는 이어폰이나 헤드폰이 필수예요. 다른 사람에게 시끄럽게 피해 주지 않고 들어야 할 상황이나 음악을 좀 더 귀에 직접 들을 때 유용하게 쓰여요.

🔧 헤드폰

헤드폰은 미국인 발명가 나다니엘 볼드윈이 1909년에 발명했어요. 미국 해군에 납품하기 위한 제품이었는데 부엌에서 만들었다고 해요.

음악을 듣기 위한 제품은 1937년 독일 베이어다이내믹 회사에서 개발했어요. 제품 이름은 DT-48이에요. 회사 설립자인 유겐 베이어(1882~1940)는 스피커를 보고 헤드폰을 개발하기로 마음먹었어요. 유겐 베이어는 듣고 싶지 않은 사람이 어쩔 수 없이 소리에 노출되는 장면을 봤어요. 스피커를 사람 귀보다 작게 만들면 다른 사람에게 피해 주지 않으면서 음악을 들을 수 있겠다고 생각했어요. 베이어가 만든 헤드폰은 다이내믹 드라이버 방식이에요. 전자석을 이용해서 코일이 붙은 플라스틱 재질 진동판을 흔들어서 소리를 내요. 지금도 헤드폰에 가장 많이 쓰는 구조예요.

⚙️ 이어폰

이어 버드 또는 귀에 들어간다고 해서 '인 이어(in-ear)' 헤드폰이라고 해요. 음악 청취용 이어폰은 1980년대 이후 등장했지만, 소리를 들을 목적으로 만든 제품은 이미 19세기 말에 나왔어요. 프랑스 전기 엔지니어 에르네스트 메르카디에는 1891년 인 이어 헤드폰 특허를 받았어요. 전화 통화를 편하게 할 목적으로 만들었어요.

워크맨

1979년 일본 회사 소니는 워크맨이라는 카세트테이프 플레이어를 내놨어요. 크기가 손안에 들고 다닐 정도로 작아서 음악을 야외에서 듣는 길을 열었어요. 워크맨으로 음악을 들으려면 헤드폰이 꼭 있어야 해요. 휴대하기 쉽게 헤드폰의 크기도 작아졌어요. 1982년 헤드폰보다 더 작은 귀에 꽂는 이어폰이 나왔어요.

▲ 워크맨과 이어폰

소음으로 소음을 없애는 노이즈 캔슬링

노이즈 캔슬링은 소음을 없애는 기술이에요. 음악 들을 때 주변 소음을 없애 오직 음악에만 집중할 수 있게 해요. 1933년 독일 물리학자 폴 루에그가 노이즈 캔슬링 개념을 세우고 특허를 냈어요. 1950년대에 미국 공학자 로렌스 포겔(1928~2007)은 노이즈 캔슬링 헤드폰을 발명했어요. 헬리콥터 조종사의 청력을 보호할 목적이었어요.

상용화된 노이즈 캔슬링 헤드폰은 1980년대 중반에 나와요. 아마르 보스(1929~2013) 박사는 1978년 비행기를 타고 출장을 가면서 헤드폰을 꼈는데 객실 소음이 너무 커서 음악을 제대로 들을 수 없자 노이즈 캔슬링 헤드폰을 만들기로 해요. 1986년 첫 시제품이 나왔어요.

소음에는 진동이 있어요. 진동을 반대로 주면 진동이 사라져요. 소음으로 소음을 없애는 거예요. 외부 마이크가 소음을 감지하면 프로세서가 반대 진동을 만들어서 소음을 없애요.

미끄럼틀
slide

중력과 에너지가
놀이의 원천으로

1922년, 영국
찰스 윅스티드(Charles Wicksteed, 1847~1931)

⚙ 미끄러질 뿐인데 재미있는 놀이기구, 미끄럼틀

미끄럼틀을 처음 발명한 사람은 영국 발명가 찰스 윅스티드예요. 1922년에 만들었어요. 높이는 4m이고 나무판을 경사지게 설치한 형태예요. 처음 만든 미끄럼틀은 양옆에 손잡이가 없어요. 1929년에는 나무와 철을 이용해서 개선했어요. 끝부분은 곡선으로 만들어 다 내려올 즈음 속도가 줄게 했어요. 5년 후에는 소재를 철만 사용하고 양옆에 안전 바를 설치했어요.

⚙ 세계에서 가장 높고 긴 미끄럼틀

영국 런던의 퀸엘리자베스 올림픽 공원에 있는 올림픽 기념 조형물인 아르셀로미탈 오르빗은 높이가 115m나 돼요. 전망대에서 내려올 때는 '더 슬라이드'라는 이름의 미끄럼틀을 타고 내려올 수 있어요. 벨기에 설치 예술가 카르스텐 휠러가 만들었어요. 미끄럼틀 높이는 76m이고 길이는 178m예요. 투명한 플라스틱으로 덮어서 바깥을 볼 수 있고, 내려오는 데 40초 걸려요.

⚙ 물에서 타는 미끄럼틀, 워터 슬라이드

워터 슬라이드는 물 미끄럼틀이에요. 워터파크에 빠지

▲ 아르셀로미탈 오르빗

지 않고 있는 놀이 기구예요. 맨몸으로 또는 튜브나 고무보트를 타고 이용해요. 세계에서 가장 긴 워터 슬라이드는 말레이시아의 페낭에 있어요. 2019년 정글에 있는 테마파크에 길이 1111m짜리 워터 슬라이드를 만들었어요. 높이는 70m예요. 이전에는 미국 뉴저지 유에스 테마파크에 있는 605m짜리가 가장 길었어요.

비행기의 탈출 미끄럼틀

비행기에 비상 상황이 발생하면 신속하게 탈출해야 해요. 항공법에는 항공기에 비상 상황이 발생하면 90초 이내에 모든 승객과 승무원이 대피해야 한다고 규정해요. 계단으로 걸어서 대피하면 시간이 오래 걸려서 탈출 미끄럼틀(escape slide)을 사용해요. 비행기 문을 안쪽에서 보면 아래쪽에 두툼하게 튀어나온 부분이 탈출 미끄럼틀이 들어 있는 위치예요.

탈출 미끄럼틀이 작동하면 내부에 질소가스가 팽창해 10초 이내에 부풀어요. 슬라이드는 섬유 재질이어서 찢어지기 쉬워요. 안경이나 하이힐 등 날카로운 물건은 버리고 타야 해요. 비행기가 물에 떨어졌을 때는 탈출 미끄럼틀이 구명보트 역할도 해요. 팽창식 탈출 미끄럼틀은 1965년 호주 콴타스 항공에 안전 감독관으로 일하던 잭 그랜트가 발명했어요.

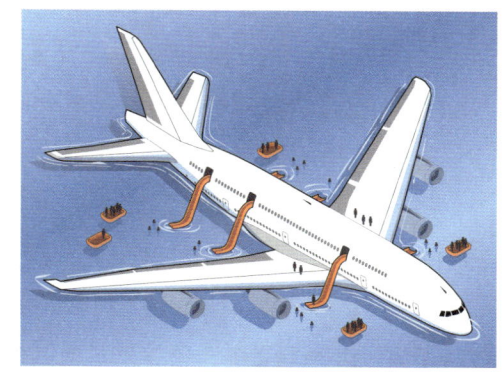

미끄럼틀의 원리

미끄럼틀에는 지구가 잡아당기는 중력이 작용해서 밑으로 내려가게 돼요. 높은 곳에 있는 물체는 위치 에너지가 생겨요. 미끄럼틀 출발점에 선 물체가 지닌 위치 에너지가 내려가면서 운동 에너지로 바뀌고 가속도가 붙어서 빠르게 내려와요. 미끄럼틀 바닥 면에 마찰력이 작용해서 위치 에너지가 운동 에너지로 다 바뀌지는 않아요. 바닥을 미끄럽게 해서 마찰력을 줄인답니다.

1925년, 영국
존 베어드(John Baird, 1888~1946)

텔레비전
television

상자 안에서 일어나는
영상 마법

텔레비전은 멀리서 본다는 뜻이에요

티브이(TV)는 텔레비전(television)의 약자예요. 멀리서(tele) 본다(vision)는 뜻이에요. 방송국에서 영상과 소리를 전파로 바꿔서 보내면 가정에서는 텔레비전이 신호를 받아서 다시 영상으로 만들어서 화면에 띄워요. 높은 산에는 방송국 송신소가 있어서 전파를 공중으로 내보낸답니다. 전파를 잡기 위해 집 지붕에 안테나를 설치해요. 아파트 같은 공동주택은 옥상에 공용 안테나를 설치하고 각 가정에 연결해요. 벽에 있는 안테나 단자에 텔레비전을 연결하면 방송을 볼 수 있어요. 요즘에는 인터넷 텔레비전이 발달했어요. 컴퓨터로 인터넷을 하듯이, 텔레비전을 인터넷과 연결해서 영상 정보를 받아요. 안테나는 필요 없지만, 인터넷 사업자가 보내주는 신호를 받아서 영상을 재생하므로 멀리서 본다는 텔레비전의 원래 뜻에서 벗어나지 않아요.

전기 신호를 영상으로 바꾸는 장치가 텔레비전보다 먼저 발명됐어요

영화에는 공간 이동하는 장면이 종종 나와요. 이동하는 기계에 주인공이 들어갔다가 먼 곳에 있는 다른 기계로 튀어나와요. 신체가 아주 작은 조각으로 분해되어서 이동한 후 다시 결합하는 개념이에요. 과학적으로 불가능해 보이지만, 비슷한 개념은 우리 주변에서도 볼 수 있어요. 이사를 떠올려봐요. 집안의 물건을 하나하나 들어서 이사 갈 집에 옮겨놓는 거예요. 이사한 집에 가면 장소만 바뀌었을 뿐 예전에 살던 집 모습 그대로예요.

텔레비전도 마찬가지예요. 영상은 사진이 연속으로 보이는 거예요. 1초에 사진을 수십 장 연달아 보여주면 움직이는 영상이 완성돼요. 사진을 모자이크처럼 잘게 쪼개서 전기 신호로 바꾼 후에 내보내면, 텔레비전은 전기 신호를 받아서 모자이크 조립하듯이 합쳐서 사진을 완성해요. 사진이 이사한다고 보면 돼요. 이 과정이 아주 빠르게 이뤄지고, 사진이 연속해서 재생되면서 영상으로 바뀌어요.

텔레비전은 엄청나게 발전했지만 쪼개서 전송하고 다시 합쳐서 재생하는 기본 원리를 초창기부터 유지하고 있어요. 1884년 독일의 발명가 파울 닙코(1860~1940)가 닙코 원판을 만들었어요. 두 원판을 놓고 사물의 형상을 복원하는 장치예요. 브라운관은 1897년 독일 과학자 칼 브라운(1850~1918)이 개발했어요. 진공 유리관 안에 형광 물질을 발라 전기 신호를 영상으로 만드는 장치예요. 두 장치는 베어드가 텔레비전을 만드는 데 기초가 됐어요.

1929년에 최초로 텔레비전 방송을 내보낸 영국의 공영 방송국 비비시

텔레비전을 처음 발명한 사람은 영국 기술자 존 베어드예요. 1925년 닙코 원판과 브라운관을 조합해 '텔레바이저'라는 기계식 장치를 만들었어요. 닙코 원판을 1분에 600번 회전시켜 영상을 만들어냈어요. 1929년에는 영국의 공영 방송국 비비시가 최초로 텔레비전 방송을 내보냈어요. 정기 방송은 독일에서 1935년부터 시작했어요. 일주일에 3일, 하루에 1시간 30분씩 방송을 내보냈어요.

베어드가 만든 텔레비전은 기계식이어서 화면이 좋지 않았어요. 전자식 텔레비전은 러시아 출신 발명가 블라디미르 즈보리킨(1888~1982)과 미국인 엔지니어 필로 판스워스(1906~1971)가 1920년대에 발명했어요. 둘은 텔레비전 개발을 놓고 경쟁하면서 전자식 텔레비전을 만들어냈어요.

빛의 3원색을 이용해 천연색을 만들어내는 컬러텔레비전

컬러 영상 전송 기술은 20세기 초부터 등장해서, 흑백텔레비전을 개발할 당시에 이미 화면에 색을 넣으려는 시도가 있었어요. 1951년 미국의 방송사 시비에스가 처음 컬러 방송을 시작했어요. 컬러텔레비전은 완전히 자연 그대로의 색인 총천연색 화면을 보여줘요. 색은 수만 가지가 넘는데, 기본이 되는 색은 3개예요. 빨강(red)·초록(green)·파랑(blue), 세 가지 색을 빛의 3원색이라고 해요. 컬러텔레비전은 빛의 3원색을 이용해서 천연색을 만들어내요.

1934년, 미국
조지 니선(George Nissen, 1914~2010),
래리 그리즈월드(Larry Griswold, 1905~1996)

트램펄린 trampoline

날개 없이 공중으로

⚙ 트램펄린은 어릴 때 누구나 한 번쯤은 해보는 놀이예요

키즈 카페에 가면 방방이 꼭 있어요. 방방은 봉봉, 퐁퐁, 콩콩, 붕붕 등 지역마다 부르는 이름이 달라요. 정식 명칭은 트램펄린이에요.

트램펄린은 20세기에 등장했지만 이미 오래전부터 비슷한 용도로 쓰인 물건은 있었어요. 중국이나 이집트에서 수천 년 전 트램펄린과 비슷한 장치를 썼다고 해요. 북극에 사는 이누이트 족은 바다코끼리 가죽을 이용해 사람을 공중에 튕겨 던지는 놀이를 했어요.

⚙ 트램펄린은 놀이 기구를 넘어 정식 스포츠로 인정받아요

현대식 트램펄린은 미국 체조선수 조지 니선과 코치 래리 그리즈월드가 1934년 발명했어요. 서커스에서 곡예사들이 사용하는 탄력 있는 받침대를 보고 아이디어를 얻었어요. 처음 만든 트램펄린은 천을 연결해 크게 만든 후 스프링을 여러 개 연결한 형태였어요. 여러 차례 개선한 끝에 1941년 특허를 내요.

트램펄린은 올림픽 정식 종목이기도 해요. 아이들이 뛰어노는 단순한 놀이 기구로 여기는데, 올림픽 정식 종목이라니 믿어지지 않아요. 1940년대 중반 미국에서는 처음 트램펄린 대회를 시작했고, 1950년대에는 공식 대회가 열렸어요. 2000년 시드니 올림픽 때부터 트램펄린은 올림픽 정식 종목이 되었어요.

트램펄린이라는 이름의 유래

첫째, 스페인어로 탄력 있는 판을 뜻하는 '엘 트램펄린'에서 나왔다는 설이 있어요.
둘째, 이탈리아 곡예사 트램펄린이 공연하는 도중에 안전그물에 떨어져서 튀어 오른 일화에서 나온 이름이라고도 해요.

트램펄린은 탄성을 이용해요

탄성은 물체가 힘을 받아 변형된 후 다시 원래 상태로 되돌아가려는 성질이에요. 스프링을 늘였다 놓으면 다시 줄어들거나, 공을 땅에 던지면 튀어 오르는 현상은 탄성 때문에 일어나요. 트램펄린은 탄력 있는 매트와 스프링을 사용해 원래 상태로 돌아가려는 특성을 키웠어요. 사람이 올라가서 뛰면 매트와 스프링이 아래로 쳐졌다가 다시 원상태로 돌아가면서 사람을 위로 튀어 올려보내요.

콘솔 게임기
video game console

1972년, 미국
마그나복스

집이 오락실로

🔩 컴퓨터, 스마트폰, 텔레비전에서 즐길 수 있는 비디오 게임

20세기 최고 발명품을 꼽으라면 컴퓨터와 텔레비전이 빠지지 않을 거예요. 컴퓨터와 텔레비전 자체로 중요한 발명품이지만, 이들 두 제품이 결합해 '비디오 게임'이라는 거대한 산업이 생겨났어요. 게임은 놀이 전체를 일컫는 말이지만 비디오 게임 등장한 이후 '게임=비디오 게임'이라는 인식이 널리 퍼졌어요.

비디오 게임은 종류와 방식이 엄청나게 다양해요. 게임을 실행하는 기기 종류도 셀 수 없을 정도로 많아요. 가정마다 한 대씩은 보유한 컴퓨터와 개인이라면 거의 다 가지고 스마트폰도 게임 도구로 쓰여요. 인터넷이 발달해서 게임도 온라인으로 즐길 수 있어요. 좀 더 큰 화면으로 게임을 즐기려면 콘솔 게임기를 텔레비전에 연결하면 돼요.

🔩 최초 상업용 콘솔 게임기, 오디세이

최초 상업용 콘솔 게임기로 인정받는 제품은 1972년 나온 마그나복스 '오디세이'예요. 12개 게임이 들어 있고, 다이얼을 돌려 조작하는 패들 컨트롤러 2개를 갖춰서 상하좌우 조작하는 방식이었어요. 이후 다양한 콘솔 게임기가 등장하며 발전을 거듭했어요.

요즘 콘솔 게임기 하면 세로로 서 있는 직사각형 박스가 떠올라요. 이런 형태가 전 세계인에게 익숙해진 때는 2000년 소니 플레이스테이션2(PS2)가 나온 이후예요. 플레이스테이션2는 비디오 게임 역사상 가장 성공한 콘솔 게임으로 인정받아요. 전 세계에 1억 6000만 대나 팔렸어요. 플레이스테이션2가 나온 이후 마이크로소프트에서도 엑스박스를 선보여요. 두 기기는

21세기 콘솔 게임기를 대표하는 모델로 자리 잡아요.

비디오 게임의 시초는 컴퓨터 게임이에요

1947년 미사일을 발사해 목표물을 맞히는 내용을 레이더 장치에 구현한 '음극관 놀이 장치'가 선보였어요. 이후에도 몇몇 비디오 게임이 나왔지만, 홍보나 연구용으로 만든 것이어서 놀이를 목적으로 하는 게임과는 거리가 멀어요. '최초' 수식어를 붙일 수 있는 게임은 1958년 물리학자 윌리엄 히깅보덤(1910~1994)이 만든 '테니스 포 투'예요. 미국 브룩헤이븐 국립연구소에서 방문객에게 심심풀이 즐길 거리를 제공할 목적으로 만들었어요. 공을 주고받는 내용이고 오실로스코프에 간단한 조작기를 연결해 구현했어요. 오실로스코프는 변화가 심한 전기 현상의 파형을 브라운관을 통해 눈으로 관찰하는 장치를 말해요.

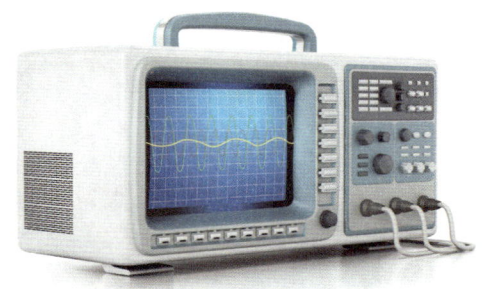
▲ 오실로스코프

가장 먼저 나온 휴대용 게임기, 오토레이스

텔레비전에 연결해야 하는 콘솔 게임기와 달리 휴대용 게임기는 들고 다니면서 즐길 수 있어요. 액정 화면이 달려 있고 배터리로 작동하는 방식이에요. 초창기 휴대용 게임기는 한 가지 게임만 들어 있고, 화면 해상도가 아주 낮았어요. 1976년 미국의 장난감 회사 마텔에서 나온 오토레이스는 최초 휴대용 게임기예요. 엘이디를 사용해 장애물을 피하는 내용이에요.

엠피스리 플레이어
MP3 Player

1996년, 미국 오디오하이웨이

120년 만에 일어난 음악 듣기 방식 변화

🔧 음악 듣기는 재생하는 장치와 음악을 담은 저장 매체가 있어야 했어요

1877년 에디슨이 축음기를 발명한 이후부터 이 방식은 100년 넘게 바뀌지 않았어요. 저장 매체는 엘피, 카세트테이프, 시디 등 계속해서 발전했지만 장치와 매체가 필요한 구조는 그대로 이어졌어요. 1990년대 후반 드디어 120여 년 만에 이 방식에 변화가 생겼어요. 엠피스리 플레이어가 생기면서 저장 매체가 필요 없게 됐어요. 음악 재생 방식을 바꾼 큰 혁신이 일어난 거예요.

🔧 1987년 처음 등장한 엠피스리 파일

엠피스리는 음질이 좋고 압축률이 뛰어난 음악 파일을 만들거나 듣는 장치 또는 기술을 말해요. 엠피스리는 디지털 음악 산업의 시작이었어요. 이전까지는 카세트테이프나 시디 등 물리적인 매체에 음악을 담아서 들었어요. 엠피스리 파일은 눈에 보이지 않는 파일이에요. 메모리 장치에 손쉽게 보관해요. 컴퓨터나 스마트폰 등 디지털 기기에서도 간편하게 음악을 들을 수 있어요. 플레이어의 크기도 획기적으로 작아졌어요.

엠피스리 파일은 독일 프라운호퍼 연구소에서 개발했어요. 1990년대 중반부터 컴퓨터에 오디오 파일로 쓰이기 시작했어요. 음원 손실을 줄이면서 용량을 적게 하는 장점이 있어요. 컴퓨터에서 재생하는 엠피스리 파일을 휴대용 기기에서 듣게 하려는 시도가 엠피스리 플레이어 개발로 이어졌어요.

상업화에 성공한 최초의 엠피스리 플레이어는 우리나라에서 만들었어요

엠피스리 플레이어는 1996년 처음 나왔어요. 오디오 하이웨이가 '리슨 업 플레이어'라는 엠피스리 플레이어를 만들었지만 대중화되지는 못했어요. 상업화에 성공한 엠피스리 플레이어는 우리나라에서 만들었어요. 디지털캐스트의 황정하 사장과 직원 심영철 씨가 개발에 성공해 1998년 '엠피맨 F10'이라는 제품을 내놓았어요. 이후 엠피스리 플레이어는 전 세계에 인기를 끌었고, 카세트테이프와 시디는 몰락해요. 시장을 뒤흔든 엠피스리 플레이어도 휴대폰이나 태블릿 등 음악 재생 기기가 늘면서 시장에서 사라졌어요.

저장하지 않고 듣는 스트리밍

엠피스리 플레이어는 저장 매체가 필요하지 않아서 편하게 쓸 수 있지만, 파일을 넣어줘야 하는 과정을 거쳐야 해요. 스트리밍은 아예 이런 과정도 필요하지 않아요. 컴퓨터나 스마트폰처럼 인터넷이 연결된 장치에서 파일을 다운받으면서 바로 재생해요. 굳이 파일을 기기에 저장해놓지 않아도 돼요. 저장 공간이 필요하지 않고 자유롭게 콘텐츠를 이용할 수 있어요.

엠피스리의 대명사, 아이팟

엠피스리 플레이어의 상업화는 우리나라 제품이 시초이지만 대표 모델로 자리매김한 제품은 애플 아이팟이에요. 엠피스리 시장이 열린 1998년보다 늦은 2001년에 나왔지만 빠르게 인기를 얻으며 10여 년 만에 전 세계에 2억 8000여 대가 팔렸어요. 아이팟의 인기 비결은 단순하고 세련된 디자인과 아이튠즈라는 음악 관리 서비스예요. 아이튠즈를 이용하면 음악을 사거나 찾고 관리하기 편해서 아이팟을 더욱더 쉽게 사용할 수 있어요. 엠피스리 플레이어를 대신할 수 있는 아이폰이 나오면서 아이팟도 수요가 줄었지만 여전히 엠피스리의 대명사로 남아 있어요.

못다 한 아이디어 ⑤

발명품이 기록한 세계 최고

- **세계 최대 전파 망원경** 중국에 있는 '500m 구경 구면 전파 망원경(FAST)'이에요. '하늘의 눈'을 뜻하는 톈옌이라고도 불러요. 구이저우성 핑탕 현 산림 지대에 있고 지름은 500m예요. 넓이는 25만m^2로 축구장 30여 개 넓이와 비슷해요. 2011년에서 2016년까지 공사를 완성하는 데만 5년이 걸렸어요. 전파 망원경은 우주를 떠도는 물질이 내뿜는 신호를 받아 컴퓨터로 재구성해요. 크기가 클수록 전파를 잘 탐지해요.

- **셔틀콕 최고속도 기네스북 기록** 셔틀콕은 공을 가지고 하는 스포츠 중에서 속도가 가장 빨라요. 보통 시속 300km 이상인데 기네스북 기록은 더 빨라요. 2017년 덴마크 배드민턴 선수 마스 피엘러 콜딩이 인도에서 경기 중에 시속 426km를 기록했어요. 비공식 경기 중에는 시속 490km 기록도 나왔다고 해요.

- **세계 최대 규모 농구 교실** 농구 창시자 제임스 네이즈미스는 학생들을 위한 운동을 찾다가 농구를 고안했어요. 오늘날에도 농구는 학생들이 즐겨 하는 운동이에요. 엔비에이 농구 선수 케빈 듀랜트는 2017년 인도 뉴델리 인근 엔비에이 아카데미에서 열린 농구 교실에 1일 강사로 나갔어요. 인도 다른 지역에서도 위성 중계로 아이들이 참여했어요. 모두 3459명이 참여해 기네스북에 올랐어요.

- **자전거 최고속도** 일반인이 자전거를 탈 때는 보통 시속 15~20km, 빨리 달리면 시속 40km 정도 나와요. 속도 기록용 자전거 기록은 훨씬 빨라요. 2018년 여성 라이더 드니스 코레넥은 미국 보너빌 소금 평원에서 자전거를 타고 시속 295.958km를 기록했어요. 경주 차에 연결해 6.4km 정도 달리면서 속도를 올리다가 남은 1.6km부터 차에서 떨어져 나와 라이더의 힘으로 달리면서 기록을 세우는 방식이에요. 온전히 출발부터 사람의 힘으로 세운 기록은 2016년 '세계 인간 동력 속도 도전' 대회에서 나온 시속 145km예요. 일반 자전거와 다른 로켓처럼 생긴 자전거를 타고 세운 기록이에요.

- **세계 최다 판매 콘솔 게임기** 2020년 기준 세계에서 가장 많이 팔린 콘솔게임기는 소니 플레이스테이션2예요. 모두 1억 5770만 대 팔렸어요. 2위, 3위, 5위도 플레이스테이션 시리즈가 차지했어요. 전체 플레이스테이션 판매량은 4억 5800만 대에 이르러요.

- **세계 최대 광학 망원경** '거대 마젤란 망원경(GMT)'이에요. 우리나라를 포함한 5개국이 참여해 2023년 시험 가동을 목표로 칠레에 제작하고 있어요. 지름 8.4m짜리 반사경 7장을 모아 만드는데, 유효 지름은 25.4m에 이르러요. 반사경 하나의 무게는 17t이고, 형체를 만들고 표면을 연마해서 완성하는 데 3년 넘게 걸려요. 광학 망원경은 가시광선 영역에서의 별을 관측할 수 있어요. 망원경 설치 장소인 칠레 라스 캄파나스는 해발 2500m 지점이에요. 1년에 300일 이상 건조하고 시야를 가리는 구름이 거의 없어서 우주를 관찰하기에 좋아요.

서로 더 가까이
더 멀리까지

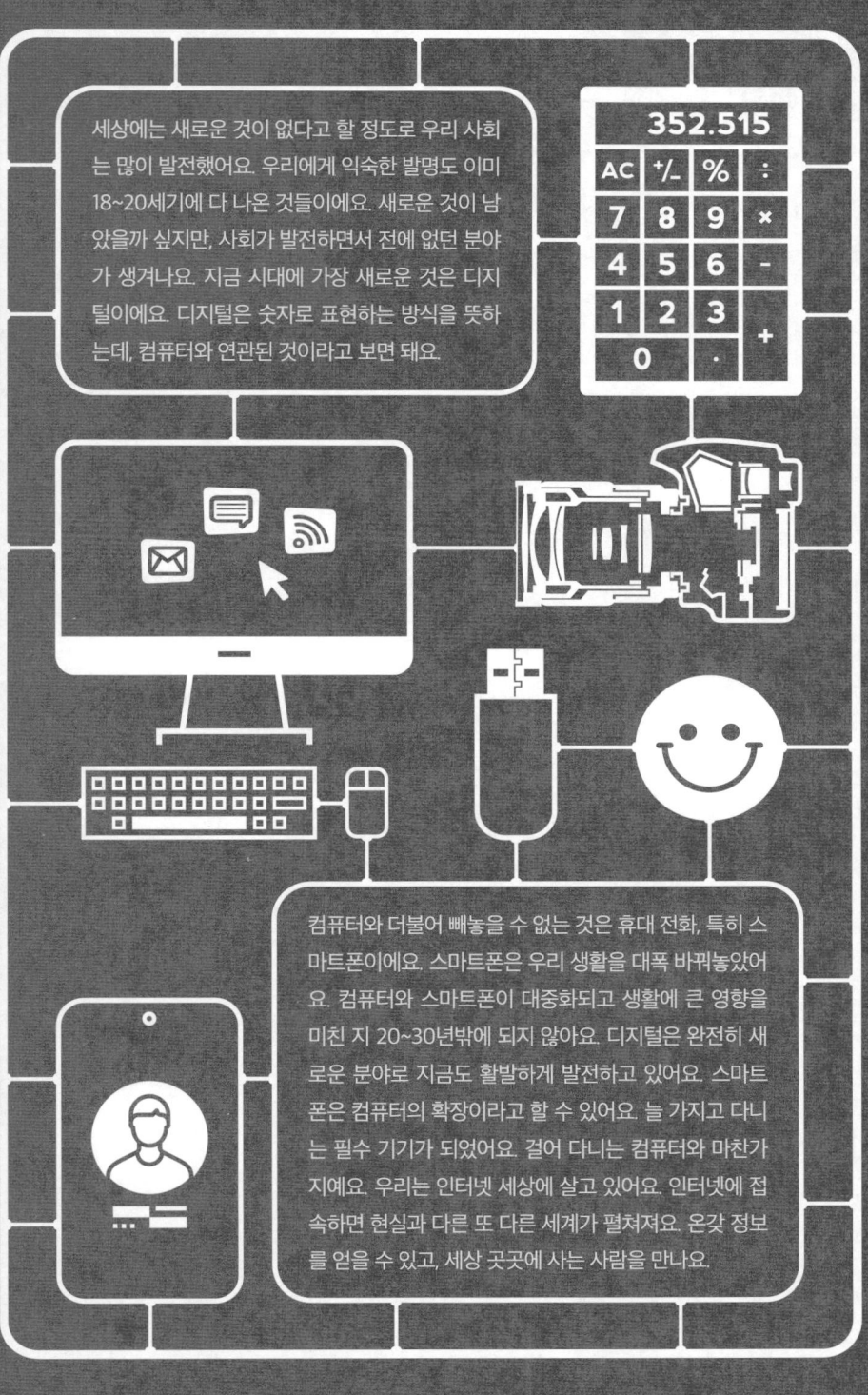

세상에는 새로운 것이 없다고 할 정도로 우리 사회는 많이 발전했어요. 우리에게 익숙한 발명도 이미 18~20세기에 다 나온 것들이에요. 새로운 것이 남았을까 싶지만, 사회가 발전하면서 전에 없던 분야가 생겨나요. 지금 시대에 가장 새로운 것은 디지털이에요. 디지털은 숫자로 표현하는 방식을 뜻하는데, 컴퓨터와 연관된 것이라고 보면 돼요.

컴퓨터와 더불어 빼놓을 수 없는 것은 휴대 전화, 특히 스마트폰이에요. 스마트폰은 우리 생활을 대폭 바꿔놓았어요. 컴퓨터와 스마트폰이 대중화되고 생활에 큰 영향을 미친 지 20~30년밖에 되지 않아요. 디지털은 완전히 새로운 분야로 지금도 활발하게 발전하고 있어요. 스마트폰은 컴퓨터의 확장이라고 할 수 있어요. 늘 가지고 다니는 필수 기기가 되었어요. 걸어 다니는 컴퓨터와 마찬가지예요. 우리는 인터넷 세상에 살고 있어요. 인터넷에 접속하면 현실과 다른 또 다른 세계가 펼쳐져요. 온갖 정보를 얻을 수 있고, 세상 곳곳에 사는 사람을 만나요.

1939년, 미국
존 아타나소프(John Atanasoff, 1903~1995),
클리퍼드 베리(Clifford Berry, 1918~1963)

컴퓨터 computer

계산기에서 시작한
만능 장치

⚙ 컴퓨터는 만능 장치처럼 보이지만 근본은 계산기예요

컴퓨터의 근본은 계산기예요. 명칭도 계산한 다는 뜻인 라틴어 'computare'에서 나왔어요. 계산기의 시초는 기원전 3000여 년 전에 메소포타미아 사람들이 사용하던 계수판으로 거슬러 올라가요. 고대 그리스와 로마에서는 주판을 사용했어요. 기계의 힘으로 계산하는 도구는 1642년 프랑스 수학자이자 철학자인 파스칼이 만들었어요. 덧셈과 뺄셈을 해내는 기계식 계산기였답니다. 독일 수학자 라이프니츠는 1671년 사칙 연산(덧셈, 뺄셈, 곱셈, 나눗셈)을 해내는 단계별 계산기를 설계했어요. (자세한 내용은 '전자계산기' 참고)

처음 선보인 전자식 컴퓨터는 1939년에 나온 ABC예요. 미국 아이오와 주립대학에서 일하는 존 아타나소프와 클리퍼드 베리가 함께 만들었어요. 진공관 280개와 케이블 1.6km가 들어갔어요. 그동안 세계 최초 컴퓨터로 알려진 에니악은 1946년에 나왔어요. 펜실베이니아 대학에서 일하던 존 모클리와 프레스퍼 에커트가 발명했어요. 진공관 1만 7000개가 들어갔고 포탄의 탄도를 계산할 군사 목적으로 만들었어요. 무게가 30t일 정도로 크기가 컸어요.

⚙ 개인용 컴퓨터는 1970년대 등장했어요

책상 위에 놓고 쓸 수 있는 크기가 작은 개인용 컴퓨터는 1971년 나온 켄백-1, 1973년 선보인 제록스 알토, 1974년 등장한 알테어 8800을 시초로 보기도 해요. 대량 생산되어서 대중화를 이끈 개인용 컴퓨터는 1977년 나온 애플 II예요. 1981년 아이비엠은 퍼스널 컴퓨터 5150을 내놓아요. 아이비엠 피시라 불리며 개인용 컴퓨터 시장을 대표하는 모델로 자리 잡아요.

컴퓨터는 인간의 지능을 확장해요

인간은 도구를 사용하는 동물이에요. 부족한 신체 능력을 도구를 이용해 극복하며 발전해 왔어요. 기계류는 사람의 몸으로 하기 힘든 일을 대신 해내요. 크레인은 무거운 물건을 들고, 자동차는 빠르게 움직여요. 컴퓨터는 인간의 머리를 대신하는 도구예요. 복잡한 계산을 아주 빠르고 정확하게 해낸답니다. 인간의 지능으로는 오래 걸리거나 할 수 없는 일을 컴퓨터가 척척 처리해요. 요즘 시대에 사용하지 않는 곳이 없을 정도로 컴퓨터는 생활과 사회의 필수품이 되었어요. 복잡한 건물을 설계하고, 기계를 자동으로 운전하고, 회사의 업무를 처리하고, 마트의 물건을 관리하는 등 컴퓨터는 곳곳에서 활약해요. 숙제할 때 편리하게 자료를 찾거나 게임을 즐길 수 있는 것도 컴퓨터 덕분이에요.

컴퓨터의 왕, 슈퍼컴퓨터

슈퍼컴퓨터는 계산 성능이 아주 뛰어난 컴퓨터를 말해요. 일반 컴퓨터보다 속도가 수천만~수억 배 빨라요. 일반 컴퓨터로는 처리하기 힘들거나 시간이 오래 걸리는 작업에는 슈퍼컴퓨터를 사용해요. 대표적인 분야가 날씨 예보예요. 수십 년 동안 쌓인 자료를 토대로 현 시점의 지구 전체와 해당 지역의 기후 정보를 분석해 날씨를 예측해요. 일반 컴퓨터로는 엄두도 못 내고 슈퍼컴퓨터 중에서도 성능이 우수한 제품을 써야 해요. 이 밖에도 무기 개발, 우주 탐험, 인공지능, 질병 치료법 개발 등 여러 분야에서 슈퍼컴퓨터가 실력을 발휘해요.

이진법 그리고 진공관과 트랜지스터

이진법 컴퓨터는 전기의 흐름을 이용해서 계산해요. 전기가 흐르면 1, 흐르지 않으면 0이에요. 전기 스위치를 켜면 불이 들어오고 끄면 불이 꺼지는 원리와 같아요. 0, 1 두 가지 숫자만 이용하는 수 체계를 이진법이라고 해요. 컴퓨터는 이진법 숫자를 이용해 정보를 인식해요. 이진법 숫자가 컴퓨터가 사용하는 언어인 셈이에요.

진공관 속이 진공인 유리관이에요. 안에는 필라멘트를 비롯해 전기 흐름을 조절하는 부품 몇 개가 들어 있어요. 백열전구와 비슷한 구조예요. 진공관이 전기의 흐름을 조절해서 0, 1 숫자를 만들어내면 컴퓨터가 알아듣는 언어로 바뀌어요. 컴퓨터에는 진공관이 아주 많이 쓰여요. 부피도 커지고 열도 나고 고장도 잦아서 관리하기가 힘들어요.

트랜지스터 진공관과 기능은 비슷하지만 실리콘이라는 재료를 이용해 크기를 작게 만든 거예요. 집적 회로는 반도체라고 하는데, 트랜지스터 수백 수천만 개 역할을 해요. 컴퓨터 속에 있는 손톱만 한 작은 검은색 부품이 반도체예요.

(바코드) 1948년, 미국
노먼 조지프 우드랜드(Norman Joseph Woodland, 1921~2012),
버나드 실버(Bernard Silver, 1924~1963)

(큐아르 코드) 1994년, 일본
덴소 웨이브

바코드 & 큐아르 코드
bar code & QR code

막대와 점으로 표현한 기호

⚙ 막대 안의 기호에 상품 정보가 담겨 있는 바코드

바코드는 막대(bar)로 표현한 기호(encode)라고 할 수 있어요. 1948년 처음 등장했어요. 드렉셀 대학교에 다니던 노먼 조지프 우드랜드가 동기인 버나드 실버와 함께 발명했어요. 야채 가게 주인이 상품 정보를 알 수 있는 시스템이 필요하다는 의견을 냈고, 의견을 받아들인 우드랜드와 실버가 개발을 시작했어요.

바닷가 모래사장에서 모스 부호를 길게 늘어뜨려 그린 것이 계기였어요. 검은색은 빛을 흡수하고 흰색은 반사하는 현상을 이용해 막대 사이에 간격을 두고 정보를 담는 원리를 생각해내요. 바코드가 쓰이기 시작한 때는 1974년이었어요. 바코드를 읽어내는 기술이 그동안 나오지 않았기 때문이에요. 1974년 6월 26일 미국 오하이오에 있는 슈퍼마켓에서 파는 껌에 처음 사용했어요.

바코드의 원래 모양은 동그라미예요. 우드랜드가 바코드를 개발할 당시 모든 방향에서 읽을 수 있도록 원형 바코드도 생각했어요. 네모와 동그라미 모양 모두 특허를 받았어요.

⚙ 큐아르 코드 개수는 무한대나 마찬가지예요

코로나바이러스 백신을 맞은 사람에게는 큐아르 코드 출입증을 발급해줘요. 사람이 많은 장소에 출입할 때는 큐아르 코드를 찍어야 해요. 우리나라에만 대상자가 수천만 명이에요. 큐아르 코드 수천만 개 중에 겹치는 게 나올지도 모른다는 걱정은 하지 않아도 돼요. 큐아르 코드 개수는 거의 무한대예요.

큐아르(QR)는 '빠른 반응(Quick Response)'의 약자예요. 큐아르 코드는 일본 산업기기 회사 덴소 웨이브에서 만들었어요. 토요타 자동차에 부품을 공급하던 덴소는 부품을 빠르게 추적할 목적으로 1994년 큐아르 코드를 개발했어요.

가장 작은 큐아르 코드는 작은 정사각형 칸이 가로세로 각각 21개씩 있어요. 모두 441개인데, 이 중에 실제로 쓰이는 것은 238개예요. 각 칸을 검은색으로 칠하냐 칠하지 않느냐에 따라 두 가지 경우로 나뉘어요. 칸이 모두 238개여서, 2를 238번 곱하면 큐아르 코드의 개수가 나와요. 무려 72자리 수예요. 1억이 9자리 수이니 얼마나 큰 수인지 짐작조차 할 수 없어요. 거의 셀 수 없는 무한대라고 보면 돼요. 가장 큰 큐아르 코드는 칸의 개수가 가로세로 각각 177개예요. 크기가 커지면 만들 수 있는 개수는 더 늘어난답니다.

레이저를 이용해 읽는 바코드와 큐아르 코드

레이저를 바코드나 큐아르 코드에 비추면 빛이 어느 정도 다시 반사해서 돌아오는지 센서가 측정해요. 흰색 부분이 빛을 더 많이 반사하므로 센서는 어두운 부분과 밝은 부분을 구별해서 읽어내요. 읽은 값은 0과 1로 나뉘고, 다시 문자와 숫자로 변환해서 필요한 정보를 완성해요.

바코드는 세로 선의 굵기에 따라 컴퓨터가 0 또는 1로 인식해요. 문자와 숫자를 담는데, 20자 정도만 표현할 수 있어요. 바코드보다 많은 정보를 담기 위해 큐아르 코드가 나왔어요. 바둑판무늬의 밝고 어두운 여부에 따라 0과 1을 구분해요. 방향 구분 없이 어느 방향에서든 읽혀요. 숫자 7000여 개, 영문자 4300여 개를 담아요. 영어 이외 문자나 그래픽 이미지도 넣을 수 있어요.

바코드와 큐아르 코드를 만들 수도 읽을 수도 있는 스마트폰

바코드와 큐아르 코드는 검고 흰 부분의 조합이에요. 전용 기계가 없어도 검고 흰 부분만 구분해낸다면 판독할 수 있어요. 스마트폰도 훌륭한 판독 기계예요. 스마트폰 카메라로 바코드와 큐아르 코드를 비추면 프로그램이 어둡고 흰 부분을 판독해서 담긴 정보를 파악해요. 반대로 스마트폰으로 바코드나 큐아르 코드를 간편하게 만들 수 있어요. 정보를 입력하면 프로그램이 바코드나 큐아르 코드를 만들어서 화면에 띄워줘요. 만든 바코드나 큐아르 코드를 결제 수단, 초대장, 출입증, 명함 등 다양한 용도로 사용할 수 있어요.

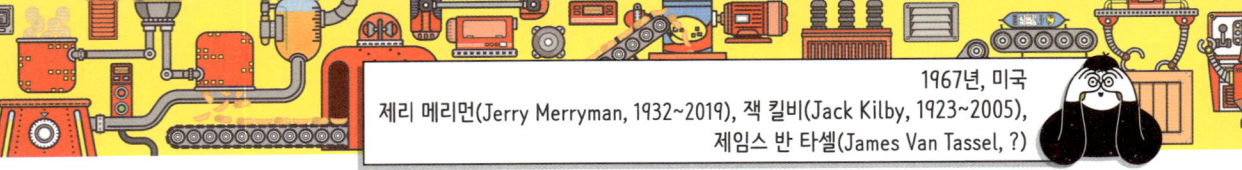

1967년, 미국
제리 메리먼(Jerry Merryman, 1932~2019), 잭 킬비(Jack Kilby, 1923~2005),
제임스 반 타셀(James Van Tassel, ?)

전자계산기
calculator

골치 아픈
숫자 계산에서 해방

⚙ 계산기의 범위는 매우 넓어요

　수학은 단순히 문제 푸는 과목이 아니라고 해요. 곳곳에 큰 영향을 미쳐서 인간을 편리하게 하는 제품들은 거의 수학이나 숫자를 기준으로 하여 만들어졌다고 할 정도예요. 생활 속에서도 숫자를 다뤄야 할 일이 많아요. 요즘은 일상에서 계산기 사용이 흔해요. 스마트폰 안에도 계산기가 들어 있어요.

　숫자를 계산할 수 있는 도구는 다 계산기라고 할 수 있어요. 손가락으로 알을 튕기는 주판도 계산기고, 컴퓨터도 계산기의 한 종류예요. 손가락으로도 숫자를 셀 수 있으니 손가락도 계산기예요. 손가락은 10개이지만 마디까지 활용하면 계산 범위는 넓어져요. 인류는 선사 시대부터 계산했어요. 돌이나 뼛조각을 이용해 개수를 세는 행위가 곧 계산이었어요.

⚙ 계산기가 나오기 전에는 주판을 주로 썼어요

　옛날에는 숫자를 계산하기 위해 여러 가지 방법을 사용했어요. 계산기가 널리 쓰이기 전 계산기 역할을 한 것은 주판이에요. 네모난 틀 안에 둥글넓적한 알을 여러 개 배치한 형태예요. 우리나라에서도 1990년대 초까지 쓰였어요. 은행에서도 사용했고, 주판을 이용해 셈을 하는 주산을 가르치는 학원도 많았어요.

　주판의 기원은 기원전 3000~4000여 년 전으로 거슬러 올라가요. 메소포타미아 지방에서는 평평한 판 위에 모래를 뿌려놓고 선을 그은 다음 돌멩이를 올려놓아 계산했어요. 기원전 600여 년 전 그리스와 로마에서도 판자 위에 줄을 여러 개 긋고 돌을 이용해 계산했어요. 남아 있는 주판 중 가장 오래된 것은 기원전 300여 년 전부터 바빌론 사람들이 사용했다고 보는 살라미스예요. 1846년 살라미스 섬에서 발견됐는데, 대리석 판으로 되어 있어요.

요즘 형태와 비슷한 주판은 중국에서 사용한 주판이에요. 중국에서 주판을 사용하기 시작한 시기는 명확하지 않아요. 서양 주판이 중국

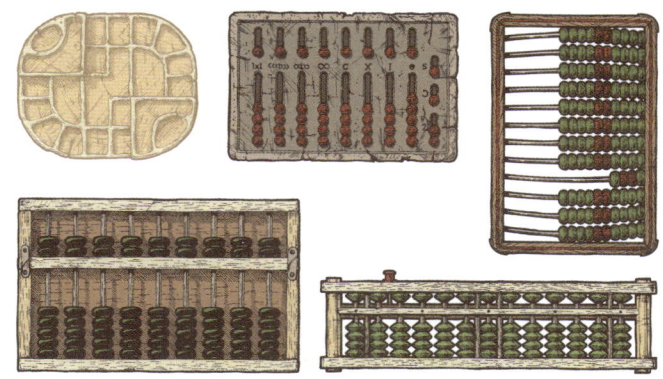

▲ 전 세계의 주판들. 잉카 제국, 로마, 러시아, 일본, 중국(위쪽부터 시계 방향)

에 전해졌다는 내용도 확인되지 않았는데, 동양과 서양에서 별개로 발전했다고 봐요. 요즘 형태와 비슷한 주판은 13세기 무렵부터 사용했다고 해요. 대나무를 이용해서 주판을 만들고 위아래로 구분해 위에는 주판알 2개, 아래는 5개를 배치했어요. 우리나라에는 조선 중기쯤 들어왔다고 추정해요.

계산기이면서 컴퓨터의 시초, 에니악

기계식 계산기는 1642년 프랑스 수학자 블레즈 파스칼(1623~1662)이 만들었어요. 세금을 계산하는 아버지를 위해 개발했어요. 톱니가 돌아가면서 덧셈과 뺄셈을 해내는 기계였어요. 곱셈과 나눗셈까지 할 수 있는 계산기는 1673년 독일 수학자 고트프리트 라이프니츠(1646~1716)가 발명했어요. 본격적인 전자식 계산기는 1946년 나온 에니악이에요. 포탄의 탄도를 계산할 목적으로 만들었어요. 계산기이면서 컴퓨터의 시초로 불려요.

1970년부터 본격적으로 사용하기 시작한 전자계산기

일상에서 흔히 볼 수 있는 휴대용 또는 탁상용 전자계산기는 손바닥 크기보다 작거나 큰 네모난 판에 숫자판과 숫자를 표시하는 작은 액정이 달려 있어요. 휴대용 전자계산기는 미국 전기 엔지니어 제리 메리먼과 잭 킬비, 제임스 반 타셀 등 3명이 함께 개발했어요. 당시 활발하게 사용되던 계산자를 대신할 계산 도구를 만들 목적이었어요. 1965년 개발을 시작해 1967년 특허를 신청했어요. 1970년 일본 업체들이 휴대용 전자계산기를 상업화하면서 본격적인 계산기 시대가 열려요.

키보드 keyboard

1967년, 미국
시티시(CTC, Computer Terminal Corporation)

사람과 컴퓨터를 잇는 통로

⚙ 컴퓨터에 명령을 내리려면 키보드가 꼭 있어야 해요

사람은 태어나면 글쓰기를 배워요. 요즘에는 어릴 때부터 스마트폰에 익숙해지고 컴퓨터를 사용하다 보니 컴퓨터의 키보드 치는 법도 배워야 해요. 키보드는 열 손가락을 다 써야 빠르게 입력할 수 있어요. 키보드가 익숙하지 않아서 양손 검지만 이용해서 치는 방식을 독수리 타법이라고 해요. 독수리가 먹이를 쪼듯이 친다고 해서 붙은 이름이에요.

키보드는 1970년대 개인용 컴퓨터가 보급되면서 필수 장비로 자리 잡았어요. 컴퓨터가 발명된 이후 1960년대까지 컴퓨터에 데이터를 입력할 때는 주로 천공 카드를 이용했어요. 천공 카드는 구멍이 뚫린 종이예요. 구멍에 따라 의미가 달라져요. 키보드를 입력 장치로 처음 사용한 컴퓨터는 시티시에서 1967년 내놓은 데이터포인트 3300이에요. 본체와 키보드가 하나 된 형태여서, 모니터를 보면서 텍스트를 입력하고 수정했어요.

⚙ 키보드는 컴퓨터에, 타자기는 종이에 글씨를 쓰는 장치예요

키보드의 형태는 컴퓨터 이전에도 있었어요. 컴퓨터는 키보드를 이용해 모니터에 글씨를 띄우는데, 타자기는 종이에 글씨를 치는 장치예요. 최초 타자기는 영국인 발명가 헨리 밀(1683~1771)이 1714년에 만들었다고 하는데, 관련한 내용은 거의 남아 있지 않아요. 이후 여러 타자기가 나왔어요.

　오늘날 사용하는 타자기의 시초는 1868년 미국인 발명가 크리스토퍼 숄즈(1819~1890)가 잉크 리본을 이용해 만든 제품이에요. 자판을 누르면 종이에 한 글자씩 문자가 눌러 찍히는 형태예요. 처음에는 피아노 건반 형태로 내놓았다가, 2년 후 현대식 키보드와 비슷하게 자판을 배치한 제품을 개발해요. 문자 배열은 알파벳 순서와 대체로 일치했어요.

키보드 자판은 알파벳 순서가 아니에요

　요즘 키보드는 자판 배열이 대부분 같아요. 글자가 있는 부분은 맨 위쪽에 왼쪽부터 QWERTY로 되어 있어요. 알파벳 발음대로 '쿼티' 키보드라고 불러요. 타자기를 개발한 크리스토퍼 숄즈가 1873년 개선해 내놓은 제품이 시초예요. 처음에는 모스 부호 전송 용도로 만들었어요. 원래 자판은 알파벳순으로 배열했는데, 연달아 글을 치면 글쇠가 엉켜 제대로 치기 힘들었어요. 많이 쓰는 자판을 분산해서 배열한 끝에 쿼티 자판이 나왔어요. 숄즈가 만든 타자기를 1874년 미국의 총기 회사로 유명한 레밍턴이 상업화하면서 타자기가 널리 보급돼요.

키보드는 컴퓨터에 전기 신호를 보내요

　자판의 글자를 누르면 모니터에 그 글자가 표시돼요. 자판을 눌렀는지, 어떤 글자 자판인지 컴퓨터는 어떻게 알까요? 자판을 누르면 키보드가 컴퓨터에 전기 신호를 보내요. 컴퓨터는 신호를 분석해서 어떤 글자가 눌렸는지 알아내고 모니터 화면에 표시한답니다. 키보드 안에는 자판과 바닥 쪽에 각각 전기가 통하는 필름이 들어 있어요. 평상시에는 떨어져 있다가 자판을 누르면 필름이 붙으면서 전류가 흘러서 키보드로 전기 신호가 가요. 전등 스위치를 껐다 켰다 하는 것과 비슷해요. 키보드의 종류는 키를 누르는 방식에 따라 여러 가지로 나뉘지만, 전기 신호를 보내는 기본 원리는 같답니다.

컴퓨터가 정보를 읽는 수단, 천공 카드

천공 카드는 구멍이 뚫린 종이라는 뜻이에요. 개인용 컴퓨터가 나오기 전에는 컴퓨터에 입력할 때 천공 카드를 썼어요. 숫자가 적힌 종이에 컴퓨터가 인식할 수 있는 숫자만 구멍을 뚫어서 입력했어요. 오엠아르(OMR, optical mark reader, 광학 마크 판독기) 카드도 천공 카드의 한 종류예요. 구멍 대신 검게 칠한 부분에 빛을 비춰 정보를 읽어내고 표시해요.

마우스 mouse

컴퓨터와 함께 사는 쥐

1968년, 미국
더글러스 엥겔바트(Douglas Engelbart, 1925~2013),
빌 잉글리시(Bill English, 1929~2020)

⚙ 마우스는 디스플레이에 위치를 표시하기 위해 만들어졌어요

마우스는 스탠퍼드 연구소에서 일하던 미국인 컴퓨터 과학자 더글러스 엥겔바트와 동료 빌 잉글리시가 1968년에 발명했어요. 1963년 엥겔바트는 디스플레이에 위치를 표시하는 개념을 생각해냈어요. 이를 본 빌 잉글리시가 구체화해서 발명으로 이어졌고, 1968년 화상회의 시연 때 마우스를 들고나왔어요. 당시에 컴퓨터는 전문가 아니면 다루기 힘들었는데, 조금이라도 컴퓨터를 쉽게 사용할 방법을 찾기 위해 마우스를 만들었어요. 엥겔바트의 마우스가 나오기 전에도 비슷한 발명품 몇 가지가 선보였어요. 요즘 사용하는 제품과는 달라서 엥겔바트가 만든 것을 현대적인 마우스의 시초로 봐요.

엥겔바트가 만든 마우스는 나무 상자에 전선을 이은 형태였어요. 상자 안에는 톱니바퀴 두 개가 수직으로 맞물려 있어서 화면의 커서를 상하좌우로 움직이게 했어요. 특허는 1970년에 받았지만, 개인용 컴퓨터가 나오기 시작한 1980년대 초부터 제품화가 이뤄졌어요. 로지텍, 애플, 마이크로소프트 등 컴퓨터와 주변기기를 만드는 회사에서 마우스를 내놓기 시작했어요.

누가 이름을 붙였는지는 확실하지 않은데, 모양이 꼬리 달린 쥐처럼 생겼다고 해서 연구소 직원이 마우스라고 불렀다고 해요.

⚙ 볼 마우스 vs 광 마우스

- **볼 마우스** 마우스 안에 작은 공이 들어 있어요. 공이 굴러가는 방향과 이동 거리를 계산해서 마우스의 위치를 파악해요. 이물질이 끼면 제대로 작동하지 않는 단점이 있어요.

- **광 마우스** 빛 센서가 빛을 발사해 반사되는 변화를 측정해 위치를 알아내요. 볼 마우스처럼 이물질이 끼는 일은 드물지만, 유리 같은 재질에서는 제대로 작동하지 않아요. 요즘에는 대부분 광 마우스를 써요.

마우스 없이 컴퓨터를 사용하게 하는 터치패드

데스크톱 컴퓨터는 마우스가 필수 제품처럼 따라붙어요. 노트북은 달라요. 휴대성을 중시해서 본체에 터치패드를 내장했어요. 네모난 판이 손가락의 움직임을 인식해서 마우스 역할을 해요. 마우스를 쓰지 않아도 컴퓨터를 사용하는 데 지장이 없어요. 물론 노트북에도 마우스를 연결해서 쓸 수 있어요.

▲ 터치패드 제스처

1968년, 미국
조지 헤일마이어(George Heilmeier, 1936~2014)

# 액정 화면
LCD(liquid crystal display)

액체와 고체의 성질을 한꺼번에

🔧 액정을 사용한 디스플레이, 엘시디

용암은 액체는 아닌데 서서히 흘러내려요. 푸딩이나 젤리는 고체 덩어리처럼 보이지만 흐물흐물해요. 분무기로 물을 뿌리면 공기인지 물인지 구분하기가 쉽지 않아요. 물질은 우리가 아는 고체·액체·기체, 세 가지 외에 중간 상태로도 존재해요. 액정도 그중 하나예요. 액체 결정(liquid crystal)을 줄여서 액정이라고 부르는데, 액체와 고체의 중간 상태 물질이에요. 액정은 스마트폰, 태블릿, 모니터, 텔레비전 등 전자 기기 화면에 주로 쓰여요. 액체 결정을 사용하는 화면을 줄여서 엘시디(LCD)라고 불러요.

1960년대 들어서 액정 물질에 전기를 통하면 빛의 강약을 조절할 수 있다는 사실을 알아내면서 본격적으로 액정이 쓰이기 시작해요. 엘시디는 얇은 유리판 사이에 액정 물질을 채운 구조예요. 액정 물질에 전기가 흐르면 분자의 방향이 바뀌어서 통과하는 빛의 양이 달라지는 현상을 이용해요. 빛이 통과하거나 차단되면서 생기는 밝고 어두운 부분을 이용해 화면에 다양한 정보를 표시해요. 컬러 필터를 더하면 액정을 통과한 빛에 색을 입힐 수 있어서 컬러 화면이 된답니다. 1968년 미국의 전자 업체 아르시에이에서 일하는 엔지니어 조지 헤일마이어(1936~2014)가 시험용 엘시디를 처음 만들었어요.

🔧 엘이디와 오엘이디

텔레비전 영상을 사람 눈으로 보려면 화면이 밝아야 해요. 텔레비전은 밝게 하는 방법에 따라 엘이디(LED)와 오엘이디(OLED)로 나뉘어요. 엘이디 방식은 화면 자체가 어두워서 뒤에서 엘이디 램프로 빛을 비춰요. 예전에는 형광 램프를 썼어요. 오엘이디 텔레비전은 자체에서 빛을 내는 유기 발광 다이오드로 만든 화면을 써요. 화면 뒤에서 빛을 비추지 않아도 화면 자체가 밝게 빛나요. 램프가 없어서 두께도 얇고 돌돌 말거나 접을 수도 있답니다.

액정이 색을 표현하는 원리

액정에 전압이 걸리면 빛이 통과하지 못하고, 전압이 걸리지 않으면 빛이 통과해요. 액정을 통과한 빛은 빨강·파랑·초록, 세 가지 색으로 빛의 점을 만들어요. 세 가지 색을 조합하면 모든 색을 표현할 수 있어요.

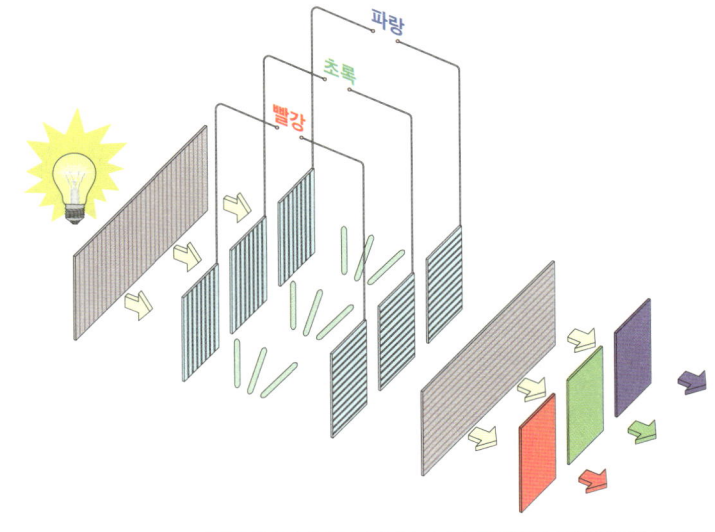

인터넷 internet

1969년, 미국
로버트 테일러(Robert Taylor, 1932~2017)

현실 속 가상 세계

⚙ 컴퓨터와 컴퓨터를 연결하는 시스템, 인터넷

우리는 두 가지 세계에 살고 있어요. 현실 세계와 가상 세계예요. 컴퓨터나 스마트폰을 켜면 인터넷 세계로 들어가요. 공부하고, 정보도 얻고, 친구도 사귀고, 취미를 즐기고, 지구 반대편에 있는 나라에 가기도 해요. 글자는 물론 사진과 영상을 이용해서 여러 가지 활동도 해요. 현실 세계에서 겪는 일들이 인터넷에서 그대로 일어나요. 인터넷 없이는 무슨 일을 하기 힘들 정도로 인터넷은 우리 생활의 필수품이 되었어요.

인터넷은 여러 통신망을 연결했다는 '인터네트워크(inter-network)'를 뜻해요. 인터넷의 시초는 아르파 넷(ARPAnet)인데, 미국 국방부의 방위 고등 연구 계획국에 속한 여러 지역 컴퓨터를 연결한 시스템이에요. 연구원이던 로버트 테일러가 컴퓨터를 연결하는 시스템을 구상해, 아르파 넷에 캘리포니아 대학교 로스앤젤레스, 스탠퍼드 대학교, 캘리포니아 대학교 샌타바버라, 유타 대학교 등을 연결했어요. 1969년 8월 30일 캘리포니아 대학교 로스앤젤레스의 컴퓨터과학과 교수 레너드 클라인록(1934~)이 스탠퍼드 대학교의 다른 컴퓨터로 메시지를 보내면서 네트워크로 연결한 두 컴퓨터 사이에 데이터 전송이 이뤄졌어요.

⚙ 인터넷을 사용할 수 있게 하는 도구, 월드 와이드 웹

인터넷이 컴퓨터와 컴퓨터를 연결하는 시스템이라면 '월드 와이드 웹(world wide web, www)'은 실제로 인터넷을 사용할 수 있게 하는 도구예요. 컴퓨터 공학자 팀 버너스 리(1955~)는 유럽 입자물리연구소에서 일했어요. 연구소에서 넘쳐나는 자료를 제대로 처리하지 못하는 현실을 보고 개선하고자 마음먹었어요. 1989년 링크를 클릭하거나 주소를 치면 가상 공간인 웹으로 이동하는 규칙과 프로그램을 만들었어요. 1990년대 말부터 인터넷은 본격적으로 우리 생활에 쓰이기 시작했어요.

전 세계에 인터넷을 연결하는 해저 광케이블

우리나라가 외국과 인터넷을 할 수 있는 이유는 해저 광케이블 덕분이에요. 땅 위에 있는 다른 곳은 전봇대나 지하에 전선을 이어요. 바다가 가로막은 곳은 광케이블을 바다 밑으로 연결해요. 전 세계 인터넷의 1% 정도만 인공위성을 거치고, 나머지 99%는 해저 광케이블을 이용해요. 광케이블은 안전한 장소를 선정한 후 주변 청소를 하고 광케이블을 바닥에 묻어요. 얕은 곳은 잠수부가, 깊은 곳은 로봇이 담당해요. 깊은 바다는 배나 어망에 걸릴 위험이 적어서 바다에 가라앉혀요. 전 세계 바다에 깔린 광케이블의 길이는 130만km나 돼요.

위성을 이용한 우주 인터넷 사업

전기차 업체 테슬라와 우주개발 업체 스페이스X의 최고 경영자인 일론 머스크는 우주 인터넷 사업을 진행하고 있어요. 2020년대 중반까지 소형 위성 1만 2000개를 우주에 띄어 전 세계를 인터넷으로 연결하려고 해요. 저렴한 가격에 안정적으로 인터넷 서비스를 제공하고, 인터넷을 활용한 다양한 사업을 벌일 목적이에요. 2022년 현재 이미 수백 기 위성을 쏘아 올려 시범 서비스를 하고 있어요.

1971년, 미국
레이먼드 톰린슨(Raymond Tomlinson, 1941~2016)

전자 우편=이메일
e-mail

종이 없이 보내는 편지

1971년에 이메일 형태를 발명했어요

종이에 글씨를 써서 편지를 보내는 일은 익숙하지 않고 불편한 일이 됐어요. 손 편지를 써서 우체국에 직접 찾아가서 붙여야 하니까요. 이메일은 컴퓨터를 이용해서 내용을 전달하는 전자 편지예요. 인터넷만 연결하면 아무 때나 세계 어디로든 편지를 보낼 수 있어요. 이메일은 컴퓨터 시대를 살아가는 데 꼭 필요한 기능이에요. 현대인이라면 누구나 이메일 주소 몇 개는 가지고 있어요. 전 세계 30억 명 인구가 이메일을 사용하고 하루에 주고받는 이메일은 1000억 통이 넘어요.

현재 쓰는 이메일 형태를 발명한 사람은 미국인 프로그래머 레이먼드 톰린슨이에요. 톰린슨은 1971년 이메일을 발명했어요. 톰린슨 이전에도 이메일은 있었지만 용도가 제한적이었어요. 특정인에게 특정 주소로 보내는 이메일은 톰린슨이 처음 발명했어요. 인터넷의 시초라고 불리는 아르파 넷에서 처음 이메일을 보내는 데 성공했어요. 3.5m 간격을 두고 나란히 놓은 두 컴퓨터에서 처음으로 이메일을 주고받았어요. 사용자와 목적지를 연결하는 기호는 장소(at)를 뜻하는 @(앳 마크)를 사용했어요. 다른 용도로는 이 기호가 쓰일 곳이 없다고 판단했어요. 이메일 내용은 톰린슨도 기억이 잘 나지 않는다고 해요. 아마 키보드 자판을 그대로 친 'QWERTYUIOP'였을 거라고 해요.

1978년에 이메일 체계를 만든 14세 소년

이메일 체계는 1978년 인도계 미국 소년 시바 아야두라이(1963~)가 만들었어요. 당시 14

세였던 아야두라이는 천재성을 인정받아 미국 뉴저지 의치과대학교 컴퓨터 네트워크 연구소에 들어갔어요. 연구소에서 아야두라이는 내부 우편 전달 체계를 전자 메일로 바꿔보라는 임무를 맡아요. 아야두라이는 비서들이 우편을 전달하는 방식을 컴퓨터로 옮겼어요. 보내는 사람, 받는 사람, 제목, 날짜 등 종이 편지의 형식을 그대로 사용했어요. 전자 메일 시스템은 컴퓨터 언어인 포트란으로 만들었어요. 포트란의 파일 이름은 영문 대문자 5개만 입력할 수 있어요. 아야두라이는 EMAIL이라고 지었어요. 이메일이라는 이름이 이때부터 쓰였어요.

스팸 메일

이메일은 쉽게 보낼 수 있어서 불필요한 정보를 불특정 다수에게 대량으로 보내는 스팸 메일이 문제가 되고 있어요. 이메일만 아니라 문자, 전화, 메신저 등 서로 정보를 주고받는 도구에는 늘 스팸이 끼어들어요.

왜 '스팸(spam)'이라고 부르는지는 여러 가지 설이 있어요. 1970년대 영국 코미디 프로에 통조림 햄 제품인 '스팸'이 많이 나와서 지겹다는 상황에서 시작했다는 설도 그중 하나예요. 스팸은 1998년 옥스퍼드 영어 사전에 한꺼번에 다수에게 이메일을 보낸다는 뜻을 나타내는 정식 단어로 올라갔어요.

나라마다 부르는 이름이 다른 이메일 기호 @

이메일에서 사용자와 목적지를 연결하는 기호 @(앳 마크)를 우리나라에서는 골뱅이라고 불러요. 미국에서는 at을 표시하는 기호예요. 이탈리아에서는 달팽이, 네덜란드에서는 원숭이 꼬리, 헝가리에서는 지렁이라고 불러요.

1973년, 미국
마틴 쿠퍼(Martin Cooper, 1928~)

휴대 전화 mobile phone

걸어 다니면서 통화하는 시대

⚙️ 휴대 전화는 선이 없어서 들고 다닐 수 있는 전화예요

요즘 시대에는 휴대 전화가 널리 퍼져서 걸어 다니면서 통화하는 모습이 자연스럽지만, 옛날에는 전화기에 선이 달려서 들고 다닐 수 없었어요. 최초 휴대 전화기는 모토로라에서 일하는 마틴 쿠퍼 박사와 연구팀이 1973년 개발한 다이나택 8000X 시제품이에요. 1973년 4월 3일 뉴욕 맨해튼 힐튼 호텔 근처에서 경쟁사인 미국의 대형 통신사 에이티 앤드 티에 전화를 걸어 휴대 전화로 통화한다는 대화를 나눴어요. 에이티 앤드 티 연구소까지는 37km 거리였는데, 통화에 성공했어요.

쿠퍼 박사는 공상과학 텔레비전 드라마 〈스타트렉〉에 나오는 통화 장치를 보고 휴대 전화를 구상했다고 해요. 8000X 시제품은 가로 13cm, 세로 23cm, 두께 4.5cm, 무게 1kg이 넘는 거대한 크기였어요. 10년 후인 1983년 다이나택 8000X는 제품화되어 시장에 나왔어요. 크기가 커서 '벽돌'이라는 별명으로 불렸어요. 당시 가격은 거의 4000달러에 가까울 정도로 비쌌어요. 크기도 크고 가격은 비쌌지만 통화 기능밖에 없었답니다. 8시간 충전했을 때 대기 시간은 4시간, 통화 시간은 30분 정도였어요.

⚙️ 자동차에도 전화를 설치했어요

자동차에 설치하는 카폰은 휴대 전화보다 먼저 나왔어요. 1946년 처음 나왔는데 무게가 30kg이 넘었고 통화 성공률도 낮았어요. 당시 미국 시장 주력 통신회사이던 에이티 앤드 티는 카폰 개발에 주력했어요. 마틴 쿠퍼 박사는 반대로 앞으로 통신 시장은 들고 다니는 전화 시대가 온다고 예측하고 휴대 전화 개발에 매진했어요.

⚙ 컴퓨터로 진화한 휴대 전화, 스마트폰

다이나택 이후 휴대 전화는 발전을 거듭해 크기도 작아지고 통화 시간도 늘었어요. 기능도 아주 많아졌어요. 휴대 전화는 스마트폰이 등장하면서 큰 전환을 이뤄요. 커다란 화면에 손가락으로 터치해서 작동하는 스마트폰은 '손 안의 컴퓨터'라고 할 정도로 다양한 기능을 수행해요.

세계 최초로 선보인 스마트폰은 1992년 나온 아이비엠 사이먼이에요. 3인치 화면을 달았고 이메일, 팩스, 게임, 주소록, 계산기 등 몇 가지 기능을 담았어요. 본격적인 스마트폰 시대는 애플 아이폰과 함께 열렸어요. 2007년 등장한 아이폰은 휴대 전화 이용 방식과 환경을 송두리째 바꿔놓았어요.

스마트폰은 옷을 제외하고 항상 몸에 지니고 다니는 물건이에요. 예전에는 지갑이었지만 이제는 결제 기능이 스마트폰에 들어가서 굳이 지갑을 들고 다니지 않아도 돼요. 스마트폰은 전화 기능에 머물지 않아요. 음악과 영상 재생, 결제, 신분증, 컴퓨터, 도서, 쇼핑, 학습, 내비게이션, 건강 기기, 업무 등 스마트폰에는 다양한 기능이 들어 있어요. 새로운 기능은 계속해서 나와요. 마치 사람 신체의 일부처럼 꼭 갖고 다녀야 하는 물건이 되었어요.

디지털카메라
digital camera

1975년, 미국
스티븐 새슨(Steven Sasson, 1950~)

필름은 이제 그만

⚙ 디지털이라고 이름 붙은 이유

요즘은 1인 1카메라 시대예요. 스마트폰에 카메라가 달려서 누구나 손쉽게 사진을 찍을 수 있어요. 스마트폰 카메라 외에도 요즘 사용하는 일반 카메라는 대부분 디지털 방식이에요. 디지털은 숫자를 이용해 정보를 처리하거나 표시하는 방식이에요. 바늘의 움직임 대신 숫자로 표시하는 전자시계나 전자저울을 떠올려봐요. 0과 1만 사용하는 이진법으로 정보를 처리하는 컴퓨터는 디지털을 대표하는 기계예요. 컴퓨터처럼 작동하는 기기를 디지털 기기라고 보면 돼요. 예전에는 필름을 끼워서 사용하는 필름 카메라를 주로 썼어요. 필름 카메라는 필름을 빼서 인화하는 과정을 거쳐서 종이에 뽑아내요. 디지털카메라는 이미지 파일로 저장하므로 스마트폰 화면이나 컴퓨터에 전송해서 모니터로 편하게 볼 수 있어요.

⚙ 1975년에 발명된 디지털카메라 시장이 1990년대 중반부터 커지기 시작한 이유

필름을 사용하지 않는 디지털카메라는 모순되게도 필름 회사 코닥이 맨 처음 만들었어요. 1975년 코닥 직원인 스티븐 새슨이 개발했는데, '필름 역할을 할 수 있는 다른 무엇인가가 있지 않을까?'라는 생각에서 시작됐어요. 결국 사진을 카세트테이프에 저장하는 디지털카메라를 개발했어요. 한 장 저장하는 데 23초 걸리고, 촬영한 사진을 보려면 텔레비전을 이용한 장치가 필요했어요. 크기가 크고 무게도 3.6kg이나 나가는 등 사용하기가 불편해서 실제로 제품으로 팔리지는 않았답니다. 디지털카메라라는 말도 당시에는 없어서, '전자식 정지 사진 카메라' 또는 '필름 없는 카메라'라고 불렀어요.

제품화된 디지털카메라는 1980년대 초반부터 나오기 시작했는데, 본격적으로 시장이 커지기 시작한 때는 1990년대 중반이에요. 개인용 컴퓨터가 보급되고, 컴퓨터 운영 체제인 윈도 95가 나오고 나오면서부터예요. 윈도 95는 멀티미디어 기능을 강화해서 사진을 편하게 볼 수 있어요. 때마침 인터넷 사용자도 늘어나서, 인터넷에서 사진을 보내기 편한 디지털카메라가 인기를 끌기 시작했어요.

화소가 클수록 선명해요

디지털카메라 신제품이 나올 때마다 카메라 화소 이야기가 빠지지 않아요. 화소는 사진이나 영상을 구성하는 최소 단위를 말해요. 작은 점이라고 생각하면 돼요. 화소가 많으면 선명하고 세밀한 사진을 얻을 수 있어요. 보통 수백만~수천만 단위이고, 억 단위를 넘어가기도 해요. 코닥에서 만든 최초 디지털카메라는 지금 기준으로는 아주 작은 10만 화소밖에 되지 않아요.

디지털카메라가 사진 찍는 원리

카메라의 원리는 아리스토텔레스가 발견했어요. 어두운 방 한쪽 벽에 구멍을 뚫으면 방 밖에 있는 풍경이 방 안 벽면에 비치는 사실을 알아냈어요. 풍경은 거꾸로 된 형태로 벽에 나타났어요.
필름 카메라는 필름에 직접 상이 맺히고 인화 과정을 거쳐서 종이에 상을 옮겨요. 디지털카메라는 필름 대신 시시디(CCD)라는 부품에 상이 맺혀요. 시시디는 이미지 센서라고 하는데, 맺힌 상을 전기 신호로 바꿔요. 사람 눈의 망막과 비슷한 역할을 해요. 전기 신호는 다시 디지털 신호로 바뀌어서 메모리에 데이터로 저장된답니다.

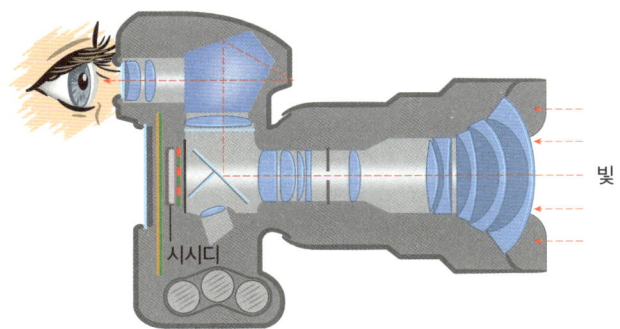

이모티콘
emoticon

1982년, 미국
스콧 팔만(Scott Fahlman, 1948~)

온라인 세계의 표정 관리

⚙ 감정을 자판으로 만들어낸 이모티콘, 그림으로 표현한 이모지

세계 각 나라와 지역마다 사용하는 문자가 달라요. 21세기 들어 세계 공용 문자가 등장했어요. 이모티콘이에요. 이모티콘을 보면 글자 없이도 그 의미를 알아볼 수 있어요. 전 세계가 인터넷과 스마트폰으로 연결되면서 이모티콘은 더 널리 퍼지고 공용어로 자리 잡아가고 있어요.

이모티콘은 감정(emotion)을 나타내는 상징 또는 기호(icon)를 합친 말이에요. 이모티콘은 자판에 있는 문자와 숫자, 기호로 만들어낸 상징이고, 이모티콘과 비슷한 이모지는 별도 그림으로 만든 것을 말해요. 특히 그림으로 표현한 이모지는 물건의 모양을 본떠 만든 상형 문자의 부활이라고 할 수 있어요. 그림 하나에 뜻 하나를 담았어요. 엄밀히 따지면 이모티콘과 이모지는 다르지만 구분하지 않고 이모티콘이라고 불러요.

⚙ 1982년에 개발된 이모티콘과 1997년에 개발된 이모지

이모티콘을 처음 사용한 사람은 미국 카네기멜런 대학교 컴퓨터학과 교수인 스콧 팔만(1948~)이에요. 1982년 9월 19일 학교 전자 게시판에 웃는 얼굴 :-) 이모티콘을 표시했어요. 전자 게시판에서 중요성이 떨어지는 글을 구분하기 위한 목적이었어요. 중요한 글은 진지한 표정을 나타내는 :-(이모티콘을 사용했어요. 이모티콘은 서양에서는 옆으로 눕혀서 사용하고, 동양에서는 똑바로 써요. 팔먼 교수의 발명 이전에도 이모티콘과 비슷한 시도는 있었다고 해요. 1862년 링컨 대통령 연설문에 손뼉 치고 웃으라는 의미로 추정되는 ;) 기호 또는 1881년 모스 부호로 만든 네 가지 사람 표정을 이모티콘의 기원으로 보기도 해요.

그림을 사용한 이모지는 1997년 일본 통신 회사 엔티티 도코모에서 일하는 그래픽 디자이너 구리타 시게타카(1972~)가 발명했어요. 메시지에 추가 기능으로 집어넣기 위해 개발했어요. 이모지는 2010년경 스마트폰이 대중화되기 시작하면서 빠르게 퍼졌어요.

스마일리 아이콘

노란 동그라미에 웃는 얼굴이 담긴 상징이에요. 그래픽 디자이너 하비 볼(1921~2001)이 1963년 보험 회사의 요청을 받아 만들었어요. 당시 두 보험 회사가 합병했는데, 경영진에서 직원들 사기를 높이고자 의뢰했어요. 직원들 반응이 좋고 외부에 알려지면서 전 세계에 인기를 끌었어요. '스마일리(smiley)'라는 이름도 얻었어요. 요즘 쓰는 이모티콘의 가장 기본 형태인 웃는 얼굴도 스마일리의 틀을 크게 벗어나지 않아요.

 **이모티콘은 시대와 회사마다 조금씩 달라요**

휴대 전화의 등장은 이모티콘이 발달하는 계기가 됐어요. 휴대 전화 단문 문자는 40자 제한이 있어요. 40자를 넘기면 가격이 비싼 장문 메시지로 넘어가요. 40자 안에 감정을 표현하기 위해 이모티콘을 활용했어요. 기호로 시작한 이모티콘은 그림으로 바뀌었어요. 요즘에는 움직이는 그림으로 발전했어요. 자신의 얼굴을 이모티콘으로 만들 수도 있어요. (문자 메시지 글자 제한은 '문자 메시지' 참고)

구글, 애플, 마이크로소프트, 페이스북, 트위터 등 주요 아이티 업체에서는 이모티콘을 적극적으로 활용해요. 가장 기본적인 웃는 얼굴 이모티콘도 만든 곳에 따라 분위기가 조금씩 달라요.

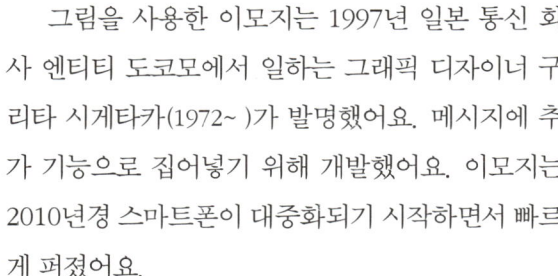

1985년, 미국
빌 게이츠(Bill Gates, 1955~)

윈도 Window

컴퓨터에 들어가기 위한
창문

윈도는 컴퓨터를 사람이 사용하도록 하는 운영 체제 중 가장 유명해요

때때로 키우는 동물과 이야기를 나눌 수 있으면 얼마나 좋을지 생각해봐요. 말이 통하지 않아서 갑갑할 때가 있어요. 동물과 말이 통한다면 더 잘 지낼 수 있을 거예요. 우리가 사용하는 기계도 마찬가지예요. 배우기 힘든 어려운 방법으로만 작동한다면 제대로 사용하지 못할 거예요. 다행히 기계는 쉽게 이야기를 나눌 방법을 갖추고 있어요. 스위치를 켜고 끄거나, 버튼을 누르거나, 메뉴를 찾아서 터치하거나, 리모컨으로 신호를 보내는 동작 등이 모두 기계와 대화를 나누는 방법이에요.

컴퓨터에 깔린 운영 체제는 기능을 수행하도록 관리하는 동시에 사람이 컴퓨터와 대화할 수 있도록 해주는 도구예요. 사람들은 운영 체제 덕분에 컴퓨터를 편리하게 사용해요. 아무리 좋은 부품으로 만든 컴퓨터라도 운영 체제를 깔지 않으면 사용할 수 없어요. 대부분 개인용 컴퓨터는 마이크로소프트에서 만든 윈도를 운영 체제로 써요. 윈도 외에도 컴퓨터 운영 체제는 여러 가지가 있지만, 운영 체제 하면 윈도가 떠오를 정도로 유명해요. 창문을 뜻하는 '윈도(Windows)'라는 이름은 실행 화면이 창문의 격자를 닮아서 붙였다고 해요.

윈도는 1985년 처음 나왔어요

윈도가 나오기 전에는 컴퓨터의 기능을 실행하려면 명령어를 직접 입력했어요. 수많은 명령어를 일일이 쳐야 해야 해서 사용하기 어려웠어요. 글자를 치는 것 외에는 입력할 다른 방법이 없었어요. 1985년에 나온 윈도는 글자에서 그래픽으로 사용 환경이 바뀌었어요. 메뉴에서 해당하는 명령을 찾아 클릭해서 기능을 실행했어요. 마우스도 이때부터 사용할 수 있었답니다. 윈도는 계속해서 발전했어요. 1995년 윈도는 아주 큰 변화를 겪어요. 우리가 요즘 쓰는 윈도 형태가 윈도 95부터 시작됐어요. 바탕화면, 폴더, 시작 메뉴, 작업표시줄 등 요즘 윈도의 익숙한 모습이 그때 나왔어요.

윈도의 아버지 빌 게이츠

윈도 하면 빌 게이츠를 빼놓을 수 없어요. 하버드 대학교 법학과를 다니던 빌 게이츠는 학창 시절에 컴퓨터에 빠져 살았어요. 특히 컴퓨터가 알아듣는 언어를 이용해 컴퓨터가 돌아가게 하는 프로그래밍에 관심이 많았어요. 친구 폴 앨런(1953~2018)과 컴퓨터를 구동하는 데 쓰는 베이식이라는 프로그램도 만들었어요. 컴퓨터에 집중하기로 한 빌 게이츠는 하버드 대학교를 그만두고 폴 앨런과 함께 마이크로소프트를 세워요. 마이크로소프트는 아이비엠의 부탁을 받고 개인용 컴퓨터 운영 체제인 엠에스-도스를 만들어요. 이후 엠에스-도스에서 발전한 윈도를 개발해 세계 컴퓨터 시장을 주름잡아요.

▲ 빌 게이츠

빌 게이츠는 갑부로도 유명해요. 〈포브스〉 잡지가 선정하는 세계 최고 부자 자리에 1995년부터 2007년까지 13년 동안 1위를 차지했어요. 2008년 경영에서 물러난 뒤에는 자선 활동을 활발히 하고 있어요.

컴퓨터도 병에 걸려요

컴퓨터도 바이러스에 감염돼요. 나쁜 프로그램이 들어와서 운영 체제에 영향을 미치거나 정보를 파괴하면 컴퓨터 전체가 멈춰버려요. 컴퓨터를 마비시키는 나쁜 프로그램을 병을 옮기는 바이러스에 빗대어 컴퓨터 바이러스라고 해요. 운영 체제나 프로그램에 오류가 생겼을 때는 버그가 발생했다고 해요. 버그(bug)는 벌레를 가리키는 말이에요. 초창기 컴퓨터는 아주 크고 많은 전기 부품이 들어 있어요. 컴퓨터 안에 벌레가 들어가면 전기 장치가 고장 나서 오작동을 일으켰어요. 당시에 컴퓨터 오류를 버그라고 불렀고, 그 말을 지금까지 쓰고 있어요.

문자 메시지
text message

목소리를 대체하는 대화 수단

1992년, 영국
닐 펩워스(Neil Papworth, 1969~)

⚙ 문자 메시지는 휴대 전화에서 글자를 써서 상대방에게 전송하는 수단이에요

한때 활발하게 사용하던 문자 메시지는 메신저 서비스가 등장하면서 예전만큼 쓰이지 않아요. 메신저를 쓰면 사진이나 영상도 바로 보낼 수 있어서 굳이 문자로 설명해서 보낼 필요가 없어요. 문자 메시지의 역할이 예전보다는 줄었지만, 문자 메시지는 메신저나 에스엔에스 서비스의 밑바탕이 됐어요. 휴대 전화 사용 방법에 큰 전환점을 이뤘답니다.

문자 메시지 개념은 1984년 핀란드 엔지니어 마크 마크넨(1952~2015)이 고안했어요. 실제로 처음 문자를 보낸 사람은 영국 컴퓨터 엔지니어 닐 팹워스예요. 1992년 12월 3일 이동 통신 회사를 위한 휴대 전화 문자 프로젝트를 진행하면서 상사에게 보낸 짧은 문자가 시초예요. 문자 내용은 '메리 크리스마스'였어요. 당시 휴대 전화는 문자를 보내는 기능만 있고 받을 수는 없었어요. 1993년 노키아가 문자를 보내고 받는 휴대 전화를 내놨답니다.

⚙ 글자 수에 따라 종류가 다른 문자 메시지

문자 메시지는 엄밀히 따지면 에스엠에스(SMS, short message service), 엘엠에스(LMS, long message service), 엠엠에스(MMS, multimedia messaging service)로 나뉘어요. 우리가 흔히 말하는 문자 메시지는 에스엠에스인 단문 메시지예요. 영문 기준 최대 160자(문자 코드에 따라 보통 140자)예요. 우리나라에서는 영문 80~90자, 한글 40~45자예요. 현재는 국제 표준에 따라 한글 70자로 늘어났어요. 엘엠에스는 글자 수에 제한이 없는 장문 메시지예요. 엠엠에스는 장문 메시지인데, 사진과 동영상 등 멀티미디어 정보를 포함해요.

🛠 문자와 비슷하지만 기능은 더 많은 메신저

메신저는 문자와 방식은 비슷하지만 좀 더 많은 내용을 자유롭게 보낼 수 있어요. 건당 요금을 내야 하는 문자와 달리 스마트폰 데이터를 사용해서 거의 공짜처럼 쓰여요. 왓츠앱, 위챗, 텔레그램, 카카오톡 등 전 세계에서 다양한 메신저를 사용해요. 메신저가 늘어나면서 문자는 사용량이 줄었어요.

해시태그

에스엔에스(SNS, 소셜 네트워크 서비스)는 문자나 메신저와 비슷하지만, 대화를 넘어서 자신의 일상이나 관심사를 다른 사람과 공유하는 기능을 갖췄어요. 수많은 사람과 인터넷 세계에서 연결돼서 정보를 주고받아요. 페이스북, 인스타그램, 트위터 등이 대표적인 에스엔에스예요. 전 세계 인구의 절반이 에스엔에스를 쓸 정도로 생활의 한 부분으로 자리 잡았어요. 하루에 생산하는 정보의 양은 수억 건이 넘다 보니 관심 정보를 찾기가 쉽지 않아요. 해시태그는 관심 있는 단어를 이용해 필요한 정보를 찾도록 해주는 표시 형태예요. 해시(hash)는 전화기의 우물 정자(#) 모양을 말해요. 정보 기술에서는 주로 특별한 의미를 강조하기 위해 사용한대요. 태그(tag)는 꼬리표를 달다라는 뜻으로, 검색하는 단어 또는 키워드예요. '#스마트폰', 이런 식으로 '#+단어' 형태로 표시해요. 사용하는 에스엔에스에서 관심 있는 해시태그를 누르면 같은 해시태그가 달린 글들을 볼 수 있어요.

문자 메시지가 160자인 이유

160자로 정한 배경은 두 가지가 전해져요. 시스템 개발 당시 엽서나 전신 등 다양한 메시지 유형을 분석했어요. 대부분 100~200자 사이에서 의사 전달이 이뤄져서, 문자 하나당 알파벳 수를 160자로 정했대요.
기술적으로는 당시 통신 시스템인 지에스엠이 허용하는 분량인 160자를 고려했어요. 에스엔에스 서비스인 트위터도 문자 메시지의 영향을 받아 트윗 하나당 글자 수를 140자로 제한했어요(160자에서 사용자명과 콜론에 필요한 20문자를 제외하면 140자가 돼요. 현재 일부 국가를 제외하고 280자로 늘렸어요).

1999년, 이스라엘
도브 모란(Dov Moran, 1955~)

유에스비 플래시 드라이브
USB flash drive

간편하게 들고 다니는
컴퓨터 데이터

🔧 컴퓨터 휴대용 저장 장치, 유에스비 플래시 메모리

컴퓨터 휴대용 저장 장치는 플로피 디스크, 시디, 디브이디, 유에스비로 발전했어요. 유물 취급받는 플로피 디스크는 진작에 사라졌고, 시디와 디브이디도 거의 쓰지 않아요. 요즘에는 유에스비를 쓰는데, 이마저도 직접 들고 다니지 않아도 되는 클라우드로 넘어가고 있어요.

유에스비 포트에 꽂아 쓰는 플래시 메모리를 유에스비 플래시 드라이브라고 해요. 손가락 마디만 한 크기에 정보를 저장해 간편하게 컴퓨터에 옮기거나 빼낼 수 있어요. 유에스비(USB)는 'Universal Serial Bus'를 줄인 말인데, 컴퓨터 주변 장치에서 정보가 들어가고 나가는 단자를 가리켜요. 정보 통신 업체들이 협의해서 개발했어요. 외부 장치를 꽂는 단자를 규격화한 약속이에요.

🔧 유에스비 플래시 드라이브는 1999년에 발명했어요

유에스비 플래시 드라이브 기술을 누가 먼저 발명했는가에 관해서는 여러 의견이 나뉘어요. 1999년에 기술을 개발한 이스라엘 회사 M-시스템즈를 시초로 봐요. M-시스템즈는 도브 모란이 1989년 세운 회사예요. 도브 모란은 노트북이 켜지지 않아서 곤란한 경험을 했어요. 비행기에서 발표회 준비를 하면서 노트북을 사용하고 전원을 껐는데 어찌 된 일인지 배터리가 다 닳아버렸어요. 이 사실을 모르고 발표를 시작했다가 노트북이 켜지지 않는 당황스러운 일을 겪어요. 이후 예비 자료를 철저히 준비하겠다고 다짐한 모란은 다른 곳에 데이터를 저장할 방법을 찾다가 유에스비 플래시 드라이브를 개발했어요.

유에스비 메모리 용량은 점점 커져요

컴퓨터는 0과 1을 사용해서 정보를 처리해요. 0이나 1의 개수를 셀 때 bit(비트)라는 단위를 써요. 비트가 8개 모이면 1바이트(byte)가 돼요. 영문이나 숫자는 한 글자가 1바이트이고, 한글이나 한자는 2바이트예요. 바이트가 1000개 모이면 MB(메가바이트)가 돼요. 처음 유에스비 메모리가 나왔을 때 용량은 8, 16, 32MB였어요. 스마트폰으로 사진을 한 장 찍어도 2~3MB 정도이니 작은 용량이에요. 요즘에는 초창기보다 용량이 수백 배 커진 128GB(기가바이트), 256GB 제품도 흔하고 TB(테라바이트) 단위 제품도 나온답니다. 1GB는 1MB보다 1000배 크고, 1TB는 1GB의 1000배예요. 2시간짜리 영화 파일의 크기는 보통 2~3GB 정도예요. 1TB 유에스비 메모리에는 영화 파일 300~500개를 넣을 수 있어요.

데이터를 보관하는 플래시 메모리

플래시 메모리는 장치가 전원에서 분리돼도 저장한 데이터를 보관할 수 있는 메모리예요. 1980년 전자 회사 도시바에서 일하는 마쓰오카 후지오(1943~) 박사가 발명했어요. 데이터를 저장하고 지울 수 있는 데다가 크기가 작아서 여러 용도로 사용해요. 유에스비 안에도 플래시 메모리가 쓰여요. 스마트폰이나 태블릿에 저장 용량이 얼마라는 표시도 플래시 메모리 용량을 나타내요.

못다 한 아이디어 ❻

디지털의 출발은 아날로그

⚙ 디지털 시대에서 더 중요한 문자와 숫자

　디지털은 전자 기기에 사용하기 위해 만들어낸 신호예요. 미리 정한 숫자로 정보를 표시해요. 디지털의 반대 개념인 아날로그는 연속으로 이어지는 신호예요. 체중계나 시계를 예로 들면 숫자로 표시하면 디지털이고, 바늘로 나타내면 아날로그예요. 온도계도 마찬가지예요. 숫자로 온도가 표시되어 있으면 디지털이고, 수은주의 길이로 온도를 나타내면 디지털이에요.

　디지털과 아날로그 개념을 잘 모르더라도 우리는 이미 디지털에 익숙해요. 우리 생활에 곳곳에 없어서는 안 될 전자 기기들은 디지털 제품이에요. 컴퓨터, 스마트폰, 인터넷이 발달할수록 세상은 더욱더 디지털로 바뀌어요. 신호 표시 방법을 넘어 디지털은 '첨단 새것', 아날로그는 '구식 옛것'이라는 의미로도 쓰여요. 디지털 세상에 살지만 시작은 아날로그예요. 아날로그의 산물인 문자와 숫자는 디지털 기술을 만들고 발달시키는 데 큰 역할을 해요.

⚙ 문자

　인류가 처음으로 사용한 소통 방식은 말이에요. 말은 한 번 하고 나면 사라지므로 얼굴을 마주 보고 이야기할 때만 들을 수 있어요. 문자는 말을 기록하기 위해 생겨났어요. 기원전 7000여 년 전부터 수메르인들이 메소포타미아 지역에 살았다고 추정해요. 수메르인들은 기원전 4000여 년경부터 부흥하기 시작해 문명을 꽃피웠고, 기원전 3000여 년 경 가장 융성했어요. 발굴된 설형 문자가 적힌 점토판을 토대로 이 무렵 설형 문자가 만들어졌다고 봐요. '설'은 쐐기를 말해요. 글자 모양이 쐐기를 닮아서 설형 문자라고 해요. 설형 문자는 점토판에 뾰족한 물건으로 표시했어요. 설형 문자는 신전에 바치는 공물이나 농부들이 물물교환한 물건의 양이나 수를 기록할 목적으로 쓰였어요.

　초창기 설형 문자는 상형 문자의 한 종류인데, 상형 문자는 표의 문자예요. 표의 문자는 뜻글자예요. 글자 하나가 하나의 뜻을 지녀요. 상형은 물체의 형태를 나타낸다는 뜻이에요. 세상에 나타내려는 대상을 모두 상형 문자로 표시하려면 엄청나게 많은 글자가 필요해요. 표음 문자는 소리글자예요. 귀에 들리는 대로 소리를 적을 수 있어요. 기본 글자를 바탕으로 수많은 조합을 만들어낼 수 있어요. 설형 문자도 시간이 흐르면서 표음 문자로 바뀌었어요.

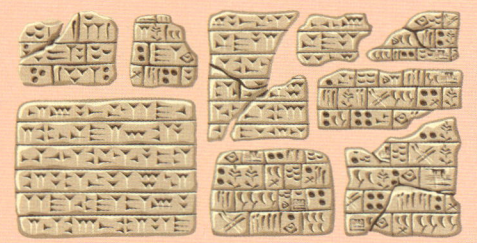
▲ 설형 문자가 적힌 점토판

숫자

아라비아 숫자는 0~9까지 숫자 10개로 이뤄졌어요. 10개 숫자를 가지고 어떤 큰 수도 표시할 수 있어요. 아라비아 숫자는 아라비아 사람이 만들지 않았어요. 누군지는 정확히 모르고 시기에 관한 의견도 많은데, 대체로 서기 600여 년경 인도에서 만들었다고 봐요. 동서양을 가로지르며 상업 활동을 한 아라비아 사람들은 편리하고 실용적인 인도 숫자를 사용하기 시작했어요. 아라비아 무역상들이 세계에 널리 퍼뜨리면서, 아라비아인들이 쓰는 숫자라고 해서 아라비아 숫자라고 불러요. 인도에서 만든 숫자에는 처음에 0이 없었어요. 628년 인도 천문학자이자 수학자인 브라마굽타가 천문학책에 0을 사용했어요. 0을 적은 최초 기록으로 봐요. 0은 아무것도 없는 상태를 나타내고, 비어 있는 자리를 표시해요.

아라비아 숫자 이전에도 숫자는 있었어요. 초기 인류는 동물 뼈에 빗금을 그어 수를 표시했어요. 기원전 2000여 년경 바빌로니아인들은 쐐기 모양으로 수를 나타냈어요. 이집트 숫자는 기원전 3400여 년경 상형 문자로 기호를 만들었어요. 로마 숫자는 그리스 숫자를 토대로 해요. 중국에서는 한자로 숫자를 표현했어요.

숫자를 몇 개를 사용하느냐에 따라 진법이 나뉘어요. 아라비아 숫자는 십진법이에요. 컴퓨터에서 주로 사용하는 이진법은 0과 1 두 가지 숫자만 사용해요. 고대 바빌로니아에서는 60배씩 커지는 육십진법을 사용했어요.

인도-아라비아	이집트	로마	마야	바빌론	중국
1	I	I	•	♡	一
2	II	II	• •	♡♡	二
3	III	III	• • •	♡♡♡	三
4	IIII	IV	• • • •	♡♡♡♡	四
5	III II	V	─	♡ ♡♡♡♡	五
6	III III	VI	•	♡♡ ♡♡♡♡	六
7	IIII III	VII	• •	♡♡♡ ♡♡♡♡	七
8	IIII IIII	VIII	• • •	♡♡♡♡ ♡♡♡♡	八
9	III III III	IX	• • • •	♡♡♡♡♡ ♡♡♡♡	九
10	∩	X	═	◁	十
100	⊚	C	⬭	♡◁◁	百

**맛있고
재밌고
편리한 것들의
기원과 원리 100**

ⓒ 임유신 2022

1판 1쇄 2022년 1월 27일
1판 2쇄 2022년 11월 30일

지은이 임유신
펴낸이 정미화 **기획편집** 정미화 이성연 **디자인** 조수정
펴낸곳 (주)이케이북 **출판등록** 제2013-000020호 **주소** 서울시 관악구 신원로 35, 913호
전화 02-2038-3419 **팩스** 0505-320-1010 **홈페이지** ekbook.co.kr **전자우편** ekbooks@naver.com

ISBN 979-11-86222-46-1 74080
ISBN 979-11-86222-02-7 (세트)

* 이 책은 저작권법에 따라 보호받는 저작물이므로 무단 전재와 복제를 금합니다.
* 이 책의 일부 또는 전부를 이용하려면 저작권자와 이케이북(주)의 동의를 받아야 합니다.
* 잘못된 책은 구입하신 곳에서 바꾸어드립니다.

이 도서는 한국출판문화산업진흥원의 '2021년 출판콘텐츠 창작 지원 사업'의 일환으로
국민체육진흥기금을 지원받아 제작되었습니다.